"私募2.0时代"系列丛书

中国母基金联盟 倾力之作

私募股权FOF
PRIVATE EQUITY FOF

唐劲草 编著

中信出版集团 | 北京

图书在版编目（CIP）数据

私募股权FOF / 唐劲草编著. -- 北京：中信出版社，2019.5
ISBN 978-7-5217-0052-7

Ⅰ.①私… Ⅱ.①唐… Ⅲ.①股权—投资基金 Ⅳ.①F830.59

中国版本图书馆CIP数据核字(2019)第024324号

私募股权FOF

编　　著：唐劲草
出版发行：中信出版集团股份有限公司
　　　　　（北京市朝阳区惠新东街甲4号富盛大厦2座　邮编　100029）
承 印 者：北京楠萍印刷有限公司

开　　本：787mm×1092mm　1/16　　印　张：20.75　　字　数：287千字
版　　次：2019年5月第1版　　　　　印　次：2019年5月第1次印刷
广告经营许可证：京朝工商广字第8087号
书　　号：ISBN 978-7-5217-0052-7
定　　价：66.00元

版权所有·侵权必究
如有印刷、装订问题，本公司负责调换。
服务热线：400-600-8099
投稿邮箱：author@citicpub.com

目录

序一 // Ⅲ

序二 // Ⅴ

第一篇 我国 PE FOF 的发展 1

  第一章 PE FOF 概览 // 3

    一、海外 PE FOF // 4

    二、国内 PE FOF // 12

    三、PE FOF 的运作模式 // 14

  第二章 我国 PE FOF 发展政策环境和现状 // 17

    一、我国 PE FOF 发展政策环境 // 17

    二、政府引导基金发展现状 // 27

    三、市场化 PE FOF（非政府引导基金）发展现状 // 50

  第三章 现阶段 PE FOF 行业存在的问题 // 78

    一、政府引导基金存在的问题 // 78

    二、市场化 PE FOF 遇到的问题以及建议 // 81

第二篇 政府引导基金投资业务 85

  第四章 政府引导基金的管理 // 87

Ⅰ

一、政府引导基金的工作性质与工作目标 // 87
二、政府引导基金的运作原则及要求 // 89
三、政府引导基金的运作及出资方式 // 94
四、政府引导基金需要遵循的法规 // 97
五、政府引导基金的管理 // 110
六、政府引导基金的投资方式 // 113

第五章 政府引导基金投资业务流程 // 115
一、政府引导基金投资初选期的业务流程 // 115
二、政府引导基金投资评审期的业务流程 // 138
三、政府引导基金投资期的业务流程 // 162

第六章 政府引导基金投后绩效管理 // 190
一、政府引导基金投后绩效管理概述 // 190
二、政府引导基金绩效评价体系 // 194
三、绩效指标体系构建的原则与内容 // 200
四、政府引导基金绩效指标体系 // 203
五、政府引导基金绩效评价结果运用 // 209

第三篇 市场化 PE FOF 投资业务 217

第七章 市场化 PE FOF 的设立 // 219
一、市场化 PE FOF 的设立背景和优势 // 219
二、市场化 PE FOF 的运作方式 // 227

第八章 市场化 PE FOF 的投资业务流程 // 248
一、项目筛选阶段投资业务流程 // 248
二、商务谈判阶段投资业务流程 // 272
三、投后管理和退出 // 294

参考文献 // 321
后 记 // 324

序一

随着中国特色社会主义进入新时代，中国经济高质量发展的新征程开启，"双创"方兴未艾，新旧动能转换，产业转型升级，为我国私募股权投资行业带来巨大的发展机遇，也带来一系列新的挑战，其中一大问题就是合格投资者特别是合格的机构投资者发展远远不能适应行业规模扩大以及质量和效益提升的需要。因此，加快培育和壮大合格机构投资者队伍，是我国新时期私募股权投资产业发展的重要任务。

近几年来，随着中国私募股权投资市场的发展与成熟，相对于直接投资基金的方式，作为基金中的基金——母基金（FOF）因其分散投资、降低风险以及高水平、专业化等特质正成为备受青睐的投资模式。母基金是以基金为主要投资对象、投资于基金组合的基金，因此被称为"基金中的基金"（Fund of Funds）。私募股权投资母基金（PE FOF）是各类投资母基金的一个关键类别，通过组合投资于私募股权投资（PE）基金从而间接投资于项目。自20世纪90年代开始探索以来，随着国家政策的支持，PE FOF在中国快速发展，一大批优秀的市场化母基金与政府引导基金不断涌现，作为市场的和政府的各类母基金的管理机构，正在成为私募股权投资产业的重要投资主体，为培育和壮大合格投资者队伍发挥了重要作用。2016年9月，国务院印发《关于促进创业投资持续健康发展的若干意见》，明确提出支持和促进包括政府引导基金和市场化母基金的发展，这不仅表明了母基金在推动供给侧改革、引导民间投资与促进双创方面的重要作用，也昭示了母基金行业将迎来新的历史发展机遇。

由于中国 PE FOF 行业起步较晚，尚处于发展阶段，高素质、专业化的管理人才十分缺乏，在政策、制度及实务操作方面还需要借鉴国际经验，结合自身实践深入探讨，不断完善。因此可以相信，资料翔实、通俗易懂的《私募股权 FOF》作为我国第一本全面系统介绍中外 PE FOF 发展历史和现状特别是实务操作的专业图书，一定能够为进一步提高中国 PE FOF 行业的理论水平和推进行业的持续规范高质量发展发挥积极作用。

中国投资协会副会长　沈志群

2019 年 1 月于北京

序二

伴随着中国改革开放的不断深化，大体量、长周期的资本金从政府部门、国有企业、金融机构、社保体系注入资本市场，与新型产业和高科技领域信息交叉组合，产生万亿元级规模的新产业，这也将给私募股权基金管理带来难得的机遇。

与此同时，国际私募股权机构蜂拥而至，我国本土私募股权投资基金也在快速发展壮大，已然成为服务实体经济、推动产业发展、促进经济新旧动能转换的中坚力量。

中国私募股权投资市场在当前经济发展中占有重要地位，股权市场是多层次资本市场的重要组成部分，我国从1984年引进发达国家的风险投资概念至今已35载。

早些年，私募股权母基金在我国市场经济中发展速度缓慢，随着后期政府引导基金迅速推广，各大基金投资机构开始在我国竞争市场中逐步发展起来。根据母基金研究中心披露数据：截至2018年6月底，中国母基金总体在管规模20 370亿元，其中市场化母基金4 242亿元，政府引导基金16 128亿元。政府引导基金发展迅猛，并且越来越重视产业的落地和产业实际运行效果。在国家和地方政府重点支持的领域，涌现出大体量的投资基金。究其原因：基金本身是一个相对灵活的资源配置工具，具有在一定时间内所有权、决策权、收益权、风险等因素可分离、可还原的作用。这也是股权基金和产业基金兼具中国特色的创新实践成果。

在资本运营过程中，是需要提高资本和劳动力的生产效率来提升创造价值的。私募股权投资基金，尤其是产业基金，是支持实体经济发展和科技创新的最有效也是最有力的金融工具，是市场创新的先锋，因而在金融行业中充分体现其未来的价值性。这也说明，国家在经济发展战略上大力支持由市场化推动私募股权母基金业务。那么，在市场上，目前还没有出现详细介绍私募股权母基金的图书，由唐劲草先生负责组织编写的《私募股权FOF》一书正合时宜，填补了这一方面的空缺。

此书应用了大量的数据和资料对私募股权母基金的发展历程进行了详细的梳理，并指出了许多当前私募股权母基金存在的问题，比如政府引导基金、市场化母基金投资业务存在的问题，在一定程度上为相关从业人士提供了参考，还为投资者、管理者给出了筛选私募基金的实践指引。广大私募股权母基金投资者可以根据书中介绍的方法、技巧和经验，更科学高效地选出优秀的投资项目，获得更好的投资回报。

中国风投委秘书长　林宁

2019年3月于北京

第一篇
我国PE FOF的发展
PRIVATE EQUITY FOF

第一章　PE FOF 概览

母基金是指以普通基金作为主要投资对象，投资于基金组合的基金，又称"基金中的基金"。母基金与普通基金最大的不同在于，普通基金一般直接投资于股票、债券、现金和股权等资产，而母基金一般通过投资普通基金间接投资于上述资产。根据投资基金类型的不同，母基金又分为"共同基金的母基金"、"信托母基金"、"对冲基金的母基金"和"私募股权投资母基金"等。本书主要阐述的是私募股权投资母基金，即 PE FOF。

PE FOF 是母基金的一个类别，是一种 PE 基金［含 VC（风险投资）基金、天使基金等主要以未上市公司股权为投资标的的基金］。PE FOF 通过对 PE 基金（即"子基金"）进行组合投资而实现间接投资于企业。

根据投资策略的不同，PE FOF 既可以分为主要投资于 VC 领域的 PE FOF 和并购领域的 PE FOF，又可以分为一级 PE FOF 和二级 PE FOF。一级 PE FOF 是购买新成立基金份额的母基金，二级 PE FOF 是购买已成立而在二级市场转让的基金份额或后续出资份额的母基金。随着 PE FOF 的多样化发展，部分 PE FOF 还会将一定比例的资金直接投资于企业。

在私募基金行业的产业链中，PE FOF 的角色介于普通合伙人

(GP)与有限合伙人（LP）之间，PE FOF和普通直投基金扮演的角色最大的不同在于，一级PE FOF同时扮演了GP和LP的双重角色，即一方面，PE FOF为投资者选择PE基金，充当管理人的角色；另一方面，PE FOF直接投资于PE基金，充当标的基金的有限合伙人。

PE FOF的作用主要有两个：一是帮助可投资金规模较大的投资者投资小规模的基金，从而达到节约成本和分散投资的效果；二是帮助可投资金规模较小的投资者投资大规模的基金，从而达到投资知名PE基金的门槛。此外，除了直接投资于基金组合外，为了获得更多的收益，有些PE FOF也会采用跟投的方式针对一些优质的项目进行适当的直接投资。

一、海外PE FOF

在国际PE市场上，PE FOF是其中不可或缺的重要组成部分，并且被越来越多的投资者认可。PE FOF在分散风险、获得投资顶级PE基金的机会、接近目标市场等方面具有先天优势，使得其越来越受到机构投资者的欢迎。

（一）PE基金的兴起

PE基金起源于20世纪40年代的美国，"二战"后的美国经济高速发展，出现了大量中小企业。但是这些企业苦于无法获得资金支持，于是一家专注于为中小企业提供长期资金和专业咨询服务的机构——美国研究与发展公司（American Research and Development Corporation，ARD）应运而生。这家公司由波士顿联邦储备银行行长拉尔夫·弗兰德斯和创业投资基金之父乔治·多里特共同创立，虽然创立的初衷是美好的，但是由于当时的私募股权市场尚未成熟，法规也并不到位，面对拥有信息优势的企业主，ARD经常会由于企业主的刻意隐瞒而蒙受损失，公司运作并不顺利。

随着市场的发展，尤其是1970年之后出现了有限合伙制，能够有效地解决投资中的信息不对称问题，PE基金才得以快速发展，从创业投资基金慢慢衍生出专注于企业并购重组的并购基金。到20世纪80年代，一些优秀的PE基金开始涉足全球市场，将投资重点转移到基础设施建设领域，在一些新兴国家，尤其是亚洲国家，进行了一系列的投资。而美国的PE机构由于处于完善的法律法规制度环境下并拥有丰富的投资经验，在世界私募股权市场中始终占据主导地位。

（二）PE FOF 的低迷与崛起

2000年，互联网泡沫破裂使大量互联网创业企业宣告破产，一些创投基金损失惨重，PE行业一度陷入低谷。但是此后，美国经济强劲复苏，PE行业投资重新焕发光彩，直到2008年金融危机爆发之前，整个行业迎来了高速发展的阶段。并购基金开始成为并购活动的重要力量，2006年由并购基金主导的并购活动涉及资金规模达7 374亿美元，占当年并购总额的18%。2007年，美国共有3 766只PE基金完成募资，总规模达到1.62万亿美元。

而在1991年，整个PE基金行业的筹资总额仅为100亿美元，美国市场仅有16只PE FOF，所管理的总资产仅为14亿美元。不过，至1999年底，PE FOF的数量已达到213只，所管理的总资产达到了480亿美元。据全球私募股权投资数据库Preqin统计，2006年，全球PE基金资产总额的38%由PE FOF管理，规模达到约5 000亿美元，这一比例是第二大资金来源公共养老基金所占比例的2倍。

（三）PE FOF 的发展趋势

PE FOF的发展与PE基金本身息息相关。从2003年开始PE FOF在全球快速增长，并于2007年达到顶峰，其后受到全球金融危机的影响遭遇断崖式下跌。截至2017年9月，全球PE FOF新募集数量为42只，较2016年下降50%；总规模为100亿美元，较2016年约下降61.5%，图1.1显示了来自Preqin和诺亚研究的有关2000—2017年9月全球PE FOF新募集的数量与规模的数据。

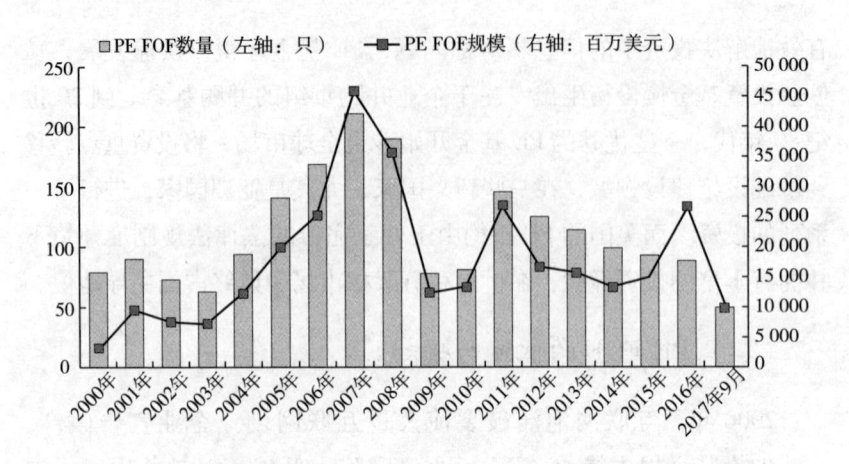

图 1.1　2000—2017 年 9 月全球 PE FOF 新募集的数量与规模

随着时间的推移，PE 市场逐步回暖。近几年新发行的基金由于时间周期较短仍未完全退出，故净 IRR（内部收益率）中可能包含未退出资产的估值部分，因此存在一定浮盈。

表 1.1 是 2005—2012 年全球净 IRR 排名前十位的 PE FOF。其中，有 3 只 PE FOF 由亚洲另类投资资产管理公司（Asia Alternatives Management）发行，另外，产业风投（Industry Ventures）发行的 1 只专户基金和 1 只集合计划基金，以及优势资本（Weathergage Capital）发行的两只专户基金，均位列其中。这体现出优质 PE FOF 管理人在投资水平和业内资源方面的优势，这使他们的业绩稳定在较高水平。

表 1.1　2005—2012 年全球净 IRR 排名前十位的 PE FOF

基金名称	净 IRR (%)	基金发行年份	管理人名称	管理人概况	基金专注区域
理伟思资本（Legacy Capital）	58.5	2011	理伟思金融投资集团（Legacy Partners）	总部位于新加坡的风投公司，主要投资私有产权和一些在中国高速发展的产业	中国

续表

基金名称	净IRR(%)	基金发行年份	管理人名称	管理人概况	基金专注区域
产业风投合伙二期-专户（Industry Ventures Partnership Holdings II-A）	54.1	2011	产业风投	成立于2000年，总部在美国，关注技术进步类公司，投资策略包括直投、PE FOF投资和私募股权二级市场投资	北美
产业风投合伙二期	46.7	2011			全球
激励风投基金四期（Spur Ventures IV）	42.5	2012	激励资本（Spur Capital）	成立于2001年，总部在美国，专注挑选早期科技行业的风投基金的PE FOF管理人	中国、以色列、北美
优势风投资本专户基金B（Weathergage Venture Capital B）	40.7	2011	优势资本	2006年成立于美国，专注挑选早期项目的PE FOF管理人	—

7

续表

基金名称	净IRR(%)	基金发行年份	管理人名称	管理人概况	基金专注区域
新泽西-亚洲投资者基金一期（New Jersey Asia Investors Fund I）	36.6	2008	亚洲另类投资资产管理公司	2006年成立于中国香港，专注亚洲的投资机会，以PE FOF形式投资于股权收购、增长和发展型企业，进行风险投资以及特别类型投资	亚洲
亚洲另类投资象牙合伙人二期（Asia Alternatives Ivory Partners II）	34.3	2011			亚洲
加利福尼亚-亚洲投资者基金（California Asia Investors）	31.7	2008			—
共同基金资本风投合伙人基金九期（Commonfund Capital Venture Partners IX）	31.7	2011	共同基金资本（Commonfund Capital）	1988年成立于美国，投资方向包括全球的PE/VC和大宗能源机会，PE FOF投资策略包括投资新设子基金、二级市场和跟投	欧洲、北美

续表

基金名称	净 IRR (%)	基金发行年份	管理人名称	管理人概况	基金专注区域
优势风投资本专户基金 A（Weathergage Venture Capital A）	31.3	2011	优势资本	2006年成立于美国，专注挑选早期项目的 PE FOF 管理人	—

注：这里的专户指一对一专户，净 IRR 是根据已退出的收益和未退出资产的估值计算得出的。

1. 美国 PE FOF 的发展情况

作为 PE 行业的鼻祖，美国拥有全球最成熟、最发达的 PE 市场。PE 基金起源于 20 世纪 40 年代的美国，时至今日已历经 70 多年的变迁，在美国已经形成了一个产品丰富、市场结构完备的产业，引领着国际投资的潮流，涌现了众多知名的投资机构。据 Preqin 和诺亚研究统计，中国、美国的私募股权行业发展曲线如图 1.2 所示。

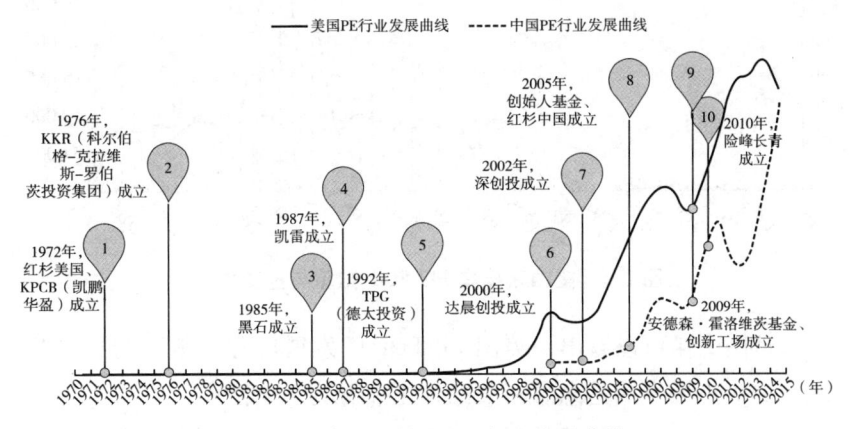

图 1.2　中国、美国 PE 行业发展曲线

据 Preqin 和诺亚研究统计，美国 PE 基金新募集数量受 2008 年金融危机影响，于 2009 年出现断崖式下滑，此后随着美国经济逐渐复苏，2015 年基本回到 2006 年水平；募资规模呈现出相似的趋势，如图 1.3、1.4 所示。

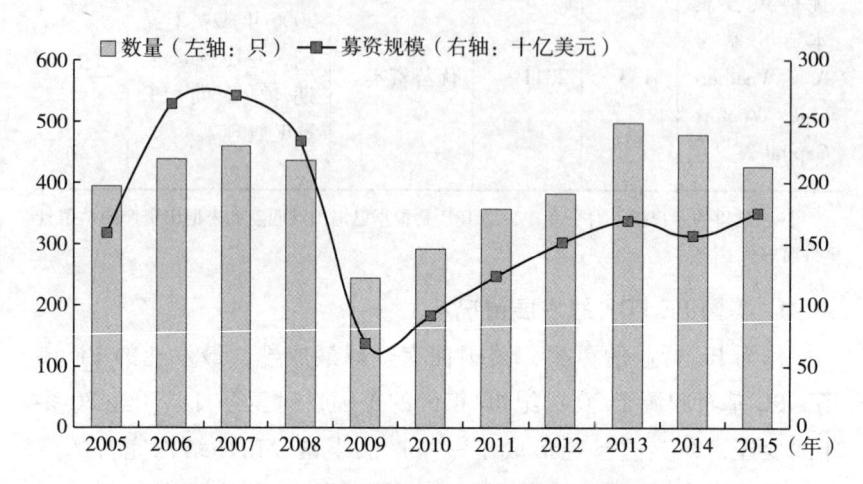

图 1.3　美国新募集 PE 基金数量和募资规模

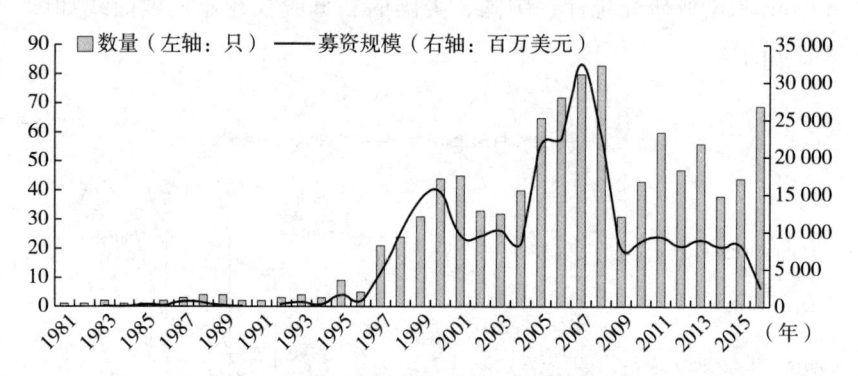

图 1.4　美国新募集 PE FOF 数量与募资规模

从图 1.4 可以看出，美国 PE FOF 的发展历程与美国的经济状况、二级市场发展是息息相关的，主要分为 3 个阶段。

（1）1996—2001 年：在 1996 年的起步阶段，PE FOF 募集资金规模大约只有 10 亿美元。此后，募资规模随着互联网泡沫的膨胀进入第一个飞速上升期，又随着互联网泡沫的破裂迅速下降。

（2）2004—2008 年：PE FOF 募资规模迅速上升，到 2007 年达到顶峰。此后，因为次贷危机，投资者风险偏好降低，PE FOF 新募集数量和募资规模在 2009 年出现断崖式下滑。

（3）2009 年以后：从数量上看，自 2009 年开始，PE FOF 的新募集数量呈现波动上升。2016 年 1—8 月，美国 PE FOF 新募集数量共计 69 只，同比上升 56.8%，但募资规模持续在低位波动，距离巅峰时期的规模还非常遥远，且很难实现同比增长。

2. PE FOF 的跟投策略逐渐流行

PE FOF 的跟投策略是指 PE FOF 在对子基金进行投资的同时，也参与对子基金所投资项目的直接跟投。在 PE FOF 投资中，跟投策略可降低 PE FOF 双重成本压力，子基金层面的管理费与业绩提成将被大打折扣甚至直接去除，将显著提升 PE 部分配置资产的回报倍数，同时改变整体投资组合的收益风险平衡。跟投策略收益与传统 PE 收益比较情况如图 1.5 所示。

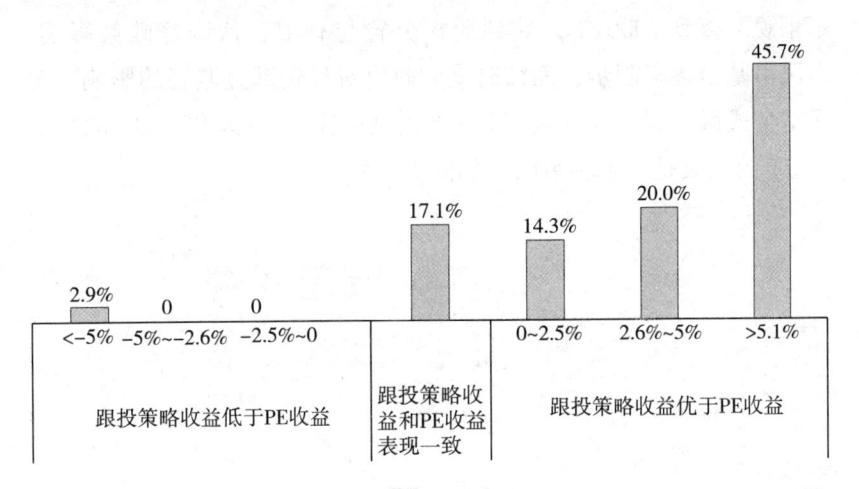

2.9%	0	0	17.1%	14.3%	20.0%	45.7%
<-5%	-5%~-2.6%	-2.5%~0	0~2.5%	2.6%~5%	>5.1%
跟投策略收益低于PE收益			跟投策略收益和PE收益表现一致	跟投策略收益优于PE收益		

图 1.5　跟投策略与传统 PE 收益比较

注：图中数据是由 Preqin 通过问卷调查 LP 得到的，横轴下方数字区间为"跟投策略收益减去 PE 收益"，横轴上方数字为对应的 LP 数量的占比。例如，有 45.7% 的 LP 认为其跟投策略收益比 PE 投资收益高 5.1 个百分点以上。

跟投策略得以成功执行有两个重要前提：一是选择优质项目的能力，即已被市场验证的直投能力；二是有足够多的项目可供选择，这要求拥有良好、广泛的 GP 关系网。相较于个人投资者，专业机构能够更加便利地积累直投经验、提高能力，在成本控制上更易实现规模经济，在项目获取上更加具备可持续性。

二、国内 PE FOF

PE 和 VC 作为"西学东渐"的舶来品，与外资 PE 机构进入中国息息相关。20 世纪 90 年代伊始，IDG（美国国际数据集团）、华平、华登国际等有外资背景的 PE 机构纷纷进驻中国，进行私募股权投资，这个时期的基金以美元计价为主。

自 1999 年起，北京、上海、深圳等地政府开始发力推动 PE 行业的发展，现今我们耳熟能详的深创投、达晨创投等均脱胎于那个时期。但实际上，1999—2005 年，人民币基金管理人的发展状况并不乐观。直到 2006 年，受到股权分置与有限合伙制等政策影响，人民币基金逐渐起步；而彼时受到政府对外资基金监管的影响，美元基金式微。据 Preqin 及清科研究中心统计，中国 PE FOF 的发展与 PE 的发展是一脉相承的，如图 1.6 所示。

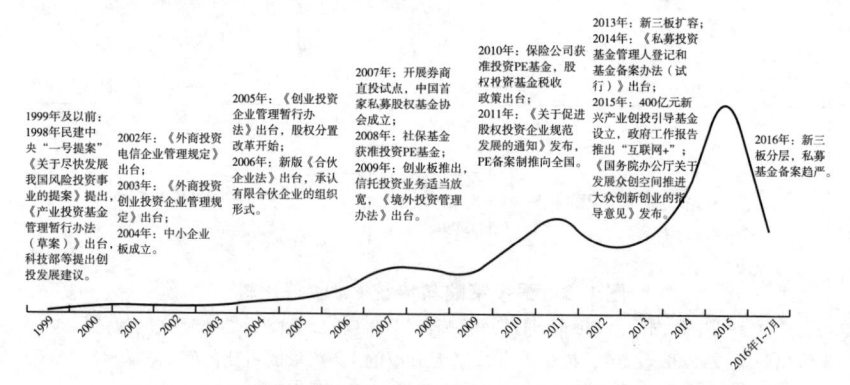

图 1.6　政策推动中国 PE 行业发展（文件或政策出台时间）
注：图中曲线为 PE/VC/天使基金的投资规模走势。

随着国内 PE 行业的蓬勃发展，PE FOF 因具有分散风险、配置灵活等特征，逐渐受到投资机构的关注。自 2003 年第一只外资 PE FOF 成立以来，PE FOF 的数量和募资规模平稳增长。根据中国基金业协会的统计，截至 2016 年 8 月，一共有 4 859 只私募母基金，其中，PE 母基金共计 1 282 只，约占 26%；VC 母基金共计 36 只，约占 1%，如图 1.7 所示；私募母基金总募资规模为 8 308 亿元，PE 母基金募资规模排名第一，为 3 106 亿元，约占 37%；证券母基金规模达到 2 781 亿元，约占 34%；VC 母基金规模为 320 亿元，约占 4%，如图 1.8 所示。

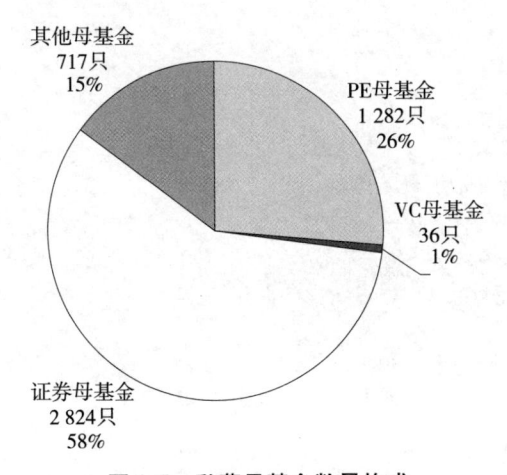

图 1.7　私募母基金数量构成

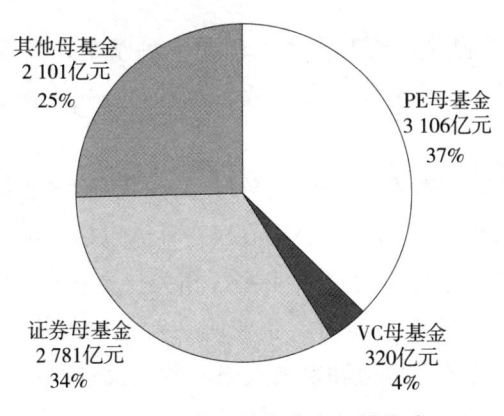

图 1.8　私募母基金募资规模构成

中国 PE 市场在 2003 年后经历了一个高速增长的阶段，投资人数量快速增长。根据歌斐资产的数据，截至 2016 年 8 月，富有家族及个人投资者在 PE 基金 LP 的数量占比达到了 53%，成为主流投资者，如图 1.9 所示。但值得注意的是，机构投资者正在快速崛起，企业、FOF、社保基金、保险资金逐渐开始关注私募股权投资，从机构投资者的特性来说，其投资时间长、风险承受能力高、资金量庞大，相较于普通的个人投资者更适合投资 PE 基金。随着政策的开放和市场的成熟，未来 PE 基金的 LP 中将出现更多的机构投资者，其投资规模将远超富有家族及个人投资者。

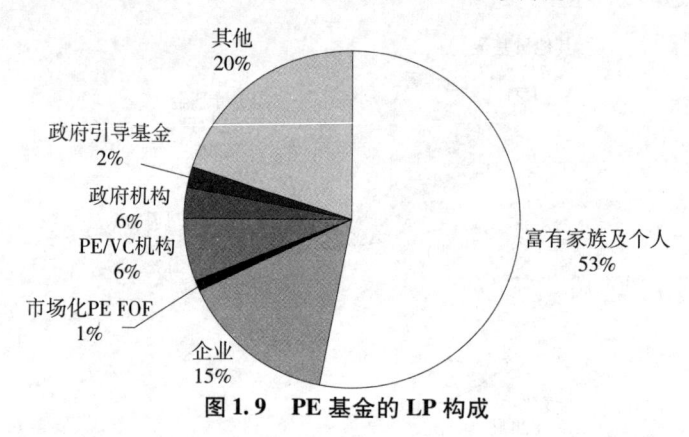

图 1.9　PE 基金的 LP 构成

三、PE FOF 的运作模式

投资于 PE 基金的母基金本身就是一种基金，其设立过程与其他直投基金类似，有基金募集过程，也有对其投资对象 PE 基金的尽职调查。

PE FOF 的投资对象——PE 基金的运作流程大致包括以下几个步骤：
（1）通过项目筛选购买公司股权，具体包括项目初选、审慎调查和价值评估，并与被投资企业签订相关投资协议。GP 需要考察标的企业的核心管理层能力、企业所在行业的发展前景和竞争程度、企业自身的核心价值和发展战略、预期投资回报率、未来退出方式等方面。一般来说，GP 会筛选出投资回报率不低于 20% 的项目进行投资，并根据市场的不同相应做出调整。

（2）进行投资方案设计。投资方案包括估值定价、董事会席位、否决权和公司治理结构、发展战略和退出策略等方面的设计或改造事项。

（3）选择合适的渠道实现股份退出获利。退出方式包括公开上市、股权出让或者管理者回购等。PE FOF 运作成功的关键是对投资对象基金的选择。

设立 PE FOF 主要包括以下几个步骤：首先，确定投资目标、PE FOF 经理人、募集资金规模；其次，向投资者进行宣传和推荐，募集资金；最后，选择投资对象基金，展开投资。一只 PE FOF 选择投资对象时需考虑的因素包括组合基金规模、预期回报、目标产业与部门、进入 PE 基金的阶段、面向的客户等。资金募集一般分阶段进行，按照资金募集的难易程度，时间跨度在数月到数年不等。PE FOF 对 PE 基金的选择在很大程度上取决于 PE FOF 管理人，运作成功的关键是对 PE 基金的选择。具体流程如图 1.10 所示。

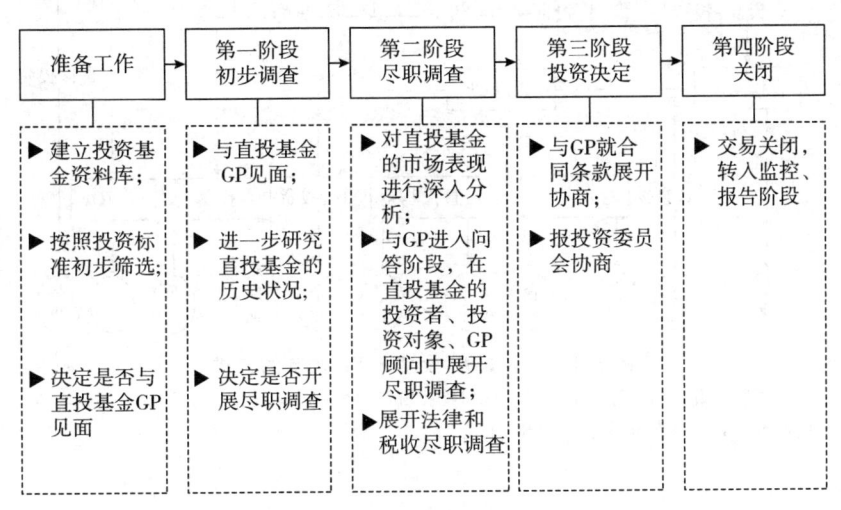

准备工作	第一阶段 初步调查	第二阶段 尽职调查	第三阶段 投资决定	第四阶段 关闭
▶建立投资基金资料库； ▶按照投资标准初步筛选； ▶决定是否与直投基金GP见面	▶与直投基金GP见面； ▶进一步研究直投基金的历史状况； ▶决定是否开展尽职调查	▶对直投基金的市场表现进行深入分析； ▶与GP进入问答阶段，在直投基金的投资者、投资对象、GP顾问中展开尽职调查； ▶展开法律和税收尽职调查	▶与GP就合同条款展开协商； ▶报投资委员会协商	▶交易关闭，转入监控、报告阶段

图 1.10　PE FOF 选择 PE 基金的流程

资料来源：何小锋，胡渊. 金融机构投资私募股权"基金的基金"——基于案例的研究 [J]. 改革与战略，2008（12）.

机构有多种进行私募股权投资的途径，不同途径可以相互叠加组合，产生更多灵活的运作方式：(1) 直接设立 PE 基金，机构作为 GP 亲自管理投资，将自有资金进行投资管理；(2) 设立专门的 PE FOF，将自有资金和客户资金投资于私募股权子基金；(3) 设立 PE FOF，但除了投资于子基金外，另外参与一些直投项目，以减少子基金层面的管理费用；(4) 在企业内部设立专门的投资部门，进行直接投资；(5) 投资于其他机构专业管理的 PE FOF。

不同的运作方式意味着各类投资主体之间有不同的权利义务关系、责任分配和合约条款。运作方式的选择与投资目标、客户群体、投资对象、投资主体的资源和能力相关联。对于投资者比较熟悉的行业或者领域，可以直接设立 PE 基金或者 PE FOF 进行投资，对于投资者不熟悉但是希望进入的行业或者领域，可以通过投资专业机构管理的 PE FOF，间接进行投资。PE FOF 投资 PE 领域的方式如图 1.11 所示。

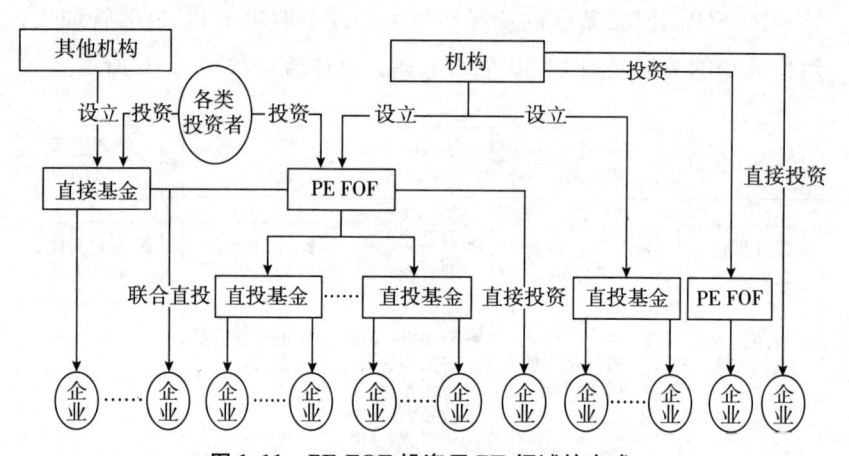

图 1.11　PE FOF 投资于 PE 领域的方式

资料来源：何小锋，胡渊. 金融机构投资私募股权"基金的基金"——基于案例的研究 [J]. 改革与战略, 2008 (12).

第二章　我国 PE FOF 发展政策环境和现状

一、我国 PE FOF 发展政策环境

我国 PE FOF 自 20 世纪 90 年代开始起步。如今，伴随着人民币 PE 的快速发展，我国 PE FOF 行业也逐步完善，涌现出了一批出色的市场化母基金机构和政府引导基金。近年来，在我国，PE FOF 成为越来越被看好的投资机构，其原因有二：首先，PE FOF 能够分散投资、降低风险，掌握稀缺资源和专业投资技能，PE FOF 通过高水平、精细化的投资组合设计能更大程度地降低投资的风险关联性，因此在 PE 市场持续发展的背景下，其将更受青睐；其次，PE FOF 在与地方政府密切合作的同时进行市场化运作，能够发挥资金的引导作用，对这一作用的需求正随着政府引导基金的发展而不断增加。

近年来，国家接连出台相关政策，大力扶助地方性经济发展、人才输送、科技普及，积极设立发展政府引导基金。目前，我国政府引导基金规模已经超过 2 万亿元，对促进当地的经济发展发挥了积极作用，它也越来越成为 PE 基金募资的重要对象。

但是，目前我国市场化母基金的发展还远远落后于 PE 行业的整体发展。一方面，由于投资者对市场化母基金的认识需要一个逐渐提升的过程；另一方面，各级政府对市场化母基金的支持力度还

较小，导致目前我国具备一定规模的市场化母基金机构仅有 30 家左右。事实上，母基金和子基金是母子关系：没有母基金，也就没有子基金。市场化母基金发展缓慢，不利于我国基金行业的规范健康发展。只有真正支持中国经济发展的市场化母基金，才能让中国优秀的基金将更多的精力花在寻找、投资或支持更多的中小企业发展壮大上，中国的基金行业才会保持活力。

2016 年 9 月 1 日召开的国务院常务会议确定了促进创业投资发展的政策措施，明确要释放社会投资潜力助力实体经济发展。会议指出，坚持市场主导，发展各类创业投资，是落实新发展理念、实施创新驱动发展战略、推进供给侧结构性改革、培育发展新动能和扩大就业的重要举措，有利于调动社会投资积极性，支持大众创业、万众创新，促进稳增长、调结构。会议确定，支持有需求、有条件的国有企业依法依规、按照市场化方式设立或参股创投企业和母基金，支持具备条件的国有创投企业开展混合所有制改革试点。这是国务院常务会议第一次提到母基金，充分表明母基金在推动供给侧改革、引导民间投资、促进双创等方面的重要作用。这是中国母基金行业的重大利好，我国母基金行业将迎来极大的发展机遇。

（一）广义上的母基金在法律上的定义

从法律的角度看，广义上的母基金，有时也称组合基金，是投资基金市场发展到一定阶段而产生的，通过投资或收购等方式实现获得投资收益或控制权等特定目的的一种新型的基金投资方式。

在许多情况下，母基金与组合基金会被视为同一事物。可以说母基金最初起源于组合基金的销售模式，且组合基金的英文原文便是 Fund of Funds，但发展到后期，母基金作为一种投资方式，与最原始的组合基金之间还存在一定的区别，例如：（1）二者关注的过程不同，母基金关注的是基金的投资过程，它是一种基金投资方式的进化，而组合基金强调的是基金的销售过程，它是一种基金销售过程的改进；（2）母基金与子基金形成顺序不同，母基金是一只基金投资于多只基金的份额，母基金在子基金之前形成，而组合基金是将多只基金捆绑成一个组合进行销售，子基金形成在先，母基金（如有）则形成在后；（3）母基金是基金投资于其他基金份额，因此母基金首先必须是一只独立的基金，而组合基金的母基金既可以是将捆绑用于销售的基金组合登记成一只独立的基金，也可以是不经登记而仅保持一个用于销售的基金组合的状态。

（二）外资 PE FOF 的行业发展政策

正如本书第一章所言，我国 PE 基金的发展首先源自外资的推动，我国 PE FOF 也不例外。外资方面的政策主要集中在资金的流动、结汇等方面。据诺亚研究统计，有关外资 PE FOF 的政策如表 2.1 所示。

表 2.1 有关外资 PE FOF 的政策

政策法规	发布时间	发布单位	说明
《外商投资产业指导目录》	1995 年 6 月	国家发改委、商务部	经过 4 次修订，对外商在华投资发出明确的信号，规定外商在华投资范围、领域，鼓励外商投资新能源和环保技术，促进产业升级
《外商投资企业投资者股权变更的若干规定》	1997 年 5 月	对外贸易经济合作部、国家工商行政管理总局	外资收购境内企业外资股权（外转外）的法律依据
《外商投资创业投资企业管理规定》	2003 年 3 月	对外贸易经济合作部	规定了外资创投企业从设立出资、组织机构到经营管理的方方面面。其中包括：所投资企业在符合法律、行政法规规定的上市条件时可以申请到境内外证券市场上市，创投企业中属于外国投资者的利润等收益汇出境外的应受国家外管局监管，等等

续表

政策法规	发布时间	发布单位	说明
《外国投资者对上市公司战略投资管理办法》	2005年12月	商务部、中国证监会、国家税务总局、国家工商行政管理总局、国家外汇管理局	外国PE投资人可选择对A股上市公司进行战略投资，但取得的上市公司A股股份3年内不得转让
《关于外国投资者并购境内企业的规定》（简称"10号文"）	2006年8月	商务部等六部委	要求境内企业到境外设立公司再投资境内时，要经过商务部批准；境外上市交易，要经过国务院证券监督管理机构批准，对外资PE机构寻求人民币基金投资起推动作用
《国家外汇管理局关于境内居民通过境外特殊目的公司融资及返程投资外汇管理有关问题的通知》	2008年5月	国家外汇管理局	取代《国家外汇管理局关于完善外资并购外汇管理有关问题的通知》和《国家外汇管理局关于境内居民个人境外投资登记及外资并购外汇登记有关问题的通知》，明确规定通过返程投资控制境内资产的方式要符合严格的外汇登记审批要求
《国家外汇管理局综合司关于完善外商投资企业外汇资本金支付结汇管理有关业务操作问题的通知》（简称"142号文"）	2008年8月	国家外汇管理局	外商投资企业资本金结汇所得人民币资金，应当在政府审批部门批准的经营范围内使用，除另有规定外，结汇所得人民币资金不得用于境内股权投资。除外商投资房地产企业外，外商投资企业不得以资本金结汇所得人民币资金购买非自用境内房地产。外商投资企业以资本金结汇所得人民币资金用于证券投资，

续表

政策法规	发布时间	发布单位	说明
			应当按国家有关规定执行，这一规定无疑卡住了境外投资者进入市场的入口
《关于本市开展外商投资股权投资企业试点工作的实施办法》	2011年1月	上海市金融办、上海市商务委、上海市工商局	该办法的制定宣告QFLP（合格境外有限合伙人）制度正式在地方层面启动，被授予资格的境外LP，可以获得一定的人民币换汇额度，将资本金换成人民币，投资国内企业，在获得收益之后，通过托管账户将所得人民币换成美元退出
《关于北京市开展股权投资基金及其管理企业做好利用外资工作试点的暂行办法》	2011年2月	北京市人民政府办公厅	主要规定了在北京市设立的外资股权投资基金和外资基金管理企业申请参与试点的条件以及试点企业可享受的特殊待遇。该QFLP办法与上海之前出台的QFLP办法尽管基本架构相近，但相对而言，其具体限制较多。这反映了北京市对于在私募基金市场引进外资采取了相对审慎的态度
《重庆市关于开展外商投资股权投资企业试点工作的意见》	2011年5月	重庆市金融办、重庆市外经贸委、重庆市工商局	重庆市政府建立专门的外资股权投资企业试点工作监管联席会议制度，对外资股权投资企业进行管理。联席会议由市政府分管领导召集，成员单位包括工商局、金融办、外经贸委等部门，总体管理原则是"限定额度、指定投向、流程监控、联合监管"。其规定外资股权投资管理企业和外资股权投资企业准入门槛，并设定申请外资股权投资试点企业境外投资者的范围

续表

政策法规	发布时间	发布单位	说明
《国家外汇管理局关于在部分地区开展外商投资企业外汇资本金结汇管理方式改革试点有关问题的通知》	2014年7月	国家外汇管理局	推行外商投资企业"意愿结汇试点",涵盖了天津滨海新区、沈阳经济区、广州南沙新区和珠海横琴新区等16个区域。试点区域内注册成立的外商投资企业外汇资本金意愿结汇比例暂定为100%。国家外汇管理局可根据国际收支形势适时对上述比例进行调整。《跨国公司外汇资金集中运营管理规定》也更加便利了外商投资企业以结汇资金开展境内股权投资,为境外的股权投资基金投资中国市场创造了更多更有利的条件。此文件规定,除原币划转股权投资款外,允许以投资为主要业务的外商投资企业(包括外商投资性公司、外商投资创业投资企业和外商投资股权投资企业),在其境内所投资项目真实、合规的前提下,按实际投资规模将外汇资本金直接结汇后划入被投资企业账户。上述企业股权投资款以外的资本金结汇按支付结汇原则办理

(三) 国内 PE FOF 发展政策环境

国内 PE FOF 发展伊始,LP 多为高净值客户,资金来源有限。近年来,随着国家对银行、保险公司、证券公司、信托公司等机构在政策上的放开,越来越多的机构能够参与 PE 投资,也为国内 PE FOF 提供了更丰富的资金来源。有关 PE 市场机构的资金准入政策情况如表 2.2 所示。

表 2.2　PE 市场机构资金准入政策情况

LP 类别	主体名称	文件	发布时间	说明	可否投资 PE 市场
养老基金	全国社会保障基金	《全国社会保障基金投资管理暂行办法》	2001 年	此文件并未明确规定社保基金投资私募股权领域。直至 2008 年 4 月，经国务院批准，财政部、人力资源和社会保障部正式批复同意全国社保基金可以投资经发改委批准的产业基金和在发改委备案的市场化股权投资基金，总体投资不超过全国社保基金总资产（按成本计）的 10%	是
	企业年金	—	—	目前尚未准许进入 PE 领域	否
保险公司、证券公司、银行等金融服务机构	商业保险公司	《关于保险机构投资商业银行股权的通知》	2006 年	允许保险机构投资国内商业银行、股份制商业银行和城市商业银行等未上市银行的股权，并从投资方式、资金来源、投资比例、投资资格等方面对险资投资银行股权进行了约束	是
		《保险资金投资股权暂行办法》	2010 年	允许保险机构资金对非上市企业进行直接或间接的股权投资，并对投资标的的资质条件、投资规范、风险控制、监督管理等做出规定	

续表

LP 类别	主体名称	文件	发布时间	说明	可否投资 PE 市场
保险公司、证券公司、银行等金融服务机构	商业保险公司	《关于保险资金投资股权和不动产有关问题的通知》	2012年	1. 投资门槛降低：保险企业参与股权投资的净资产下限从10亿元降为1亿元，可投资资金比例从5%上升到10%； 2. 可直接投资范围扩大至：能源企业、资源企业以及与保险业务相关的现代农业企业、新型商贸流动企业的股权； 3. 明确可投基金类型包括成长基金、并购基金、新兴战略产业基金和以这些股权投资基金为投资标的的母基金，不允许投资天使基金、创投基金	是
		《国务院关于加快发展现代保险服务业的若干意见》	2014年	允许专业保险资产管理机构设立夹层基金、并购基金、不动产基金等私募基金	

续表

LP 类别	主体名称	文件	发布时间	说明	可否投资PE市场
保险公司、证券公司、银行等金融服务机构		《中国保监会关于保险资金投资创业投资基金有关事项的通知》	2014年	允许保险资金投资创业投资基金，险资可直接投资创业投资基金，也可以通过投资其他股权投资基金间接投资创业企业，或者通过投资股权投资母基金间接投资创业投资基金	是
	证券公司	《证券公司直接投资业务试点指引》	2009年	已获准进行直接股权投资，但要求开展直投业务试点的证券公司净资本原则上不低于20亿元，证券公司以自有资金对直投子公司投资金额不得超过证券公司净资本的15.0%	
	信托公司	《信托公司私人股权投资信托业务操作指引》	2008年	规定信托公司可以以信托资金投资于境内未上市企业股权	是
	商业银行及政策型银行	《商业银行法》（修正）	2003年	国家开发银行和中国进出口银行作为政策性银行进入PE领域，分别管理了17只基金和16只基金	是

续表

LP 类别	主体名称	文件	发布时间	说明	可否投资 PE 市场
政府机构	政府引导基金	《关于创业投资引导基金规范设立与运作的指导意见》	2008年	作为政府创业引导基金设立的依据	是
高净值个人/民营资本	私人银行/独立理财	《国务院关于鼓励和引导民间投资健康发展的若干意见》	2010年	鼓励和引导民间资本进入基础产业和基础设施、市政公用事业和政策性住房建设、社会事业、金融服务、商贸流通、国防科技工业等领域，为PE基金指明了投资方向。民间资本设立私募基金通过股权投资进入一些相关领域有了依据，一些私募投资机构投资积极性也得到了提升	是
	机构/信托计划	《国务院办公厅关于鼓励和引导民间投资健康发展重点工作分工的通知》	2010年		

二、政府引导基金发展现状

（一）海外政府引导基金的发展模式

根据2008年《关于创业投资引导基金规范设立与运作的指导意见》中的定义，"政府创业投资引导基金"是指由政府设立并按市场化方式运作的政策性基金，主要通过扶持创业投资企业发展，引导社会资金进入创业投资领域。引导基金本身不直接参与创业投资业务。具体来讲，政府引导基金的资金来源于中央或地方政府，并同时吸收社会资金，利用相关政府部门的资源，通过金融投资机构的市场化运作，以支持创业企业的发展为政策性指导，以股权、债权等方式投资于创业风险投资基金或者其他相关的基金。

政府引导基金并不是我国独创的投资方式，海外早已有成熟经验可以借鉴。海外模式的成功证明，科学合理的政府引导基金可以提升政府对战略产业的调控能力，刺激产业转型升级和创新创业。美国、以色列、新加坡等国家及欧洲各国均通过成功的政府引导基金运作大大促进了整个社会、经济的发展。

1. 美国模式

在美国 VC 的发展历史上，政府一直扮演着非常重要的角色。1958年，美国政府开始实施小企业投资公司计划（Small Business Investment Company Program），由美国小企业管理局（SBA）负责监督管理。私人投资者设立的小企业投资公司，也就是现在常见的 VC 公司，经 SBA 认证后，政府按照3∶1的直接投资比例向投资公司提供优惠利率贷款，即投资公司每投资1美元股权，政府配套提供3美元低息贷款，投资公司的运作依然按照市场化方式进行，政府不加干预。从计划开始实施以来，这些小企业投资公司累计投资近14万个项目，总共向美国的小企业提供了超过400亿美元的资金，创造了几百万个新工作岗位。一些如今耳熟能详的跨国巨头，如英特尔、苹果公司、联邦快递、耐克等均得到过该计划的资金支持，而这些企业的辉煌正是美国经济得以傲视全球的基础。

当然，在探索支持中小企业发展的过程中，美国政府也走过一些弯路，如一开始采用直接投资于小企业的方式，由于专业化程度及政府运作效率较低，没有取得很好的收益，而后改用以引导为主的支持模式，鼓励专业投资机构参与小企业投资，专业投资机构表现出比政府更强的投资能力，说明了市场化运作对政府引导基金的重要性。

2. 以色列模式

1992年，以色列风险投资之父伊格尔·埃利希（Yigal Erlich）向政府申请拨款1亿美元，组建以色列国内第一只政府创业引导基金YOZMA基金。YOZMA基金的运作包括两个部分，一部分即2 000万美元直接投资处于初始阶段的创新性企业，剩余的8 000万美元用来与国际知名金融机构合作成立10只子基金，政府出资占比40%，金融机构出资60%进行共同投资。YOZMA基金采用完全市场化的运作模式，其直接投资部分作为子基金，代表了政府的政策导向和投资原则；政府和其他合伙人共同出资，聘请专业投资团队，但政府不参与董事会决议，不干预投资管理团队决策。到2000年，YOZMA基金首期参股的10只子基金均实现退出，大量国内外的资金继续投入基金，总管理规模从最初的2.1亿美元增加到了40亿美元。

在YOZMA基金的引导和示范作用下，以色列国内也不断涌现出VC机构，大大促进了创业投资在以色列的发展，使以色列从创业投资弱国变成了强国。大量资本进入创业领域，使得以色列成为"第二个硅谷"，越来越多的创业企业得到投资机构支持，极大地推动了以色列高科技产业的发展。此外，由于YOZMA基金大量引入知名国际资本，如安宏资本、华登国际、戴姆勒-奔驰公司等的投资，不仅培养了一批杰出的国内人才，更使以色列的企业得到了国际社会的认可，成为以色列企业能够驰名海外、顺利在纳斯达克上市的重要原因。

3. 新加坡模式

2016年5月,新加坡总理公署下属的国家研究基金会(NRF)公布了第三期政府扶持的早期风险基金(Early Stage Venture Fund,ESVF)。ESVF成立于2008年,是新加坡国家研究基金会旗下的政府引导基金,专注于投资新加坡地区的高科技创业公司。基金一共发行了三期,前两期投资了十多家本地基金管理公司,如华登国际。其采用政府监督、市场化运作的模式,政府与管理人按照1∶1的比例向子基金投入资金。也就是说,政府向每只子基金投入1 000万新元,管理人需要向社会自行募集1 000万新元与之匹配,政府在退出时仅收取5%的费用,相当于为子基金管理人提供一笔低息贷款。同时,政府控制每个投资项目的审批权,将投资范围限定在新加坡本土初创企业,并且对行业也有所限制。

但是这样严格的审批制度和募集规定极大地降低了专业管理人的参与热情,因此2016年的一期ESVF基金做了较大幅度的改变,仅选取了4家新加坡本地企业(Capital Land、DeClout、Wilmar、YCH),它们均是本土上市公司,且有意设立创投部门专注投资与其主营业务相关的创业企业。这使得企业的投资方向与政府所期望引导的方向相一致,同时,各家均使用自有基金与政府出资相匹配,没有了向社会募集资金的顾虑。

4. 欧洲模式

欧洲投资基金(European Investment Fund,EIF)成立于1994年,专注于支持欧洲各国的中小企业,以促进欧洲在创新、科技、经济等方面的增长和就业,科技创新和成果转化是其重要的支持对象。EIF与服务于中小企业的金融机构合作,如天使投资人、创业投资基金、PE基金、商业银行等,具体的合作方式有两种:一种是设立母基金,投资到各种不同行业、区域性市场化运作的创业投资机构,同时提供一些债务融资;另一种方式是与商业银行等信用中介合作,为中小企业提供信用升级和担保,方便中小企业获得信贷资金。

EIF 为欧洲的中小企业发展起到了非常重要的作用，仅 2013 年一年，EIF 就通过间接的股权投资和信用担保为欧洲各国超过 14 万家中小企业提供了融资，同时也连带支持了大量金融机构。

（二）我国政府引导基金的发展历史

中国的政府引导基金最早可以追溯到 2002 年，经过十几年的发展渐成规模，成为中国 PE FOF 中的一种重要组成形式，2006—2015 年我国政府引导基金成立数量及规模如图 2.1 所示。我国政府引导基金的发展一共经历了 3 个阶段：萌芽阶段（2002—2006 年），快速发展阶段（2007—2013 年）以及爆发式增长阶段（2014 年至今）。

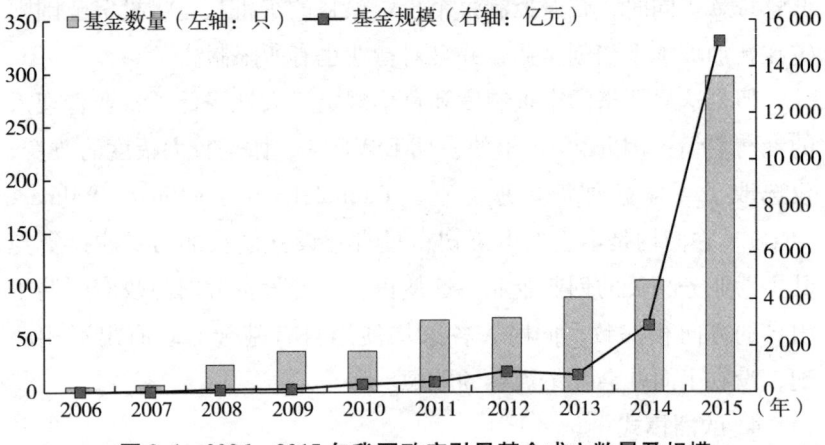

图 2.1　2006—2015 年我国政府引导基金成立数量及规模

1. 萌芽阶段（2002—2006 年）

PE 作为"西学东渐"的舶来品，与外资投资机构进入中国息息相关。20 世纪 90 年代伊始，美国国际数据集团、华平、华登国际等有外资背景的 PE 机构纷纷进驻国内，进行私募股权投资，这个时期的基金以美元计价为主。1999 年以来，北京、上海、深圳各地方政府发力推动我国 PE 行业的发展，2002—2006 年涌现出大批创业投资基金。1998 年中国的 VC 机构仅有 76 家，其中几乎全部都是外资企业，而到 2006 年当年新成立 VC 机构数量就已经达到

90家，人民币基金开始成为市场主流。PE基金也同样经历了这个发展过程。在PE市场逐渐繁荣的同时，市场的监管却相对滞后，直到2005年才开始研究相关的政策法规。VC基金与PE基金募集数量和募资金额如图2.2、2.3所示。

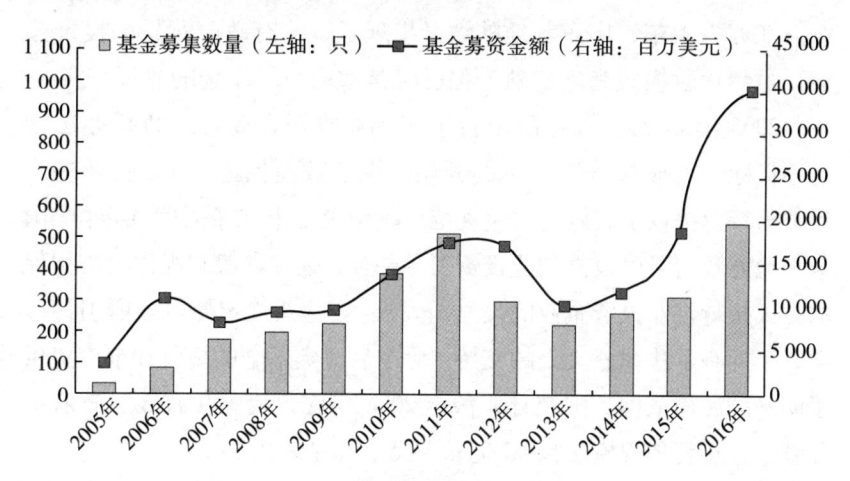

图2.2　VC基金募集数量和募资金额

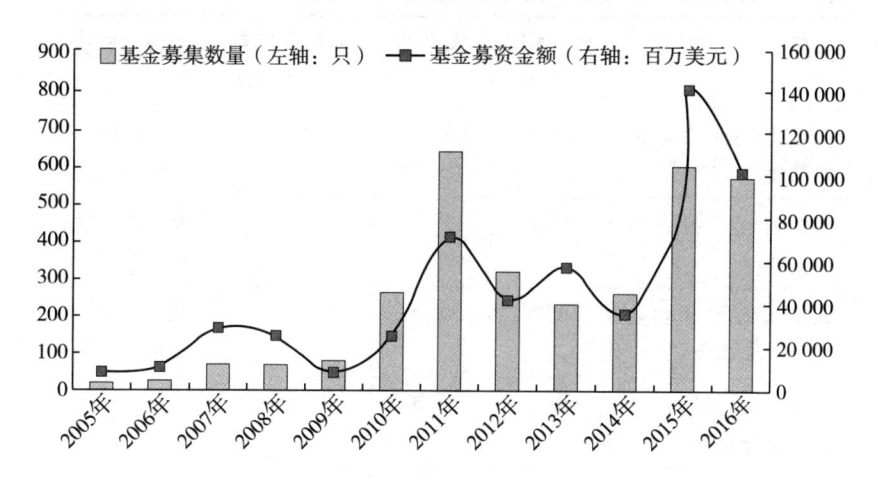

图2.3　PE基金募集数量和募资金额

我国第一家政府引导基金出现在2002年，是由北京市政府派出的机构，即中关村科技园区管理委员会（以下简称"中关村管委会")设立的中关村创业投资引导资金。其资金来源为中关村管委会,由北京中关村创业投资发展中心负责基金的主要运营,总规模为 5 亿元人民币,投资的对象主要为创业企业,以母基金或者直投的形式投资于天使基金和 VC 基金。在这个发展阶段,在北京、上海、江苏、山东、广东等地陆续又出现了一些有政府背景的投资公司,虽然运营模式尚未成熟,但已经是政府引导基金的雏形。

2005 年 11 月,国务院出台了《创业投资企业管理暂行办法》,这不仅标志着股权分置改革的开始,也有效地促进了 PE 行业的发展,为行业提供了有效的法律规范。其中第二十二条明确规定:"国家与地方政府可以设立创业投资引导基金,通过参股和提供融资担保的方式扶持创业投资企业的设立与发展。"这条规定使得政府引导基金终于拥有了法律意义上的支持,为今后此类基金的规范和推广提供了明确的法律依据。据统计,截至 2006 年底,我国共有 6 只政府引导基金,总管理规模达到 40 亿元人民币(见表 2.3)。

表 2.3 我国政府引导基金设立情况(截至 2006 年底)

名称	设立时间(年)	设立地	募集完成规模(亿元)	拟投资区域
海宁市创业投资引导基金	2001	浙江	0.6	浙江省海宁市
中关村创业投资引导基金	2002	北京	5	北京市中关村科技园
北京市海淀区创业投资引导基金	2006	北京	5	北京市海淀区
苏州工业园区创业投资引导基金	2006	江苏	10	全国
浦东创业风险投资引导基金	2006	上海	10	上海市浦东新区
新疆科技风险投资基金	2006	新疆	—	新疆维吾尔自治区

2. 快速发展阶段（2007—2013年）

由于监管的逐渐放松，越来越多的金融机构进入 PE 市场，中国的 PE 市场从 2007 年开始驶入快速发展的高速轨道，PE 基金、VC 基金数量较之前的萌芽阶段呈现大幅增长的态势。与此同时，政府引导基金的数量也大幅增加，各级政府，从中央到一些地方政府纷纷加入风潮，设立政府创业投资引导基金，以加强某一指定领域的投资。从地区发展来看，仍然以长江三角洲地区最为领先，成立的基金数量最多、规模最大，京津冀地区和珠三角地区次之；其他地区如云南、吉林、湖北、四川、重庆、山西、陕西等省（市）政府也相继开始设立政府引导基金，成为省级政府中的先行者。在中央层面，科技部、财政部在 2007 年共同设立了中国第一只国家级科技型中小企业创业投资引导基金，管理规模达 1 亿元人民币。政府创业投资引导基金专项投资于创业投资公司，以市场化、专业化的运作支持中小科技企业，并吸引社会资金进入创业投资领域，起到资金引导的作用。2007—2013 年，我国政府引导基金（部分）的设立情况如表 2.4 所示。

表 2.4　我国政府引导基金（部分）的设立情况（2007—2013 年）

名称	设立时间（年）	设立地	募集完成规模（亿元）	拟投资区域
科技型中小企业创业投资引导基金	2007	北京	1	全国
山西省风险投资引导基金	2007	山西	8	山西省
吉林省创业投资引导基金	2007	吉林	10	吉林省
无锡新区创业投资引导基金	2007	江苏	5	江苏省无锡新区

续表

名称	设立时间（年）	设立地	募集完成规模（亿元）	拟投资区域
天津市滨海新区创业风险投资引导基金	2007	天津	20	天津市滨海新区
上海市杨浦区创业投资政府引导基金一期	2007	上海	2.4	上海市杨浦区
北京市中小企业创业投资引导基金	2008	北京	9.2	北京市
广州市开发区创业投资引导基金	2008	广东	1	广东省广州市开发区
西安高新区创业投资引导基金	2008	陕西	5	陕西省西安高新区
湖北省创业投资引导基金	2008	湖北	1	湖北省
成都高新区电子信息产业创业投资引导基金	2008	四川	2	四川省成都高新区
宁波市北仑区创业投资引导基金	2008	浙江	0.3	浙江省宁波北仑区
绍兴市创业投资引导基金	2008	浙江	3	浙江省绍兴市
重庆市创业投资引导基金	2008	重庆	10	重庆市
深圳市创业投资引导基金	2009	广东	30	广东省深圳市

续表

名称	设立时间（年）	设立地	募集完成规模（亿元）	拟投资区域
成都银科创业投资公司	2009	四川	15	全国
山东省创业投资引导基金	2009	山东	10	山东省
安徽省创业（风险）投资引导基金	2009	安徽	10	安徽省
福建省创业投资引导基金	2009	福建	6	福建省
浙江省创业风险投资引导基金	2009	浙江	5	浙江省
石家庄市创业投资引导基金	2009	河北	3	河北省石家庄市
合肥市创业投资引导基金	2009	安徽	3	安徽省合肥市
北京市文化创意产业创业投资引导基金	2009	北京	3	北京市
山西省创业投资扶持基金	2009	山西	2.5	山西省
黑龙江省政府引导基金	2009	黑龙江	2	黑龙江省
北京市丰台区产业发展引导基金	2009	北京	1.5	北京市丰台区
河北省科技型中小企业创业投资引导基金	2009	河北	1	河北省

续表

名称	设立时间（年）	设立地	募集完成规模（亿元）	拟投资区域
苏州工业园区政府引导基金二期	2010	江苏	30	全国
西安市创业投资引导基金	2010	陕西	10	陕西省西安市
江苏省新兴产业创业投资引导基金	2010	江苏	10	江苏省
湖南省创业投资引导基金	2010	湖南	10	湖南省
青岛市市级创业投资引导基金	2010	山东	5	山东省青岛市
上海市闵行区创业投资引导基金	2010	上海	5	上海市闵行区
广州市高端电子信息产业政府引导基金	2010	广东	3	广东省广州市
北京市石景山区创业投资引导基金	2010	北京	2	北京市石景山区
南京市创业投资引导基金	2010	江苏	2	江苏省南京市
吉林省企业投资引导基金	2010	吉林	2	吉林省
上海嘉定创业投资引导基金	2011	上海	12	上海市嘉定区
上海市创业投资引导基金Ⅲ	2012	上海	30	上海市

续表

名称	设立时间（年）	设立地	募集完成规模（亿元）	拟投资区域
东莞市产业升级转型及创业投资引导基金	2012	广东	20	广东省东莞市
北京创造·战略性新兴产业创业投资引导基金	2012	北京	10	北京市
河南省政府引导基金	2012	河南	8	河南省
大连市创业投资引导基金	2012	辽宁	6	辽宁省大连市
上海市杨浦区创业投资政府引导基金二期	2012	上海	3	上海市杨浦区
宁波市创业投资引导基金	2012	浙江	2.5	浙江省宁波市
广西政府投资引导基金	2012	广西	2	广西壮族自治区
贵州省创业投资引导基金	2012	贵州	2	贵州省
河南省股权投资引导基金	2013	河南	5	河南省
中关村现代服务业创业投资引导基金	2013	北京	1.5	北京市中关村

2007年，财政部、科技部联合发布了《科技型中小企业创业投资引导基金管理暂行办法》，规定科技型中小企业创业投资引导

基金的资金用途和投资范围，以实现引导创业投资机构向初创期科技型中小企业投资。

为了使已经成立的政府引导基金有法可依，基金运营有序可循，2008年国务院联合财政部、商务部共同出台了《关于创业投资引导基金规范设立与运作的指导意见》（以下简称《指导意见》），在创业引导基金的运作原则与方式、管理以及风险控制等方面做出明确规定，强调基金资金"不得用于从事贷款或股票、期货、房地产、基金、企业债券、金融衍生品等投资以及用于赞助、捐赠等支出"，"闲置资金只能存放银行或购买国债"，明确了引导基金必须导向实体企业。《指导意见》发布后，各地以此为指南纷纷出台了地方具体规定。

2010年，《科技型中小企业创业投资引导基金股权投资收入收缴暂行办法》（以下简称《办法》）由财政部和科技部联合发布，旨在对引导基金的投资收入进行规范。《办法》规定，引导基金股权投资收入上缴中央国库，纳入中央一般预算管理。引导基金的收入包括：引导基金股权退出应收回的原始投资及应取得的收益；在持有股权期间应取得的收益；被投资企业清算时，引导基金应取得的剩余财产清偿收入。

2011年8月，为了加快新兴产业创投计划的实施，加强资金管理，财政部、国家发改委联合发布《新兴产业创投计划参股创业投资基金管理暂行办法》，明确提出中央财政参股基金应集中投资于节能环保、信息、生物与新医药、新能源、新材料、航空航天、海洋、先进设备制造、新能源汽车、高技术服务业等战略性新兴产业和高新技术改造提升传统产业领域，对于投资企业的类型、规模和投资比例做了详细的规定。该办法对引导基金的投资范围进行了划定，有利于推动地方战略新兴产业的发展以及中小型创业企业的发展，发挥政府资金的杠杆放大作用。2007—2013年国家层面创业引导基金相关法规如表2.5所示。

表 2.5　国家层面创业引导基金相关法规（2007—2013 年）

法规	发布时间	主要内容
《科技型中小企业创业投资引导基金管理暂行办法》	2007-07-06	利用阶段参股、跟进投资、风险补助和投资保障等方式，支持科技型中小企业自主创新
《关于创业投资引导基金规范设立与运作的指导意见》	2008-10-18	促进创业投资引导基金的规范设立与运作，扶持创业投资企业发展
《境内证券市场转持部分国有股充实全国社会保障基金实施办法》	2009-06-19	首次公开上市的含国有股的股份有限公司，按公开发行总股份的 10%（但不高于国有股东实际持股数量）由全国社会保障基金理事会转持
《科技型中小企业创业投资引导基金股权投资收入收缴暂行办法》	2010-12-09	收入收缴办法：收入上缴中央国库，纳入中央一般预算管理
《财政部关于豁免国有创业投资机构和国有创业投资引导基金国有股转持义务有关问题的通知》	2010-10-13	对于符合条件的国有创投机构和国有创投引导基金，投资于未上市中小企业形成的国有股，可申请豁免国有股转持义务
《新兴产业创投计划参股创业投资基金管理暂行办法》	2011-08-17	明确提出中央财政参股基金集中投资于节能环保、信息、生物与新医药、新能源、新材料、航空航天、海洋、先进装备制造、新能源汽车、高技术服务业等战略性新兴产业和高新技术改造提升传统产业领域
《关于促进股权投资企业规范发展的通知》	2011-11-23	投资者为集合资金信托、合伙企业等非法人机构的，应打通核查最终的自然人和法人机构是否为合格投资者，并打通计算投资者总数，但投资者为股权投资母基金的除外

随着国家层面的管理办法不断推出,为政府创业引导基金提供了明确的法律指导和运作方向。全国各地政府也迅速响应,出台了一系列地方管理条例,一些地方政府引导基金如雨后春笋般出现,不仅在数量上迅速增长,基金管理规模也快速扩大。据不完全统计,2007—2013年,全国共有近340只各类政府创业引导基金成立,总规模达到2 700亿元,上海、深圳、苏州等地出现了规模达30亿元的大型引导基金。

3. 爆发式增长阶段(2014年至今)

2014年和2015年是PE行业发展的爆发期,李克强总理在2014年夏季达沃斯论坛上,第一次提出了"大众创业、万众创新"① 号召,以此激发社会的创业热情,为经济增长提供新的引擎。在公众投资热情高涨的环境下,产生了一大批创业VC基金、PE基金,投资活动呈现井喷态势。越来越多的天使基金开始登上舞台,投资者的目光也从原来的Pre-IPO(首次公开募股前)阶段转移到了企业更早期的发展阶段。

与私募股权的爆发式增长相对应,政府引导基金也在这个时期出现了跨越式的发展。2014、2015年两年共有超过400只政府创业引导基金成立,总规模达1.8万亿元。仅仅两年的时间,政府引导基金无论从数量还是规模上都有大幅增长。从基金设立的地区分布来看,北京、上海、江苏、广东等地在PE市场先行一步,发展比较快速,因此政府引导基金在这些地区也比较密集,一些特大型城市不仅成立了相关的引导基金,还针对一些产业园区成立了专门的基金扶持地方经济发展。长三角地区经济较为发达,产业丰富、产业链完善,众多活跃的中小企业为创业投资提供了肥沃的土壤,是政府引导基金布局最密集的地区。环渤海地区聚集了一批高科技、互联网公司,因而这一地区的引导基金主要以高新科技园区为投资方向。以深圳为代表的珠三角地区紧随其后,在硬件制造行业独树

---

① "大众创业、万众创新"战略扎实推进[OL]. 中国政府网,2015-09-21.

一帜，因而也陆续产生了一批引导基金。中西部地区的政府引导基金起步较晚，但是增速比较明显。其中，湖北、四川、陕西、内蒙古等地较为活跃，出现了许多规模在10亿元以上的引导基金。一些偏远地区如新疆、西藏、宁夏等地也开始成立政府引导基金。

2015年1月14日，国务院总理李克强主持召开国务院常务会议，会议决定设立国家新兴产业创业投资引导基金，助力创业创新和产业升级。这只引导基金将采用公开招标的方式选择优质的创业投资基金管理公司参与项目投资及基金运营，做到市场化运作、专业化管理。利用政府平台发挥资金杠杆作用，吸引社会资本参与投资，形成总规模达400亿元的新兴产业创投引导基金。作为政府引导基金中的"巨无霸"，国家新兴产业创业投资引导基金将为今后引导基金的运作提供示范性作用。

据统计，截至2018年6月底，广东、江苏、山东三地的政府引导基金数量位列前三，分别达到28只、25只和19只，基金设立比较活跃；在规模方面，北京以约1 150亿元的规模稳居各省（市、自治区）之首，紧随其后的是广东和山东，基金规模分别为983亿元和960亿元。我国政府引导基金数量与规模分布如图2.4、图2.5所示。

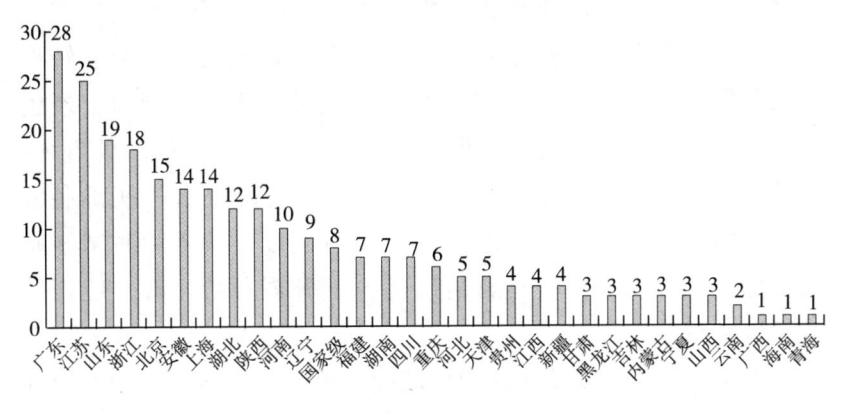

图2.4 我国政府引导基金数量分布（截至2018年6月底，单位：只）

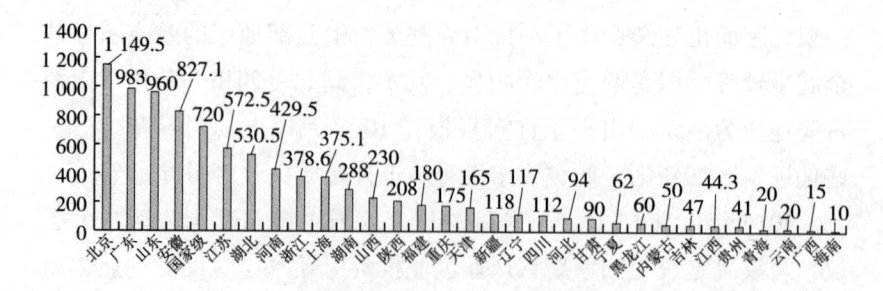

图 2.5 我国政府引导基金规模分布（截至 2018 年 6 月底，单位：亿元）

与政府引导基金的增长相配套的是，国家也出台了一系列政策规范基金运作。2014 年 12 月 9 日，《国务院关于清理规范税收等优惠政策的通知》（以下简称《通知》）发布。《通知》明确了税收法定原则，各地区一律不得自行制定税收优惠政策；未经国务院批准，各部门起草的其他法律、法规、规章、发展规划和区域政策都不得规定具体税收优惠政策。这使得税收优惠政策有了国家统一的标准，避免了因税收政策不一导致市场被行政化干预，有助于投资基金的市场化运作，促进经济转型升级。

2015 年 11 月，财政部发布《政府投资基金暂行管理办法》（以下简称《管理办法》），对政府投资基金的设立、运作和风险控制、终止和退出、预算管理、资产管理以及监督管理等方面进行了规范。《管理办法》指出各级财政部门一般应在四大领域设立投资基金，包括创业企业、中小企业发展、产业转型升级和发展以及基础设施和公共服务领域等方面。同时，还引入了负面清单管理，列明不得从事的六大业务，包括二级市场、抵押贷款、捐赠、资金拆借等。此外，《管理办法》明确各级财政部门应建立政府投资基金绩效评价制度，按年度对基金政策目标实现程度、投资运营情况等方面开展评价，有效应用绩效评价结果。

受到消费升级以及互联网创新的影响，我国政府引导基金对TMT（科技、媒体、通信）、医疗健康、消费品及服务领域的关注度最高。据统计，2015 年关注这 3 个领域的政府引导基金数量占比分别为 37%、23% 和 13%（如图 2.6 所示）。自 2014 年以来的互联网风潮使得 TMT 行业出现了大量创业企业和创业投资企业，其中以云计算、人工智能、移动互联网等领域最受投资者热捧，科技创新也符合国家的科技兴国战略，因而受到政府引导基金的支持。医疗健康与消费品及服务领域也在科技进步和消费升级的双重推动下发展迅速，受到投资者的广泛关注。

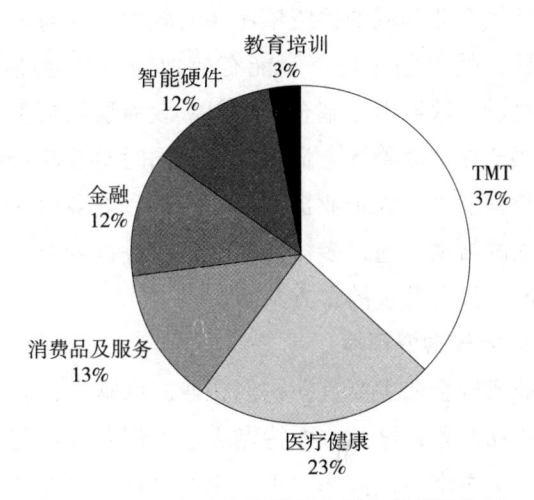

图 2.6　2015 年政府引导基金关注的投资领域

(三) 政府引导基金的意义

1. 支持中小企业及战略性新兴产业发展

中小企业的发展是社会经济增长的重要力量，2018 年 8 月，其 GDP（国内生产总值）的贡献率已经达到 60% 以上，同时，在解决社会就业问题上也起到了不可忽视的作用。根据国内外的实践经验，企业仅仅依靠自身盈利积累实现跨越式的发展是非常困难的，外部融资也很有必要。而我国的融资渠道比较单一，商业银行对于风险的保守态度决定了中小企业难以在短时间内获得足够的商业贷款，在中小企业成长为龙头企业之前，这种窘境易造成融资链条的断裂。政府引导基金的参与可以更有效地解决融资难问题，由于基金的投资期限比较长，可以使中小企业拥有较为长期的资金来源，减轻高负债对其造成的负担，有利于培养出一批具有创新能力、市场前景良好的创业企业，并为商业化投资机构及银行等专业机构的参与提供一定基础，完善整个融资链条。

由于一些高科技产业研发投入高、发展周期长，而一些市场化运作的投资基金偏好周期短、回报快的项目，所以在生物医药、环保等战略性新兴产业领域的投资依然相对较少，这与国家战略规划方向并不一致，使得创业投资不能有效地辅助社会经济结构的转变。国家通过设立政府引导基金，可以从政府层面吸引社会资本流入战略性新兴产业，改善社会资金配置，同时整合政府资源和创业投资企业的管理能力，为企业提供战略指导、业务引入、上下游沟通交流等方面的帮助，通过多样性的增值服务提升企业的价值，实现社会、政府、投资基金的多方共赢。

2. 完善区域投融资环境

由于创业投资企业主要投向初创企业，风险大，成功率低，投资周期长，流动性差，这几方面特点决定了创业投资基金尤其是天使基金在整个资本市场仅占非常小的比例。政府引导基金的参与能够有效地解决一些创业投资企业的资金来源问题，同时吸引机构投资者、民间资本、国外资本等各种渠道的资金加入创业投资领域。一些区域型政府引导基金的运作更有利于本地资金留存，助力当地经济发展。

对于融资链条中的其他环节，如企业中后期的私募股权融资、商业银行贷款、上市后的证券市场交易等，政府引导基金提供的初创阶段的融资渠道很好地完善了整个融资链条，为后续资本的进入营造了良性循环的金融环境，更有利于后续投融资机构去发现企业价值并提升企业价值。

3. 引导资金流向，协调区域发展

在市场环境下运作的创业投资机构会使区域发展不平衡扩大，

经济越发达的地区获得的资金越多,而在经济欠发达地区,创业企业数量较少,有大量空白领域等待发展,但所能获得的资金却较少,企业生存艰难。政府引导基金在国家大力发展中西部地区政策的指导下,在经济较为落后的地区设立基金,引入大量资金投资当地项目,发展当地经济,有利于解决地区之间的经济发展不平衡,促进区域经济协调发展。

(四) 我国政府引导基金的发展趋势

2014年5月21日,国务院总理李克强主持召开国务院常务会议,会议通过两个重要决议:一是"成倍扩大中央财政新兴产业创投引导资金规模";二是"完善市场化运行长效机制"。在政府政策的指导下,近年来政府引导基金呈现出以下几个发展趋势:

1. 引导基金规模扩大

政府引导基金在近年来规模呈现快速上升趋势,从2014年之前平均单只基金14.3亿元的规模迅速扩张至2015年平均单只基金41.9亿元的规模,实现了跨越式增长,新成立的基金中不乏一些超过100亿元的超大型基金,如2015年成立的国家新兴产业创业投资引导基金,规模达400亿元;国家中小企业发展基金,规模达600亿元,这些国家层面基金的设立无疑对相关行业的发展起到了极大的激励作用,提高了社会资金对于中小企业以及高科技公司发展前景的良好预期,同时引导基金带来的杠杆效应吸引了更多的资金参与投资。地方基金层面,湖北长江经济带产业基金目标规模达400亿元,通过吸引社会资本预计最终实现1万亿元的总规模投资实体经济,是地方政府引导基金的"巨无霸"。

2. 区域引导基金呈现不同特征

在一些经济较为发达的地区,如长三角、环渤海、珠三角地区,政府引导基金发展相对成熟,布局也十分紧密。除了一些省级政府成立的大型基金外,部分地级市或者高新园区也开始成立引导基金，基金的发展向下衍生，向着更加细分的方向发展。相比于省级政府，本地区政府更了解当地经济发展状况，因而更有利于本地引导基金对症下药，投资于当地中小企业。中西部地区起步较晚，近几年有加速发展的趋势，出现了多只规模达 10 亿元以上的引导基金，但是仍处于初级发展阶段，仅有几只省级政府引导基金作为试点，区县级政府引导基金尚未出现。

值得肯定的是，各地区引导基金的出现使得资源配置趋于均衡，利用政府平台使更多的社会资本流向支持中小企业发展、产业转型升级和创新创业，刺激当地经济发展，增加了在经济较为落后地区的资金投入。

3. 市场化方向明确

从资产配置的角度来看，委托专业机构管理的母基金模式将会是未来引导基金的发展趋势。最早成立的政府引导基金行政色彩相对浓厚，市场化程度不高，政府部门在投资领域选择和投资方式上的干预较多。随着引导基金运营的成熟化，越来越多的基金开始强调市场化的作用。2015 年 1 月成立的国家新兴产业创业投资引导基金规模达 400 亿元，用公开招标的方式选择优质的创业投资基金管理公司参与项目投资及基金运营，强调基金必须采用市场化的管理运作模式，为其他基金的运作提供了示范带头作用。同年 9 月，国务院倡导成立总规模达 600 亿元的国家中小企业发展基金，原则上采取有限合伙制，从募资、管理、收益分配到退出等环节均按照市场化原则操作，社会投资人优先分红，政府出资适当让利，吸引更多社会资本的加入。

采用市场化运作基金，能够更好地发挥引导基金"四两拨千斤"的杠杆效应，吸引更多社会资本加入。政府也在不断简化引导基金的运作程序，取消行政审批事项或下放行政审批权，为市场化运作真正扫清障碍。

4. 监督考核机制更为规范

2015 年，财政部出台了《政府投资基金暂行管理办法》，其中,"各级财政部门应建立政府投资基金绩效评价制度,按年度对基金政策目标实现程度、投资运营情况等开展评价,有效应用绩效评价结果","各级财政部门应会同有关部门对政府投资基金情况进行年度检查","政府投资基金应当接受财政、审计部门对基金运行情况的审计、监督"等条例明确规定了财政部门对引导基金的监督检查义务,为引导基金的规范化运作提供了法律依据。各省级、地级、区县级政府也出台了相应的管理办法,对当地引导基金进行规范化管理。

同时,引导基金管理架构的科学设计也有利于在保持基金市场化运作的同时,给予政府部门一定的监管权力。如山东省政府引导基金的决策委员会委员除包括投资、财务、管理、法律等方面的专家外,还包括省级相关部门代表,对拟投资的子基金进行独立评审。重庆市政府引导基金设立基金工作协调机制,每年召开会议,由引导基金管理公司向政府出资部门汇报第二年工作计划,政府部门对资金使用情况进行监督并拥有否决权。

(五)我国政府引导基金案例

1. 国家级引导基金案例

根据国务院国有资产监督管理委员会(以下简称"国资委")官网的披露,国资委批准,中国国有资本风险投资基金股份有限公司(以下简称"国有资本风险投资基金")于2016年8月8日在深圳前海注册成立,首期规模达1 000亿元,未来总规模将达2 000亿元。这是国企改革过程中,促进国企国资改革、调整优化国有资本布局结构的一大重要创新举措,是全面推进国有资本运营公司试点的重要战略布局。

国有资本风险投资基金由中国国新控股有限责任公司(以下简称"中国国新")、中国邮政储蓄银行股份有限公司(以下简称"中国邮政储蓄银行")、中国建设银行股份有限公司(以下简称"中国建设银行")、深圳市投资控股有限责任公司(以下简称"深圳投控")共同出资设立。其中,中国国新出资340亿元,作为主发起人和控股股东,中国邮政储蓄银行、中国建设银行、深圳投控分别出资300亿元、200亿元和160亿元。国资委副主任孟建民指出,作为截至2016年8月最大规模的国家级政府引导基金,国有资本风险投资基金将坚持国家战略、服务央企发展,落实创新驱动发展战略,大力支持企业创新,以前瞻性、战略性、基础性行业的核心关键技术突破和产业化为重点,大力投资技术创新、产业升级项目,充分发挥国家级基金的资本优势、机制优势、人才优势,促进国家战略与市场机制有机结合。

2. 省级引导基金案例

2015年12月30日,湖北省长江经济带产业基金管理有限公司(以下简称"长江产业基金")正式揭牌成立。设立长江产业基金是湖北省委、省政府抢抓长江经济带发展和促进中部地区崛起战略机遇,高起点谋划"十三五"规划布局,充分发挥财政资金引导作用,激发社会资本投资活力,为促进湖北省产业发展和转型升级而做出的一项重大战略决策,是湖北省践行"创新、协调、绿色、开放、共享"发展理念,大力推进供给侧结构性改革的一项重大举措,符合中央精神,顺应时代要求。

长江产业基金的唯一使命是发展产业,重点聚焦培育发展战略性新兴产业,以全球视野广泛整合资金、项目、人才等优势资源,推动战略性新兴产业在湖北省取得突破性发展。长江产业基金遵循"政府引导、市场运作、分类管理、防范风险"的原则,突出"专业化、市场化、国际化"特色,按照"整体设计、分期募集、政府让利、滚动发展"的总体思路,采取市场化方式运作。经省政府批准,省级财政出资400亿元发起设立长江产业基金,通过与国内外各类资本合作发起设立若干只产业投资基金,共同构成规模达2 000亿元的湖北省长江经济带产业基金群。产业基金群再通过设立子基金或对重大项目直接投资的方式,力争带动约1万亿元的社会投资,支持湖北省战略性新兴产业发展。

长江产业基金按照混合所有制模式设立,由全国性金融机构、知名投资管理机构、上市公司、省内企业等40家股东单位投资形成。

长江产业基金根据湖北省委、省政府的决策部署,聚焦战略性新兴产业,落实《中国制造2025湖北行动纲要》,促进全省产业转型升级,重点支持外部性强及基础性、带动性、战略性特征明显的产业和企业创新发展,通过对企业的并购重组、股权投资等方式,打造产业龙头,构建产业链条,培育产业生态,提升产业核心竞争力,形成具有湖北特色的现代产业体系。

长江产业基金重点聚焦新一代信息技术、高端装备制造、生物医药、新能源汽车、新材料、节能环保、新能源等战略性新兴产业和高新技术企业的快速发展,帮助域内企业"走出去",域外产业"引进来",提升产业的核心竞争力。

3. 地市级引导基金案例

2014年3月,《厦门市打造千亿产业链(群)促进产业升级工作方案》出台,明确未来拟重点打造十大千亿产业链(群)的发展目标。为了解决建设资金问题,引导社会资本进入厦门市拟重点发展的产业领域,有效发挥政府对产业调整和发展的促进作用,厦门市于2014年启动产业引导基金设立工作,初期规模是100亿元。设立产业引导基金是政府引导社会资本进入产业发展领域,促进自主创新成果转化,培育战略性产业的重要举措。

引导基金采取决策、评审和日常管理相分离的管理体制,设立理事会作为决策机构,于市财政局下设办公室,负责日常事务,并同时设立独立的专家评审委员会,对拟投资方案进行独立评审。厦门金圆投资集团有限公司(以下简称"金圆集团")作为市财政的出资代表,委托金圆集团下属企业厦门市创业投资有限公司,具体负责引导基金的日常运营管理。引导基金以"政府引导、市场运作、科学决策、防范风险"为运作原则,甄选国内外优秀的产业基金管理团队合作设立产业子基金，或者运用基金资金直接投资于厦门市拟重点扶持的产业。

引导基金重点投资领域为厦门市"5+3+10"支撑体系，以龙头大项目、园区载体、创新环境为主要抓手，培育平板显示器、计算机与通信设备、机械装备、生物医药、新材料五大先进制造业及旅游会展、航运物流、软件和信息服务、金融、文化创意五大现代服务业等十大千亿产业链。引导基金战略重点在于构建加快发展先进制造业，大力发展现代服务业，优化提升传统产业，着力培养战略性新兴产业，做精做优现代都市农业。

三、市场化 PE FOF（非政府引导基金）发展现状

我国 PE FOF 的起步与外资 PE 在亚洲包括中国的发展是息息相关的。外资 PE FOF 在 20 世纪 90 年代进入亚洲，起初发展十分缓慢，直至 2005 年才随资本市场的迅速发展兴起。我国 PE FOF 的发展得益于国家政策的支持，本土的 PE FOF 是从那个时候逐步发展起来的。我国市场化 PE FOF 大事记如表 2.6 所示。

表 2.6　我国市场化 PE FOF 大事记

时间	事件
2006 年 3 月	国家开发银行与中新苏州工业园区创业投资有限公司共同出资设立苏州工业园区创业投资引导基金，总规模为 10 亿元，为国内第一个市场化运作的创投引导基金，也是国家开发银行支持发展的第一只以 PE FOF 方式运作的基金
2006 年 11 月	璞玉投资管理顾问公司发起国内第一只市场化 PE FOF "璞玉价值基金"，管理资本规模为 1.1 亿美元，所投基金囊括九鼎成长基金、鼎晖创投基金Ⅱ、兰馨亚洲基金Ⅳ等知名基金

第二章　我国PE FOF发展政策环境和现状

续表

时间	事件
2008年1月、7月	浙江硅谷天堂创业投资公司于2008年分别成立了恒裕基金、恒通基金，两只基金募资规模各为1亿元，利用浙江民间资本充裕的优势，两只基金均通过PE FOF的形式吸引高净值个人参与顶级PE基金投资，分散个人投资者投资PE基金的风险，开启了资金充裕的个人投资者参与人民币PE FOF的先河
2010年12月	国开行全资子公司国开金融有限责任公司（以下简称"国开金融"）和苏州元禾控股有限公司（原"苏州创业投资集团"，以下简称"苏州元禾"）共同发起设立规模为600亿元的国创母基金。这只母基金由专注于PE投资的国创开元股权投资基金（以下简称"国创开元"）和专注于VC领域的国创元禾创业投资基金（以下简称"国创元禾"）组成，规模分别为400亿元和200亿元，国创开元依托于国开金融，而国创元禾则依托于苏州元禾。国创母基金开启了国有资金介入PE FOF领域进行市场化运作的先河
2011年11月	国家发改委发布《关于促进股权投资企业规范发展的通知》，投资者为集合资金信托、合伙企业等非法人机构的，应打通核查最终的自然人和法人机构是否为合格投资者，并打通计算投资者总数，但投资者为股权投资母基金的除外

（一）市场PE FOF的运作情况

1. 国有企业参与的市场化PE FOF运作情况

我国国有企业参与设立的PE FOF沿用了海外成熟市场采用的运作模式，即PE FOF先从LP获取资金，然后母基金的专业团队负责管理运作资金，投向不同类型的PE基金。从资金流动方向来看，主要有两条资金链：一条是由LP流向PE FOF，再通过PE FOF流向PE基金的投资资本及管理费用；另一条资金链是由PE基金流向PE FOF，再通过PE FOF流向LP的资本返还和利润支付。两条资金链使资本实现高效运转。总体来说，国有企业参与的 PE FOF 更偏向市场化，资金使用效率较高。相比于政府引导基金和本土民营资本市场化 PE FOF，国有企业参与的 PE FOF 管理资本规模较大，操作经验丰富，在未来一段时间内将引领人民币 PE FOF 市场，并对市场上中小投资者起到示范和教育作用。

从过去市场看，国家开发银行和苏州元禾是国内市场化运作 PE FOF 名副其实的领军机构。2006 年，国内首只国有企业参与的市场化 PE FOF 苏州工业园区创业投资引导基金，正是由国家开发银行与中新苏州工业园区创业投资有限公司共同出资设立的。2010 年 12 月，中国首只国家级大型市场化人民币母基金——总规模达 600 亿元的"国创母基金"，由国开行全资子公司国开金融和苏州元禾共同发起设立。国创母基金的设立，不仅是双方多年密切合作的延续和升级，更标志着我国在促进人民币 PE FOF 规范健康发展上迈出了重要一步，其受到了市场众多潜在投资者的热捧。

此外，以亦庄国投、成都银科、粤科金融为代表的一批国有 PE FOF 也相继设立，母基金业务日益成熟，规模不断扩大。

2. 本土民营资本市场化 PE FOF 运作情况

本土民营化的 PE FOF 在中国仍处于发展初期阶段。其中，比较典型的代表包括天堂硅谷的恒通基金及恒裕基金，诺亚财富旗下的歌斐母基金、盛世母基金等。在设立流程上，一般由 LP 和 GP 同时对 PE FOF 进行注资，并通过 PE FOF 投资不同 PE 基金。PE FOF 与出资人（LP）及投资对象（PE 基金）通过合约的形式来确立管理方式，明晰权责义务。一般合约的主要条款包括出资方式及安排、基金费用、募集费用、管理费用、基金期限、收益分配安排等。值得注意的是，由于大多数的民营资本更加倾向于短期投资，存续期长达10~15年的海外 PE FOF 运作模式不能满足境内投资者对短期利润的需求。关于 LP 与 GP 之间利益的分成，一般采取按指定的时间或按所投项目进行分配，具体通过以下几种方式进行：

(1) 整体分配，先收回本金再分配盈利。

为了确保分配给 GP 的投资收益为净盈利，许多基金约定投资本金必须先收回，确定盈利之后再分配给 GP 作为管理分红。也就是说，退出资金先按比例分配给全体合伙人直至覆盖全体合伙人的本金，扣除基金费用计算出基金的收益之后，按照基金收益的不同水平在全体合伙人之间进行分配。通常，对业绩的分成部分，会根据基金的收益水平而定。一般来说，基金的收益越高，GP 分享的业绩分成占收益超额部分的比例就会越高。显然，这种分配方式更倾向于保护 LP 的利益。

(2) 按单个项目分配，预留保证金。

一些基金按单个项目分配，同时 GP 将其所取得的部分管理分红预留在股权基金中作为保证金，在其他项目亏损时用于回拨补亏。而预留金，通常占管理分红的 40%～50%。也就是说，当从某只所投基金退出时，GP 会将业绩分成的 50%～60% 予以分配，其余的部分则作为风险准备基金留存，并在续存期满时用于业绩奖励清算的差额补偿。

(3) 按单个项目，并核算单个项目成本。

与前两种分配方式不同，有些基金的利益分成是按单个项目进行核算的。对于基金可分配资金中的项目投资收入，会按出资比例计算由各 LP 所占的份额，并扣除其投资本金和分摊到该项目的管理成本之后，在 GP 和 LP 之间进行分配。

以上几种 LP 与 GP 之间利益分成的方式，既照顾到了资金的安全性以及国内出资人对短期回报的青睐，又能化解出资人与基金管理人在股权投资基金运作过程中的分歧。

(二) 市场化 PE FOF 的特征和优势

1. 更易分散风险

投资一只私募股权基金的流动性非常有限，并且涉及的行业领域也是有限的，而 PE FOF 作为私募股权基金的组合可以通过配置不同期限、不同投资主题的基金有效提升流动性和投资范围。文献（Weidig、Kemmerer 和 Born，2004）通过直投基金历史数据库计算 PE FOF 收益与风险，结果显示投资于单只基金的风险要低于直接投资于企业，而投资 PE FOF 的风险则要明显小于投资单只基金。根据汤森风险投资经济记录的美国收购基金历史数据，PE FOF 的 IRR 随着基金数量的增加而降低，如图 2.7 所示。

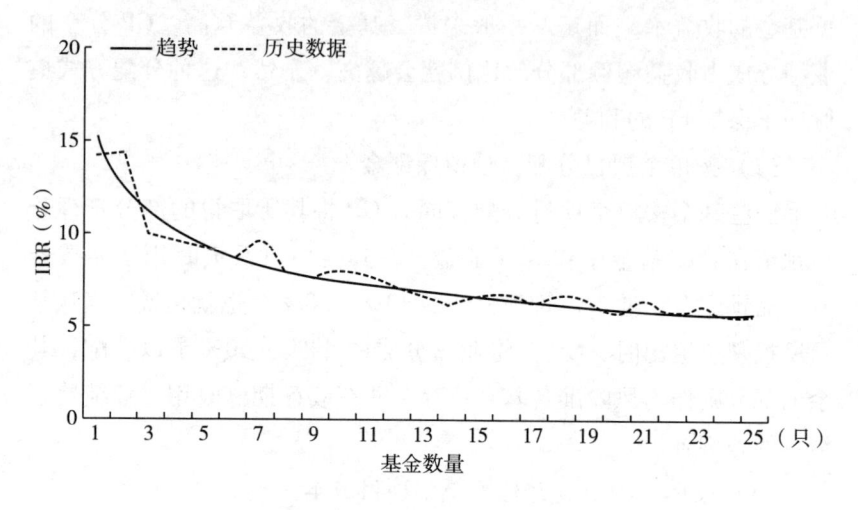

图 2.7　PE FOF 的 IRR 波动

2. 资金要求更低

投资于单只私募股权基金的风险相对较高，如果需要进行分散投资，则对投资者的资金要求十分严苛。一般来说，单只 PE 基金的投资门槛在 500 万~1000 万美元，那么分散投资可能需要上亿美元的资产，这对于普通的个人投资者来说是难以企及的，PE FOF 能够有效地降低资金门槛，同时实现专业、分散的基金布局。

3. 投资回报更稳定

一些业绩优秀的 PE 基金往往对 LP 设立门槛，无论在资金规模或者投资者资格上都会设立较高的标准，使得一些普通的个人投资者无法参与，而 PE FOF 为这些投资者提供了合适的投资渠道。

根据国外数据，PE FOF 策略的年平均净 IRR 一般保持在 10% 上下，标准差在大多数年份保持在 10% 以下，远低于单只基金投资收益的标准差，业绩回报更加稳定。不同策略基金的平均净 IRR 如图 2.8 所示。

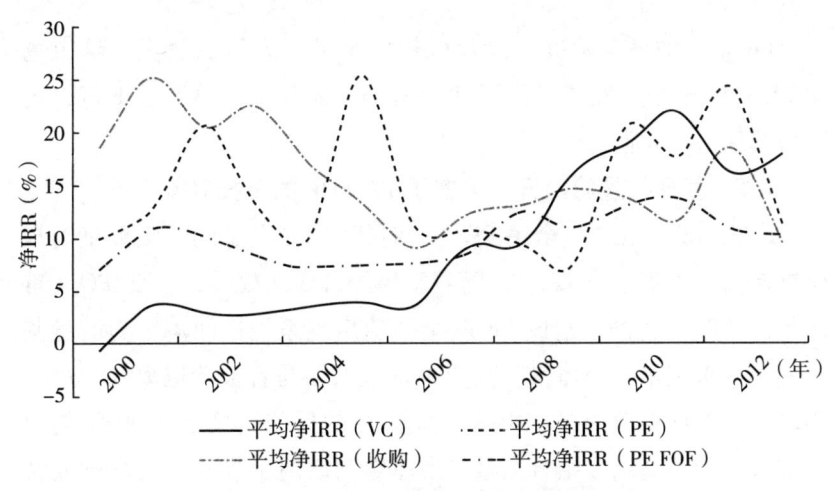

图 2.8　不同策略基金的平均净 IRR

资料来源：诺亚研究。

4. 更接近目标市场渠道

在新兴市场国家，其 PE 基金有特有优势，通过 PE FOF 进入比直接投资这类基金更节省时间和成本，更能够抓住稍纵即逝的市场机会。有些 PE 基金市场目标非常分散，如美国大约有 2 000 只 VC 基金，要了解它们的投资目标成本较高，PE FOF 提供了便捷的渠道。投资 PE FOF 使得普通的投资者可以依赖专业机构涉足一些自己不熟悉的行业或者领域，降低了对投资者知识和信息掌握的要求。

5. 专业度凸显

PE 直投基金的投资者在 5～8 年的投资期内一般只能静静等待一般合伙人的运作与投资结果，而 PE FOF 管理人则能做更多工作以控制投资，保持增值。PE FOF 不仅能够通过资产再组合选择 PE 基金和项目，选择不同的行业、地域和投资团队，达到帮助中小投资者有效分散投资风险的目的；而且还可以随时代表投资者和 PE 基金经理保持沟通，为其提供资本支持。此外，PE FOF 能向投资者及时提供信息，撰写专业报告，评估资产组合风险。

（三）市场化 PE FOF 的发展机遇

PE 基金的蓬勃发展，以及机构资金准入政策的放宽，给市场化 PE FOF 未来的发展提供了两大机遇。而基金业绩波动下行，更使得选择 GP 非常重要。

1. PE 基金数量的上升，丰富了 PE FOF 的可投对象

2009—2011 年，"全民 PE"的时代将 PE 基金的募集数量与规模推向高峰。到了 2012 年，随着整体经济增速放缓，A 股 IPO（首次公开募股）暂停，造成 PE 基金估值出现系统性回落，为增量基金募资带来困难，小体量与高成本资金的参与者被清退离场。进入 2014 年，IPO 渠道回报率出现了爆炸性的反弹，接近 2009 年创业板推出时期的高点，结合大量产业基金与政府引导基金设立的大背景，基金募集在 2015 年开始复苏。截至 2015 年 9 月底，共有超过 800 只 PE 基金完成募集，比 2014 年全年增长超过 90%，这主要得益于 2015 年 4—6 月的募资热潮。PE 基金数量的上升，为 PE FOF 提供了丰富的投资对象，为 PE FOF 的发展带来机遇。

2. 准入政策放宽，PE FOF 的 LP 群体不断扩容

在全球市场中，养老基金、政府基金和保险公司是 PE 基金的主要 LP。而国内市场尚不成熟，因此在很长的一段时间里，PE 的 LP 以高净值客户为主。但现今富有家庭及个人 LP 增速有所放缓，随着 PE 自我创新式的发展，越来越多优质的机构投资者也参与进来，LP 机构化、多样化成为趋势。

基于国内未来几年宏观经济的发展规划，境内外投资者对未来经济形势平稳发展充满期望，募资规模方面出现大幅增长。新三板的产生、注册制管理办法的公布，均为多层次资本退出提供了更多元的渠道，进一步激发了 LP 的投资意向。

在 PE FOF 高速发展的背景下，其 LP 群体也悄悄发生着变化。本土投资 PE FOF 的潜在 LP 中，全国社保基金、保险资金、教育基金会等最具潜力，预计将在未来扮演 PE FOF 投资者的重要角色。

所有 LP 类别中，养老基金一直被认为是与 PE 基金在投资期限上最为匹配的资金，也是 PE 基金管理人最为青睐的资金来源之一。在我国，社保基金更是早于保险资金成为 PE 基金的投资者。同时，保险资金具有资本量庞大、投资周期长等特性，与 PE 基金通常 5~7 年的投资周期以及流动性相对较低的特点相适应，是仅次于养老基金的最适合投资 PE 基金的机构投资者。从国际上看，优质企业股权也是保险资金的重要投资领域，投资未上市企业股权更是国际通行做法。在西方国家成熟的资本市场中，保险资金往往占据着 PE 投资规模的前三位。在本书第一章我们已对机构 LP 的相关准入政策进行了分析，下面我们将梳理这些潜在 LP 的可投资金以及未来发展方向。国内 PE FOF 的潜在 LP 类别如表 2.7 所示。

表 2.7 国内 PE FOF 的潜在 LP 类别（截至 2015 年 3 月 30 日）

LP 类别	主体名称	拟投入私募股权的管理资本总额	潜在可投入私募股权的资本量	未来发展
养老基金	全国社会保障基金	1 241.56 亿元	截至 2015 年 3 月 30 日已允许将总体投资比例不超过全国社保基金总资产的 10% 投入 PE，约为 1 241.56 亿元	随着全国社保基金股权投资经验的丰富及投资速度的加快，未来其将作为 PE FOF 的生力军
	企业年金	538 亿元	如果政策开放，参照国际企业养老基金平均将所管理资产的 6%~7% 投入私募股权计算，潜在投入 PE 资本存量近 538 亿元	养老基金的特性决定企业年金投资的期限长、流动性差，长远来看企业年金获准投资 PE FOF 势在必得

续表

LP类别	主体名称	拟投入私募股权的管理资本总额	潜在可投入私募股权的资本量	未来发展
银行和金融服务机构	商业银行与政策型银行	6.89万亿元	如果政策开放,参照国际机构投资者平均投入比例4%计算,潜在投入PE的资本存量超过6.89万亿元	未来股份制银行势必改变传统的以存贷业务为主要盈利模式,发展混业经营,出于对银行资产配置以及保值增值的需求,参与PE投资是大势所趋
	券商	1.19万亿元	券商获准用自有资金进行私募股权直投,自有资金的上限按照监管层的规定是证券公司净资本的15%,截至2015年3月资本管理量约为1.19万亿元	由于券商"直投+保荐"的利益链备受争议,短期内券商参与PE业务依然障碍重重
	信托公司	2.8万亿元	按照信托业务指引中最大参与PE的投资额为净资本的20%,潜在投资私募股权的资本量约为2.8万亿元	由于主流信托业务(银信合作以及房地产业务等)受到限制,PE成为信托公司未来投资的另一重要渠道

续表

LP类别	主体名称	拟投入私募股权的管理资本总额	潜在可投入私募股权的资本量	未来发展
保险公司	商业保险公司	1.02万亿元	按照保监会设定的不超过上一季度总资产的10%的投资门槛，截至2015年3月投入私募股权的资本存量达1.02万亿元	投入私募股权的比例将逐渐增大，未来必然为我国VC/PE投资额带来颠覆性的增长，成为投资VC/PE基金的大型重要LP
基金会	大学基金会/其他非公募基金	6.32亿元	参照国际机构投资者平均投入比例4%计算，潜在投入PE的资本存量超过6.32亿元	根据国外VC/PE投资历史经验，大学教育基金会将会成为非常重要的机构投资者
政府机构	政府引导基金	1 290.82亿元	1 290.82亿元	逐渐淡化或者转变角色，将股份转让，未来市场化运作程度需加强
高净值个人	高净值个人/民营资本	上万亿元	上万亿元	规范和疏导民间资本以及高净值个人投资，依然需要漫长的过程，需加强投资者教育

资料来源：诺亚研究。

（1）养老基金、社保基金。

考虑到养老基金和社保基金的资金量庞大，且可承受的投资周期很长，因此，这两类资金最适合进行私募股权投资。全国社保基金有国家做背书，对于 PE 机构来说，社保基金的参与不仅为投资机构带来稳定、长期的资金来源，也可以有效地提升投资机构的信用和影响力，有利于机构进一步募集资金。

全国社保基金从 2010 年开始披露投资业绩，根据 2017 年基金年报，社保基金 2017 年全年投资收益率达 9.68%，自成立以来年化收益率达 8.44%。截至 2017 年末，基金权益总额为 20 719.90 亿元，其中累计投资收益额达 10 073.99 亿元。根据原社保基金理事会副理事长王忠民在"中国基金业创新发展论坛暨北京基金小镇研讨会"上的演讲，社保基金可以投资到私募股权的额度不超过总资本的 20%，已经投资的 300 亿元，只占到了 2%。未来，全国委托的社保基金规模将再增加 2 万亿元，可以投资私募股权基金的规模将达到 5 700 亿元，将成为私募股权基金的重要资金来源。

表 2.8 列示了社保基金所投资的私募股权基金情况，从此表可以发现，这些都是实力雄厚、经验丰富、业绩优秀的基金管理人，无论在投资策略的选择、团队的专业性、投资流程的规范化以及业绩的可持续性上都有可圈可点的表现，并且获得了行业内的认可。这些精挑细选的优秀投资机构是社保基金获得优异投资业绩的前提条件。

表 2.8　社保基金所投资 PE 基金的概况

投资年份	PE基金	行业排名	机构名称	典型案例	领军人物
2008	弘毅投资	CVAwards（投中集团）2007 年度中国最佳私募股权投资机构前十	联想集团	中国玻璃、中联重科	赵令欢

续表

投资年份	PE基金	行业排名	机构名称	典型案例	领军人物
2008	鼎晖投资	CVAwards 2007年度中国最佳私募股权投资机构前十	中金公司直投部	蒙牛乳业、双汇集团	吴尚志
2009	中信产业基金	CVAwards 2009年度中国最佳私募股权投资机构前二十	中信集团	首只基金	吴亦兵
2010	联想投资	CVAwards 2009年度中国最佳创业投资机构前三	联想集团	科大讯飞、匹克体育	朱立南
2010	IDG资本	CVAwards 2009年度中国最佳创业投资机构前十	IDG	A8音乐、波司登、如家	周全
2010	弘毅投资	CVAwards 2010年度中国最佳私募股权投资机构前十	联想集团	凤凰传媒、石药集团	赵令欢
2011	鼎晖资本	CVAwards 2009年度中国最佳私募股权投资机构前三	中金公司直投部	现代牧业、德邦物流	吴尚志
2011	宽带资本	—	—	世纪互联、久邦数码	田朔宁
2011	中信资本	CVAwards 2010年度中国最佳私募股权投资机构前三十	中信集团	冠生园、哈药集团	张懿宸

续表

投资年份	PE基金	行业排名	机构名称	典型案例	领军人物
2011	金普投资	—	上海国际集团	首只基金	吕厚军
2012	新天城资本	CVAwards 2011年度中国最佳私募股权投资机构前三	—	重庆百货、华致酒行	于剑鸣
2012	赛富基金	CVAwards 2009年度中国最佳私募股权投资机构前十	软银集团	58同城、汇源果汁	阎焱
2012	赛富基金	CVAwards 2009年度中国最佳私募股权投资机构前十一	软银集团	59同城、汇源果汁	阎焱
2012	中信产业基金	CVAwards 2011年度中国最佳私募股权投资机构前五	中信集团	58同城、汇源果汁	吴亦兵
2013	复星创富	CVAwards 2012年度中国最佳私募股权投资机构前五	复星集团	利亚德、陕鼓动力	梁信军
2013	中金佳成	CVAwards 2011年度中国最佳私募股权投资机构前五	中金公司	开立科技、温氏食品	陈十游

数据来源：全国社保基金官方网站，诺亚研究。

(2) 保险资金。

相比于社保基金，保险资金涉足私募股权领域的时间较晚，以 2012 年为界，2012 年之前保险行业受到严格的政策监管，可以投资的领域非常有限，资产配置以银行存款和债券为主，品种比较单一。虽然这些资产的风险相对较低，但收益并不高，2001 年至 2012 年保险行业投资的平均年收益率为 3.86%，而同期 5 年定期年存款利率为 4%，保险投资甚至不如直接存银行定期，这大大限制了保险行业的利润增长。和社保基金相似的是，保险资金也有体量大、投资期限长的特点，因此保险资金也很适合私募股权投资。随着政策的逐步开放，保险资金作为私募股权的 LP，其重要性也逐渐上升。保险投资范围的演进情况如表 2.9 所示。

表 2.9 保险投资范围的演进

时间	投资范围
1995—1999 年	银行存款、国债、金融债券
1999—2004 年	银行存款、国债、金融债券、基金
2004—2006 年	银行存款、国债、金融债券、基金、股票
2006—2010 年	银行存款、国债、金融债券、基金、股票、间接投资国家基础设施项目、不动产
2010 年至 2012 年 3 月	银行存款、国债、金融债券、基金、股票、间接投资国家基础设施项目、不动产、私募股权
2012 年 3 月以后	银行存款、国债、金融债券、基金、股票、间接投资国家基础设施项目、不动产、私募股权、股指期货、金融衍生产品、海外投资、商业银行理财产品、银行业金融机构信贷资产支持证券、信托公司集合资金信托计划、证券公司专项资产管理计划、保险资产管理公司基础设施投资计划、不动产投资计划和项目资产支持计划等金融产品

2012 年发布的《关于保险资金投资股权和不动产有关问题的通知》明确提出，保险资金可以投资以成长基金、并购基金等股权类基金为标的的母基金，到 2014 年，投资门槛进一步降低为可以直接设立或者投资私募股权基金，包括创业投资基金。在这样的政策背景下，保险公司的产品类型大规模扩容，各种集合信托计划、股权投资计划等非标准化产品的数量大幅上升。保险资金进行股权投资的相关文件如表 2.10 所示，中国保险资金运用的收益概况与中国保险行业资产配置情况如图 2.9、2.10 所示。

表 2.10　保险资金进行股权投资的相关文件

发布时间	文件	要点
2006 年 10 月	《关于保险机构投资商业银行股权的通知》	允许保险机构投资境内国有商业银行、股份制商业银行和城市商业银行等未上市银行的股权，并从投资方式、资金来源、投资比例、投资资格等方面对保险资金投资银行股权进行了约束
2010 年 9 月	《保险资金投资股权暂行办法》	允许保险机构对非上市企业进行直接或间接的股权投资，并对资质条件、投资标的、投资规范、风险控制、监督管理等做出规定
2012 年 7 月	《关于保险资金投资股权和不动产有关问题的通知》	1. 投资门槛降低：保险企业参与股权投资的净资产下限从 10 亿元降为 1 亿元，可投资资金比例从 5% 上升到 10%； 2. 可投资范围扩大至能源企业、资源企业以及和保险业务相关的现代农业企业、新型商贸流动企业的股权； 3. 明确可投基金类型包括成长基金、并购基金、新兴战略产业基金及以这些股权投资基金为投资标的的母基金，不允许投资天使基金、创投基金

续表

发布时间	文件	要点
2014年8月	《国务院关于加快发展现代保险服务业的若干意见》	允许专业保险资产管理机构设立夹层基金、并购基金、不动产基金等私募基金
2014年12月	《中国保监会关于保险资金投资创业投资基金有关事项的通知》	允许保险资金投资创业投资基金，保险资金可直接投资创业投资基金，也可以通过投资其他股权投资基金间接投资创业企业，或者通过投资股权投资母基金间接投资创业投资基金

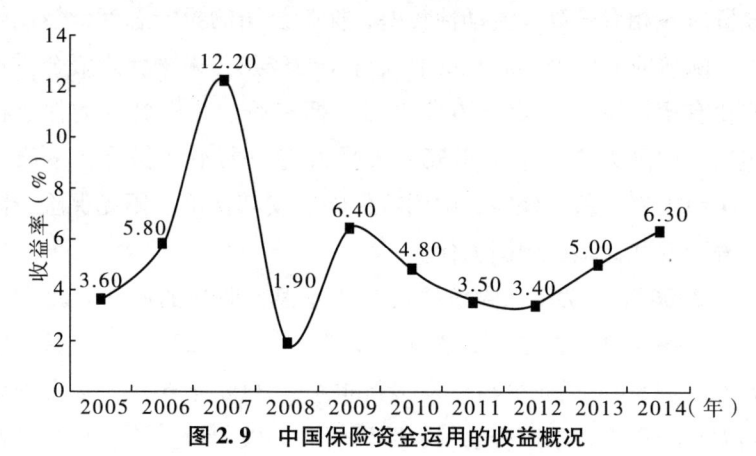

图 2.9 中国保险资金运用的收益概况

资料来源：诺亚研究。

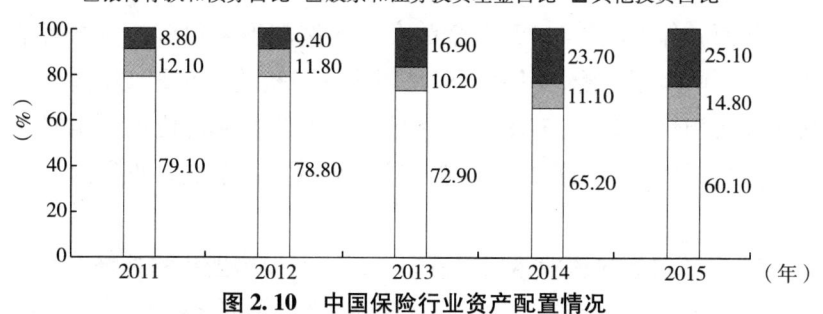

图 2.10 中国保险行业资产配置情况

资料来源：诺亚研究。

保险资金的加入无疑将有利于私募股权机构及 PE FOF 的资金募集，进一步促进行业的健康发展。根据保监会发布的 2016 年上半年保险业统计报告，截至 2016 年上半年，保险业实现总资产管理规模 142 660.75 亿元，较年初增长 15.42%。庞大的资金总量使得保险资金已经超越社保基金，成为 PE 的最大 LP 来源，在未来将会扮演越来越重要的角色。越来越多的保险公司展现出了对私募股权的热情，纷纷申请获得股权投资牌照。2015 年，首家由保险资金发起设立的专业 PE 公司合源资本正式成立，预计募集资金 20 亿元，是保险资金涉足私募股权领域的先驱。考虑到保险公司对于资金投资的安全性要求非常高，内部风控流程也较为烦琐，而私募股权投资风险相对较高，流动性较差，保险公司的投资态度依然比较谨慎，随着时间的推移和私募股权行业的成熟，未来保险资金投资的步伐有望加快。截至 2016 年 6 月，拥有股权投资牌照的保险机构包括：中国人寿、中国平安、太平人寿、太平洋保险、泰康人寿、生命人寿、新华保险、中国再保险、安邦保险、阳光保险、国华人寿、安联保险、中国人保。

自 2006 年《关于保险机构投资商业银行股权的通知》发布以来，不少保险机构直接出资持有企业股权。比如 2006 年 11 月，中国人寿出资 56.7 亿元参与广发银行重组；2008 年 6 月，平安资管协同太平洋资管、泰康资管等保险资管共同发起设立了"京沪高铁股权投资计划"，募集资金 160 亿元人民币，投资京沪高速铁路股份有限公司股权。

然而，保险机构与 PE 基金的合作案例却不是很多。一方面是由于有关政策起步晚，另一方面是因为保险机构对传统 PE 基金投资风险的担忧。而 PE FOF 分散风险、平滑收益率的优点，能够满足保险公司的风险偏好，是未来保险资金进行私募股权投资的方向之一。

3. 私募股权投资业绩回报波动下行，需要专业机构选择 GP

国内 PE 的回报率在过去 10 年呈现波浪式下降趋势。从 2013

年开始，项目退出的平均 IRR 与 1/4 分位数变得十分接近，一些 1/8 分位，甚至 1/16 分位中的超高回报项目，拉高了业绩平均值的水平。这些现象说明近年来表现优秀的项目占比在下降，表现一般的项目占比更多，因此选择优质 GP 变得尤为重要，这意味着有更大概率参与高水平的项目投资。从项目具体情况上分析，IRR 一路下行，主要是因为时间短、高回报的 Pre-IPO 项目减少，资本开始关注项目的品质和成长性，平均投资期限被延长，因此，IRR 虽然走低，但表现更加稳健。国内私募股权投资 IRR 情况如图 2.11 所示。

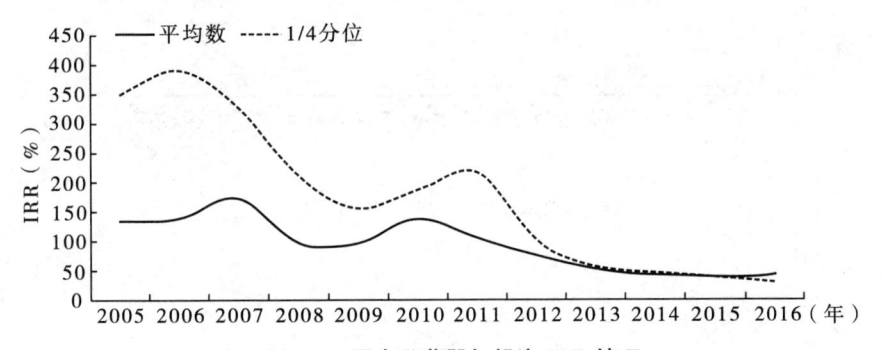

图 2.11 国内私募股权投资 IRR 情况

注：平均 IRR 扣除了 IRR 大于 10000% 的极端数据。
资料来源：诺亚研究。

根据私募股权市场在国内的几个发展阶段，本书按照 2005—2009 年、2010—2013 年、2014—2016 年 7 月 3 个时间段，分别统计相应时间段的退出项目收益分布，可以发现，项目的回报开始趋于集中，从早年的分散分布到后来 IRR 集中在 20%～60% 之间，回报倍数为 1～2 倍，超高回报的占比大幅减少。在回报趋于集中之时，靠机会和运气赢得超高回报的时代一去不复返，选择优质 GP 才能获得超出平均水平的收益。2005 年至 2016 年 7 月退出项目 IRR 分布如图 2.12 所示。

退出渠道方面，并购和 IPO 是机构退出的主要方式，两者的数量比例每年均有波动，主要是受二级市场以及政策监管的

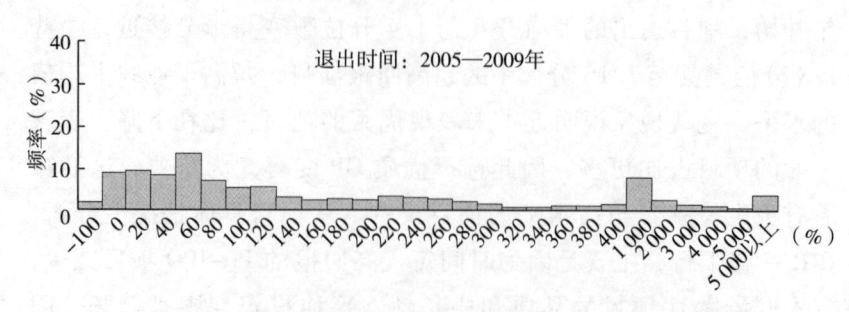

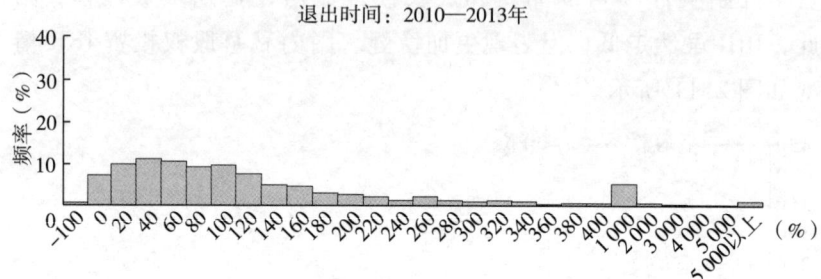

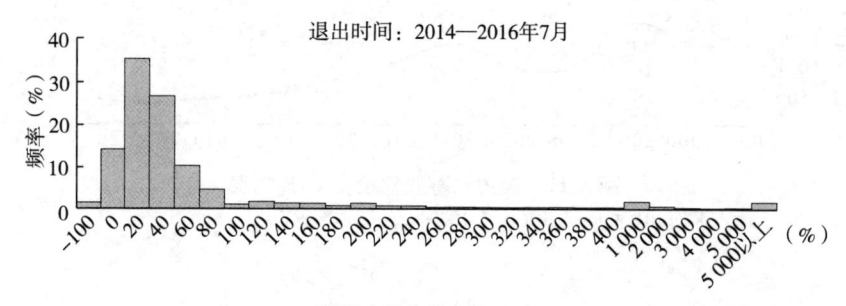

项目内部收益率（IRR）

图 2.12　2005—2016 年 7 月退出项目 IRR 分布
资料来源：诺亚研究。

影响。退出规模上，2005—2014 年 IPO 退出是主流，2014 年阿里巴巴、京东、神州租车、聚美优品等一批互联网新贵的成功上市使得当年 IPO 退出规模巨幅上升。而自 2015 年以来，由于 IPO 审核趋严、二级市场波动等因素影响，IPO 退出规模下降，并购退出占比上升。退出渠道多样性已成趋势，过往 GP 以关注 IPO 退出路径为主，现在选择 GP 时还需关注其帮助项目实现并购退出的能力。

无论从账面 IRR 还是账面回报倍数看，IPO 退出的回报都呈现出波动下滑的特征。这与一级市场的成熟和二级市场监管日趋严格均有关系。而并购退出的回报一直比较稳定，账面 IRR 稳定在 20% 左右，平均账面回报在 2 倍左右。并购退出与 IPO 退出账面 IRR 对比及其账面回报倍数对比如图 2.13、2.14 所示。

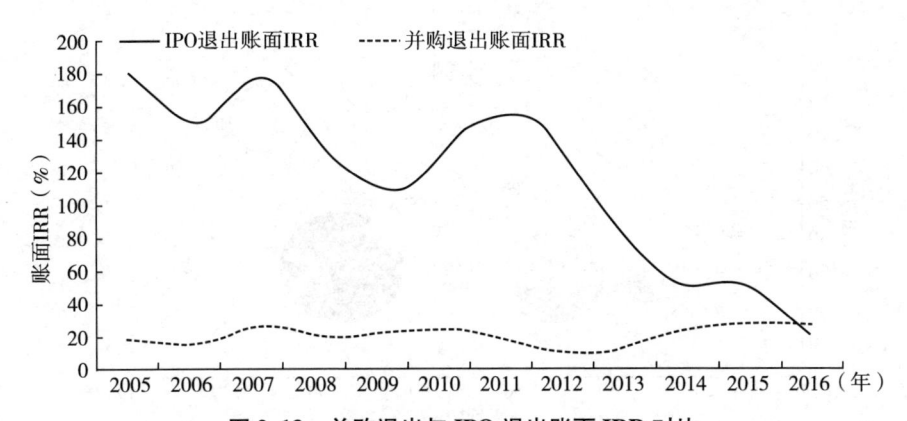

图 2.13　并购退出与 IPO 退出账面 IRR 对比

注：图中数据为去除前5%的极值数据后求得的平均值。
资料来源：诺亚研究。

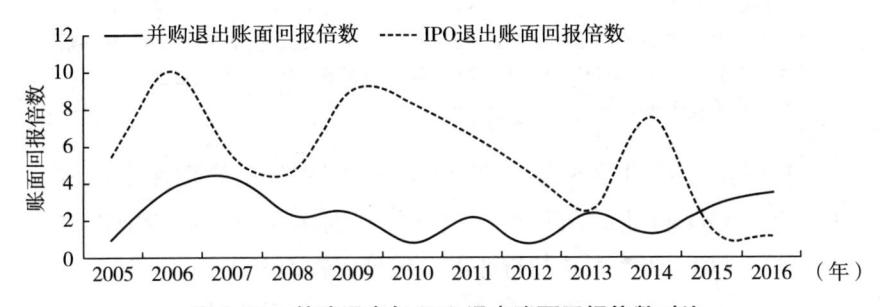

图 2.14　并购退出与 IPO 退出账面回报倍数对比

注：图中数据为去除前5%的极值数据后求得的平均值。
资料来源：诺亚研究。

从行业层面看，不同行业投资收益分化，在过去的 10 年间，TMT 行业是投资金额最集中、投资数量最多的行业，金融的投资规模次之。在投资回报方面,能源类行业由于在 2006—2007 年间出现几笔回报较高的项目而拉高了整个行业的平均 IRR,但是从整体来看,TMT 行业依旧是表现最稳定、回报最高的行业。在退出效率方面,制造业和能源行业以并购投资为主,退出的时间相对较短,效率较高。2005 年至 2016 年 7 月 31 日投资热门行业平均 IRR 及退出效率如图 2.15 所示。

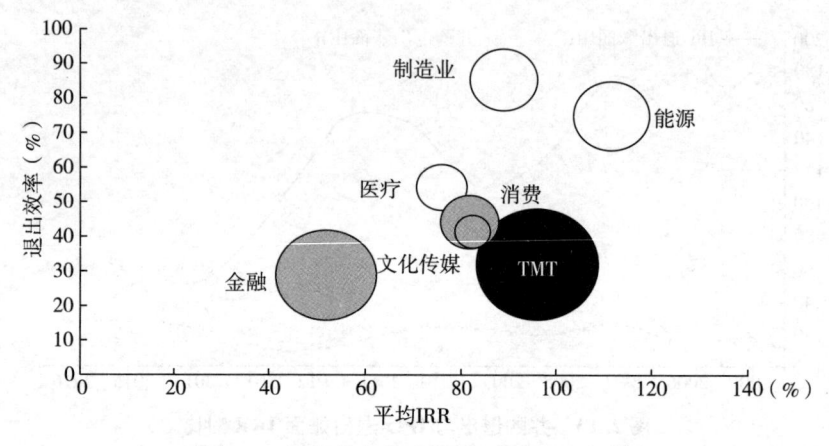

图 2.15　投资热门行业平均 IRR 及退出效率

注:(1) 退出效率＝项目退出数/投资数。退出效率越高,表示风险越小;气泡大小表示行业总投资规模(单位:百万美元);气泡颜色表示行业竞争程度,用参与机构的数量衡量,800 以下为白色,[800,1500) 为灰色,1500 及以上为黑色;(2) 采用 2005 年至 2016 年 7 月 31 日各行业的累积数据;(3) TMT 行业包括互联网业、IT(信息技术)业和通信业,消费行业包括连锁经营业、食品业、教育业和旅游业。

资料来源:诺亚研究。

热门行业项目退出数量在 2011 年和 2015 年分别迎来高峰,2011 年,TMT 行业的项目退出数量始终高居榜首,制造业次之。2005 年至 2016 年 7 月热门行业退出数量比较如图 2.16 所示。

2014 年,几家互联网巨头企业的上市,使得其他年份的项目退出规模黯然失色,如此大规模的上市几乎全部集中于 TMT 行业(884.7 亿美元),也是这个行业能够持续受到资本追捧的原因之一。热门行业项目退出金额(百万美元)对比如图 2.17 所示。

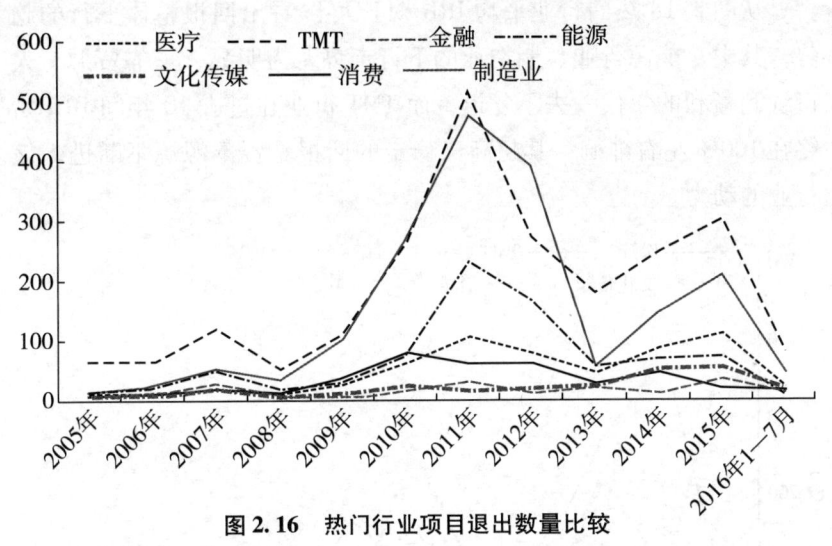

第二章 我国PE FOF发展政策环境和现状

图 2.16 热门行业项目退出数量比较

资料来源：诺亚研究。

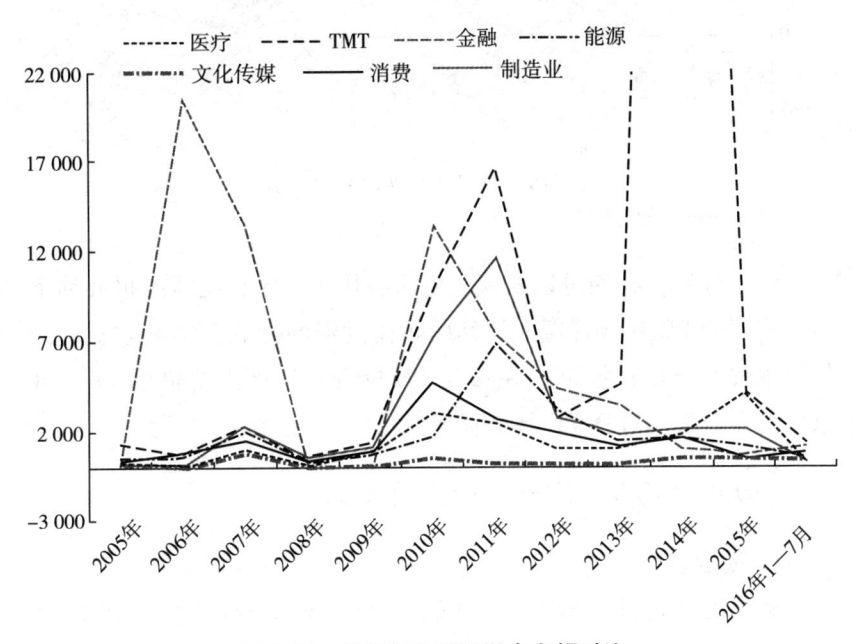

图 2.17 热门行业项目退出金额对比

资料来源：诺亚研究。

从图 2.18 热门行业平均 IRR 对比可以看出回报整体下行的趋势，其中，能源行业、制造业的下行走势尤为明显，依靠资源、人口红利赢利的年代一去不复返，而 TMT 行业在过去 10 年间 IRR 始终在 100% 左右徘徊，其超高又稳定的回报是资本源源不断进入该行业的动力。

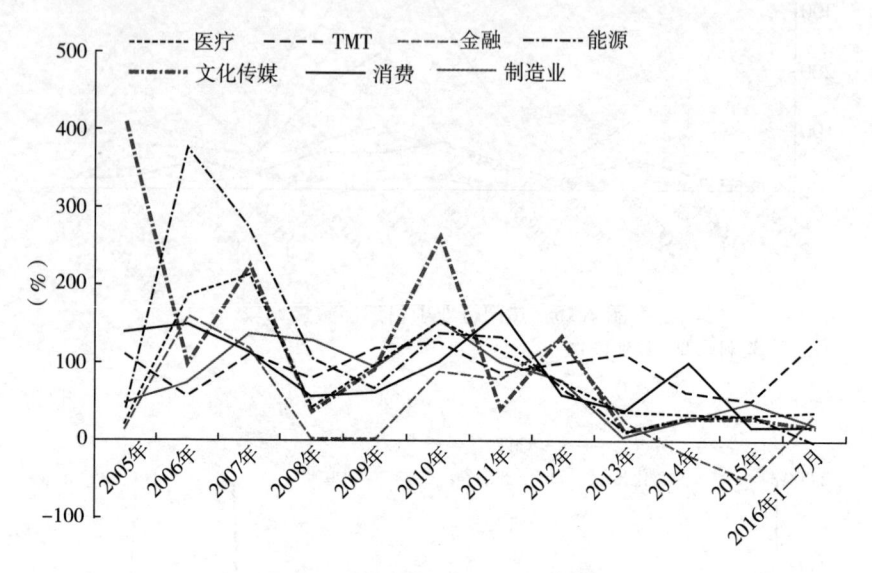

图 2.18　热门行业平均 IRR 对比

资料来源：诺亚研究。

综上分析，我们可以发现，由于我国 PE 行业业绩回报波动下行，不同的 PE 基金管理人及其所具体投资的行业业绩和收益回报均出现较大分化，投资人在参与 PE 投资时，更需要借助 PE FOF 这样的专业机构选择 PE 基金管理人。

（四）市场化 PE FOF 的主要案例

1. 歌斐资产

歌斐资产管理有限公司（以下简称"歌斐资产"）于 2010 年成立，是诺亚财富集团（即诺亚控股有限公司）旗下专业的资产管理公司，业务范围涵盖 PE、房地产基金投资、公开市场投资、机构渠道业务、家族财富及全权委托业务等多元化领域。歌斐资产坚持以母基金为产品主线，凭借严谨的风控能力和专业的组合管理能力，稳扎稳打，踏实前行，在私募股权投资/风险投资（PE/VC）母基金、房地产组合基金及房地产基金、公开市场母基金等领域均发展出成熟的专业条线，覆盖人民币、美元等币种。截至 2016 年第二季度，其管理规模已达 1 012 亿元人民币，成为中国规模最大的市场化母基金管理公司。

在 PE FOF 业务方面，作为中国最领先的母基金之一，歌斐资产以资产配置为指导，以组合投资为工具，专注于新基金投资、私募股权二级市场投资及基金创新方向投资，发行了国内第一只市场化母基金、第一只私募股权转受让母基金、第一只专注美元基金的母基金等。

通过严谨的数量模型与独特的投资眼光，歌斐资产建立了一整套定量与定性相结合的基金管理人筛选体系。其与市场上超过 100 家的优质基金管理人保持着良好的关系，尽调并追踪的基金管理人超过 200 家，投资 70 多家基金管理人、超过 100 只子基金，间接投资累计超过 2 000 个项目，所投资基金的基金管理人，在第三方机构的历年综合及单项榜单中排名靠前。

截至 2016 年第二季度，管理规模已逾 504 亿元人民币（包括综合 PE FOF、定制母基金、私募股权转受让母基金、美元 PE FOF 等）。歌斐资产私募股权投资策略及其私募股权类产品的管理规模如图 2.19、2.20 所示。

2. 苏州元禾

苏州元禾控股有限公司（以下简称"苏州元禾"），是一家管理资金规模达 297 亿元的投资控股企业，业务覆盖股权投资、债权融资服务和投融资服务三大板块，包括中国第一只国家级股权投资母基金、中国规模最大的天使投资平台、中国唯一的千人计划创投中心、江苏省首家"贷款＋期权"的科技小额贷款公司等。

歌斐1.0　白马基金为主，稳中求胜

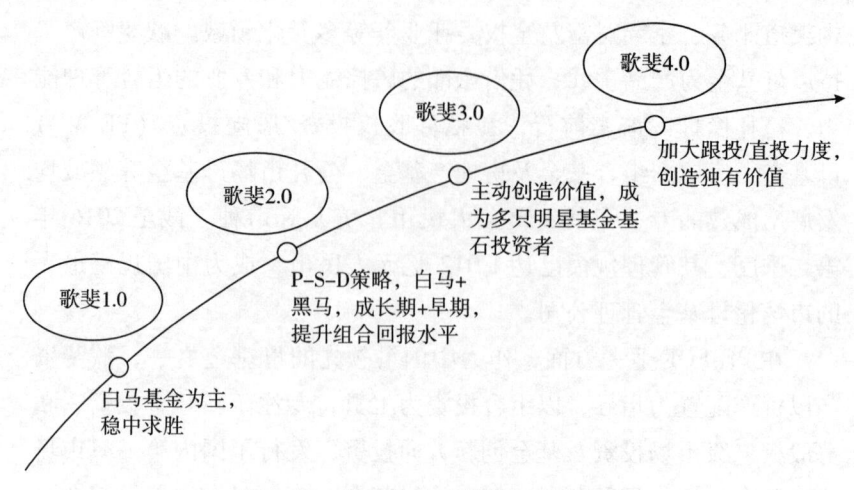

歌斐2.0　P-S-D策略，白马+黑马，成长期+早期，提升组合回报水平

歌斐3.0　主动创造价值，成为多只明星基金基石投资者

歌斐4.0　加大跟投/直投力度，创造独有价值

图 2.19　歌斐资产私募股权投资策略

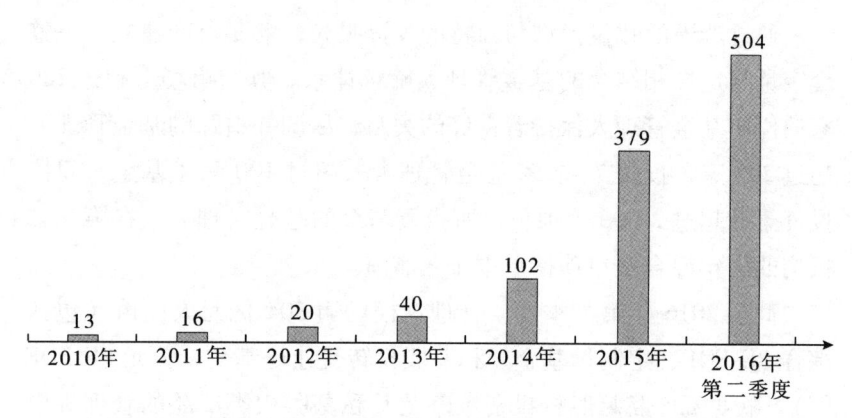

年份	规模
2010年	13
2011年	16
2012年	20
2013年	40
2014年	102
2015年	379
2016年第二季度	504

图 2.20　歌斐资产私募股权类产品的管理规模（亿元人民币）

在十多年的成长历程中，苏州元禾以"引领股权投资发展，践行科技金融创新，创造持续领先价值"为使命与愿景，搭建了股权投资和债权融资相结合的一体化投融资业务体系，辅以东沙湖股权投资中心专业的投融资服务支撑体系，通过三大业务板块在资本运作、风险控制、营运配置等方面的协同，在探索金融创新、促进科技创新、引导基金集聚、助推产业升级等方面都取得了不俗的成绩。

苏州元禾自 2001 年成立起就专注于股权投资领域，旗下汇集多家管理团队专注于不同投资阶段的项目。截至 2016 年 3 月 31 日，共投资种子期项目 253 个，成长期项目 81 个，成熟期项目 48 个；完成并购投资 7 个，金融投资 3 个；共投资子基金 43 只；投资项目中有 43 家企业已成功上市或过会。

2010 年，苏州元禾与国开金融公司共同发起设立国内规模最大的人民币母基金国创母基金，总规模达 600 亿元，首期资金规模达 150 亿元，分为 PE 母基金和 VC 母基金两个板块。其中，VC 母基金板块名为国创元禾创业投资基金，首期规模为 50 亿元，由苏州创投集团管理，主要专注于投资早期和成长期投资的创投基金。

与普通的 PE 或 VC 相比，国创母基金主要有两大特征：

其一，作为国家级大型人民币母基金，一般自然人不能参与投资，因为其投资方式是一种缺乏流动性的长期行为，如果资本持有量很小的机构和个人参与的话，会给自身造成巨大的资金压力。因此，其募资对象主要是全国社保基金和大型保险机构。社保基金、中国人寿、中国再保险等大型社保和保险机构对投资国创母基金表现出浓厚兴趣，并均已做出不低于 10 亿元的投资承诺。

其二，母基金的另一个特点是复合性，即并不直接投资项目，而是通过投资优秀的 PE 或 VC 来间接投资项目，所以对投资者来讲，其投资风险更低，收益也更加稳健。

3. 盛世投资

盛世投资是中国国内最早起步、以市场化方式运作 PE FOF 的专业金融机构之一，主要从事 PE FOF 的投资管理，并为中国各级政府、机构投资者和富裕家族提供资产管理和投资咨询服务。公司总部设在北京，并在上海、杭州、宁波、重庆、海口等地设有分公司，以高素质的专业团队进行投资管理，为客户提供及时、定制化、本地化的优质服务。

目前，盛世投资已成长为国内最大的市场化 PE FOF 机构。盛世投资业务布局三大板块。盛世投资母基金平台专注于政府引导基金的市场化运作，开展天使母基金、二手份额接转、首次募集基金投资、产业母基金等特色投资业务。文化产业投资平台盛世华韵致力于文化产业精耕，深谙文化产业母基金和文化产业直投基金运作。创业服务平台盛世方舟服务于创业者，独创超级孵化器，打造高效活跃的创投生态圈，树立城市创业地标典范。

盛世投资累计共为中国多个政府机构、大型企业以及近1 000家超高净值财富个人客户提供过各种类型的投资咨询服务，客户覆盖十余个省市。盛世投资有丰富的机构和政府服务经验，受托管理地方政府引导基金，并为国家发改委、创业投资专业委员会、国投高科等机构提供咨询服务。

盛世投资管理着多只盛世系母基金，并成功完成对新天域资本、联想投资、松禾资本、同创伟业、九鼎投资、青云创投、德同资本、君丰资本、启明创投、达晨创投、天图创投、长江国泓、达泰资本、钟鼎创投等多只基金的投融资工作。

盛世投资管理团队拥有国资平台工作背景及丰富的海内外资本市场运作经验、长期共事经验，以及国内十年以上私募股权投融资经验，是市场少见的拥有本土PE基金丰富投资运作经验的母基金专业管理团队。盛世投资合伙人受国家发改委邀请作为特邀专家连续多年参与了国家级母基金的基金投资评审。

盛世投资拥有强大的自主数据库，对业内4 000余家投资机构进行跟踪、实时更新数据，并建立了投资机构研究及统计体系，与在国内外活跃的300家基金公司展开深度业务合作，对这些基金的投资方向、领域、投资回报率、风控机制、管理团队背景及优势了如指掌，并对市场主流投资管理团队保持密切关注和深入调研。盛世投资的核心合伙人曾经成功投资携程、展讯通信、珠海炬力、成谦声汇、玺诚传媒、中芯国际等项目；在资本服务项目方面曾成功完成多个项目的融资，例如，欧洲海底隧道、阿尔斯通、米其林、时代出版、星昊医药、光线传媒、平庄煤业、浙江中新力合担保、21世纪不动产、溢柯园艺等。

4. 宜信财富股权投资母基金

宜信创立于 2006 年，涵盖普惠金融、财富管理、互联网金融三大业务板块。宜信财富是宜信旗下独立的财富管理业务品牌，为近十万名中国高净值和大众富裕阶层提供专业的全球资产配置服务，涉及领域包含国内外固定收益、私募股权、对冲基金、房地产、保险保障、投资移民、游学教育等全方位产品与服务，覆盖人民币、美元、欧元等多个币种。

宜信财富在中国内地 40 多个城市设有分支机构，并在新加坡、以色列、欧洲、北美等地及中国香港设有办公室。宜信财富拥有监管部门颁发的公募基金、私募基金、保险相关业务等多项牌照，并取得了相应经营资质，还拥有中国香港证监会授予的证券咨询与资产管理牌照以及新加坡金融管理局授予的新加坡注册基金管理公司牌照，可为客户的资产配置提供专业支持。

宜信财富私募股权投资母基金（以下简称"宜信财富 PE FOF"）是中国市场化 PE FOF 的先行者和引领者。自 2013 年成立以来，其在 PE FOF 领域深耕，基于宜信财富始终倡导的科学资产配置理念，致力于寻找并持有优质资产，通过优秀企业的高速增长获得复利回报。在不到 4 年的时间里，宜信财富 PE FOF 凭借严谨的尽调筛选与风控体系，以及专业的投资管理获得市场广泛认可。截至 2016 年 9 月，宜信财富 PE FOF 管理资产规模逾百亿元，与超过 50 家国内外领先的基金管理人保持紧密沟通，间接投资了大量优质公司项目，覆盖包括 TMT、医疗健康、消费升级、节能环保、高端制造等在内的多个领域，已成为国内市场化运营的规模最大的 PE FOF 之一。

第三章　现阶段 PE FOF 行业存在的问题

一、政府引导基金存在的问题

（一）政府在引导基金运作体系中的定位偏差

政府作为引导基金的发起者，对引导基金的投资方向、范围负有指引的责任，但是在具体操作中，政府自身的定位可能产生偏差，从而极大影响基金的正常运作，因此政府在引导基金中的定位非常重要。目前，我国一些地方政府出于财政绩效考核的压力，不愿对引导基金的投资收益让利，也不愿投资高风险的新兴行业，反而希望借助引导基金完成财政业绩指标，如扶持刚刚度过危机的传统企业以保证当地税收，这在一定程度上是本末倒置。

导致这一现象出现的根本原因是地方财政困难，目前许多地方政府债务水平较高，引导基金不仅需要政府拿出资金投资，而且还要对子基金管理人让利，增加了政府的财政压力，使得有些引导基金的实际运行偏离中央的意图。随着经济的转好，这样的现象会在一定程度上弱化，在一些经济状况良好的地区，引导基金的运作则更接近鼓励创业企业发展的本质。

(二) 政府政策目的与市场化运作的矛盾

政府引导基金的设立目的在于推动创业企业和中小企业发展，实现产业结构转型和升级，以促进当地经济和就业环境的改善。能否平衡好基金的政策性目标和市场化操作之间的关系，决定了基金运作的成功与否。政府的利益诉求在于非营利性和安全性，且对投资范围和标的有所限制，而专业化的基金管理团队则追求利益最大化，并且在项目投资运作上需要一定的自由度，两者在项目类型、风险承受能力和目标收益等方面存在一定的差异。

如果采用政府设立投资管理企业直接进行投资的方式，虽然可以有效地保证基金的投资方向和其非营利的属性，但由于缺乏专业的投资指导，不能高效地利用资金，容易造成资源浪费。如果聘请专业基金管理团队进行管理，则可能难以保证引导基金对于地方经济或战略产业的引导效果。如何平衡基金的政策性目标和市场操作之间的关系，是一个亟须解决的问题。

(三) 管理机构专业人才不足

随着近年来政府引导基金的爆发式增长，专业人才的短缺现象越来越严重。目前国内基金行业排名前 50 位的品牌管理机构中，开展政府引导基金管理运营的还不到 5 家，高水平的基金专业投资管理人才严重不足。一方面，专业的投资人才主要集中在北京、上海、深圳等经济较为发达的地区，一些二三线城市则难以招募到合适的人才，并且政府引导基金以非营利性目标为主，且隶属政府机构，其激励机制难以和市场化运作的基金相比，因而难以吸引优秀的人才。另一方面，整个创业投资行业的发展时间较短，对于 PE FOF 的操作也缺乏经验，事实上整个市场都处于人才匮乏的状态。

人才是基金管理的基础和核心，一支优秀的管理团队既能够实现和政府部门的良好沟通，又能够高效运用引导资金，充分实现杠杆效应。政府引导基金相比于一般的基金，更注重资金的安全性，因此对于资金管理的要求更高，对人才的要求也更高。

（四）引导基金结存现象严重

国家审计署于2018年6月20日发布的《国务院关于2017年度中央预算执行和其他财政收支的审计工作报告》中显示，截至2017年底，政府性基金预算收入总量为3 824.77亿元，当年支出3 669.19亿元，结转下年155.58亿元；另外，个别基金未充分发挥政策引导作用，如中国政企合作投资基金于2016年3月成立，截至2017年底到位资金中有639亿元（占88.7%）未投资项目，用于购买理财产品。也就是说，虽然近年来成立了大量大规模的引导基金，但实际投资到实体企业的资金规模仅占总规模的一小部分，大部分资金都躺在账面上"睡觉"。为此，国务院先后印发《关于推进地方盘活财政存量资金有关事项的通知》（财预〔2015〕15号）、《关于收回财政存量资金预算会计处理有关问题的通知》（财预〔2015〕81号）等多份文件，希望督促各地方政府活用引导基金资金，但收效甚微。

造成这个现象的主要原因包括：一方面，一些地方政府对于资金使用的安全性要求较高，无法承受风险较高的投资项目，导致没有足够的合适项目进行投资；另一方面，一些地方政府对于如何利用好引导基金的资金来发挥其作用尚无计划，在缺乏投资经验的情况下，宁可先把钱揣在口袋里，"不敢花、不会花"使得政府引导基金有时并没有发挥出预想中的作用，基金运作有待进一步完善。

（五）引导基金投资效率有待提升

目前，创新性高科技产业是政府引导基金的首要关注方向，但是在实际操作过程中，对于高科技企业的过分追求使得与政府合作的创业投资基金只关注技术领域而忽略了其他有市场前景的中小企业，使一些中小企业由于不在目标产业范围内而错失了融资机会。此外，由于政府一般会将投资范围限制为本地区，这样会出现"择近不择优"的现象，不利于引导基金实现投资收益，也使得其对社会资本的吸引力下降。

同时，由于需要对资金安全和投资方向进行监督，很多基金在项目审批时受到政府多重监管。而监管部门较多，又使得整个审批过程变得十分冗长烦琐，协调工作消耗了大量的精力，政府官员过度参与基金的日常管理和决策过程，影响了基金管理团队的正常运作，严重降低了投资效率，这也打击了基金管理团队的工作积极性。

（六）监管机制仍有待完善

我国政府引导基金的监管机制仍有提高的空间。一方面，政府引导基金具有政策性目标的属性，但在运营指标考察上较为模糊，绩效难以被量化，难以保证基金运作与政策目标相一致，过多的审批又会严重降低基金运作效率。另一方面，政府引导基金一般出资比例较低，最高承诺比例仅为20%~30%，这在一定程度上成为寻租腐败的温床，一些基金打着政府旗号进行非法集资，造成了恶劣的社会影响。

引导基金体系内的微管理也同样问题突出。基金通常由多个部门参与运作，这使得基金不仅在沟通协调上需要耗费大量精力，同时也可能出现监管漏洞，如一些部门对项目的跟踪不到位等。由于缺乏公开透明的监督机制，政府本身也可能迫于财政压力而使得基金的运作偏离原本的计划目标，如变相投资传统或者落后企业以保证税收等。

二、市场化 PE FOF 遇到的问题以及建议

虽然市场化 PE FOF 自身优势明显，但是在我国发展的过程中依旧面临缺乏成熟机构投资者、基金穿透审核过于烦琐、PE 基金二级市场不健全、基金退出路径狭窄以及双重征税等问题。

(一) 投资者不够成熟且缺乏专业知识

我国开放创业板后,能收获巨大收益的 PE 吸引了大批的富裕个人、民营企业、国有企业等投资者参与投资。但是由于我国机构投资者还不够成熟,过分追求短期利益,总希望能早实现收益早退出,造成投资者与基金管理运作之间易产生矛盾。

另外,现在 PE FOF 业务涉及较多的专业知识,相应提高了投资者的门槛。

因此我们提出如下建议:

1. 开放更多优秀的本土 LP

拥有庞大资金量的企业年金、商业银行、证券公司、信托公司等潜在机构 LP 还处于探索扩展自身业务的转型期,需要外部给予本土潜在的机构 LP 规范、宽松的法律环境,在适度的情况下放宽潜在 LP 的准入条件,为人民币 PE FOF 提供更多的"养料"。建议给予一定政策支持,对更多机构实行政策开放,鼓励更多机构成为 PE FOF 的潜在 LP,进行更多资产的优化配置。

2. 利用互联网进行投资者教育

监管部门可以通过互联网明晰监管流程,并提供线上预约、线上提交材料等服务,以缩短流程,提高效率,让整个投资过程更加明晰。

(二) 基金穿透审核过于频繁

PE FOF 为个人投资者降低了私募股权投资的门槛,同时会投资 10~20 只基金以从阶段、行业方面分散风险,间接投资项目达 200 个以上。当其中有公司上市或需要办理各类许可证时,就会涉及穿透契约型基金,需要材料收集及审查,而由于个人投资者范围较广,材料收集往往消耗大量人力及时间。

建议监管部门对契约型基金一次性收取穿透材料,未来仅对变更 LP 进行材料收集,以避免过于频繁的穿透材料审查。必要时可建立电子数据,通过 PE FOF 系统面对 LP,解决 LP 信用问题。

(三)二级市场不健全,资本缺乏流动性

在退出渠道方面,目前 PE FOF 的退出方式和 PE 基金类似,所投项目主要通过 IPO 或并购方式退出,缺少其他通道。这与国内的私募股权基金二级市场尚不发达也有关系。如果基金退出渠道不通畅,势必会影响对投资者的吸引力。

PE 基金的一个显著特征是流动性差,这主要是由于股权投资的标的都是具体的企业,它们需要一定的成长时间来实现运营的突破,这使得私募股权投资者往往需要等待较长时间,并且需要花费较多精力找到下家"接盘"。在一些 PE 发展较为成熟的市场,如美国和欧洲,私募股权二级市场的存在使得私募股权投资机构交易所持有的股权成为可能,大大提高了私募股权基金的流动性。但是我国这一市场的建设刚刚起步,并没有一个全国性的统一交易场所供投资者使用,使得我国 PE FOF 的权益流转受到限制。

近年来,虽然我国在 PE 基金募集方面持续火热,但 PE 基金的退出渠道仍比较单一,IPO 和并购是私募股权项目退出的主要渠道。而在美国等金融发达国家,利用 IPO 退出的 PE 基金比例仅为 10%~15%,大部分的 PE 基金是通过并购或二级市场退出。对于普通投资者而言,可以选择母基金的形式投资私募股权,但同样存在基金流动性低的问题。这需要国家大力发展私募股权二级市场,从政策、法规上完善市场交易机制和从业资格审核,方便私募股权在市场上的流通,这对于 PE 行业至关重要。

此外,私募股权二级市场还需要进行多层次建设,将中介机构、专业投资机构加以明确区分,使整个二级市场更专业化地运作,以提高市场效率,降低交易费用。

（四）税率高企及存在不确定性

PE FOF 长期平均 IRR 处于 10% ~ 15%，往往还面临双重征税的问题（PE FOF 层面和 PE FOF 所投资的 PE 基金层面），而且税率高企、存在不确定性，加上一般长达 10 年的存续期限，吸引力有时会不如一般的固定收益产品。税收政策在 10 年内很可能出现多次变动，而税率变动往往对 LP 收益不利，因此使得 LP 对 PE FOF 产生不认同。

从鼓励创新创业来看，目前我国拥有良好的政策环境，但政府参与不宜过多，应完善相应的配套措施。例如，借鉴美国中小企业管理署设立类似硅谷银行的专业银行，为创业企业和创业者提供服务；再如，针对上市公司、创业公司制定税收优惠政策，特别是针对回报周期比较长、需长期持有股份的创投机构，给予比较优惠的税收政策。此外，应该避免对 PE FOF 进行双重征税，降低 PE FOF 投资者额外的投资成本。创业投资是风险性很高的投资，投资初期往往处于亏损状态，甚至很多项目彻底失败，因此应尽快出台和完善符合创业投资行业特点的创业投资税收优惠政策体系，对创业投资基金的管理机构以及管理机构的个人股东给予一定的税收优惠。

第二篇
政府引导基金投资业务
PRIVATE EQUITY FOF ••

第四章 政府引导基金的管理

一、政府引导基金的工作性质与工作目标

(一) 政府引导基金的工作性质

政府引导基金(简称"引导基金")遵循《创业投资企业管理暂行办法》《关于创业投资引导基金规范设立与运作的指导意见》等相关法规,依照项目选择的市场化、资金使用的公共化、提供服务的专业化等原则,通过杠杆效应充分放大政府财政资金的能级。政府引导基金的运作不以营利为主要目的,而将工作重心放在引导社会资本合理流向符合产业发展方向和政策引导的企业特别是中小企业,解决仅依靠市场配置创业投资资本所产生的市场失灵和资金量不足等问题。

随着我国政府引导基金运作实践不断深入,它既要体现政策属性,同时也要坚持市场化原则,不断提升基金自身运作效率,根据我国经济的阶段性特征创造出一条符合自身发展的现实道路和模式,意义重大。政府引导基金的特点包括:

(1) 引导性。顾名思义,政府引导基金的最大特点在于对金融资本、民间资本以及其他社会资本的合理引导。其旨在增加总量供给,尤其是通过鼓励创投资本投资处于种子期、起步期等创业早期

的企业，解决社会资本对于风险较高但具有发展潜力的创业期企业投资意愿较低的问题。政府引导基金主要投向符合国家产业发展方向、科技含量高、具有良好发展前景的战略性新兴产业，如新能源、循环经济、先进制造业、生物制药、信息通信等领域，优化资本配置，促进我国产业结构不断升级完善。

（2）市场化。政府引导基金依照市场化的机制设立、运营。依据市场化原则，其委托专业资产管理机构负责基金投资与管理。政府引导基金有偿投放是其市场化的主要体现，而非传统的无偿资金补贴，如拨款、贴息或风险补贴等。其本质上是一种投资领域的公私合营，是公共财政制度的有益创新。在具体运作中，政府通常不参与引导基金的日常运营与管理，引导基金一般通过与创投或其他社会机构合作的方式，提高基金市场化运作效率。

（3）非营利性。政府引导基金的运作不以营利为最主要目的，而是通过让利、奖励等机制充分调动社会资本参与基金的积极性。作为政策性基金，政府引导基金由政府牵头设立并按市场化原则运作，大力扶持创投企业发展，积极引导民间资本进入创投领域。本质上，政府引导基金是承担政策职能的公共基金，并不属于经营性国有资产，因此政府引导基金的运作不是与市场争利。

（4）放大作用。政府引导基金通过杠杆作用，利用少量政府资金撬动大量社会资本，增加社会创投资金供给总量，改变创投资金以政府资金为主、民间资本较少、来源较为单一的状况，充分调动民间资本、银行资金、外资、保险资金等社会资金的积极性，形成国有资产、民间资本、外资共同参与的创投多元化新格局。通过政府引导并注资，吸引民间资本参与吸纳更多民间沉淀资本跟进投资，以实现财政资金在杠杆效应作用下有效放大，从而极大地激发区域经济的创造力与活力。

（二）政府引导基金的工作目标

（1）优化社会资本配置。由于新兴产业创投领域不确定因素较多、进入的风险性较高,因为民间资本参与意愿一直较低。政府引导基金成立的最主要目标就是引导社会资本流向符合产业发展趋势、具有发展潜力的新兴产业,解决单纯通过市场配置创业投资资本的市场失灵和资金量不足问题。

(2) 提高产业发展能级。政府引导基金的设立,引领社会资本推动战略新兴产业发展,实现产业升级,也发挥带动效益,带动与创投及战略新兴产业相关的投资估算、财务审计、评估评级、法律服务等服务产业的发展,在提升创投及新兴产业能级的同时,丰富产业结构体系。

(3) 实现国有资本保值增值。政府引导基金的资金池部分来自国有资本,可由中央或地方财政拨款,也可通过国有投融资平台筹集资金。引导基金通过市场化手段运作,实现风险的有效规避,使国有资产得到保值增值。其作为一种长效的、低风险、高社会回报的金融产品,在很大程度上减少了政府投入,减轻了政府财政负担,通过对国有资产投资模式的创新,使得国有资本的使用效率不断提高。

(4) 培养专业基金管理人才。专业基金运营管理人才在国内一直存在较大缺口。基金机构通过系统学习、消化国内外政府引导基金的运作经验,使各地政府引导基金从业人员可进一步深入了解政府引导基金理念和文化,可培养相对成熟的政府引导基金管理运营人才队伍,同时提高相关部门工作人员的工作能力。

二、政府引导基金的运作原则及要求

(一) 政府引导基金的运作原则

(1) 参股不控股。参股不控股是政府参与引导基金的重要出资原则,政府引导基金通过合理设计股权结构,使创投企业和基金的经营和决策本着市场化原则运行。政府引导基金参股创业期企业,不以控制创业企业为目的，只监督而不参与企业决策，也不直接参与企业研发、生产、运营等活动，通过资金参股的方式支持企业发展，必要时为企业提供咨询、法务等相关服务。

(2) 保障资金安全。相关部门虽不直接参与基金的运营与决策，但仍要保证国有资产及出资人的资金安全。政府在事前、事中、事后三个阶段对参股子基金和资金使用进行完善的风险监控和评估，通过基金架构设计以及制度安排，保障政府资金的运营和使用安全，防止国有资产流失。与此同时，应认识到，创业创新投资属于投资风险相对较高的行业，引导基金要能够承担相应的风险，将基金的评估周期放长远，将基金的评估范畴做科学界定，不因个别项目的投资失败而影响基金的投资选择，将评估视角放在企业发展前景和资产增值上，通过健全的投资运作规范及投资评估机制，形成企业与基金的互惠共赢。

(3) 公平、公正、公开。将公平、公正、公开的理念贯彻到政府引导基金实施的各个阶段，充分保证政府资金的使用效率。在政府引导基金的运营规则拟定阶段，通过完善的架构和职能设计，确保基金公开、透明运作；政府引导基金在实际运作过程中，各方应加强自律与互相监督，确保基金运作规范；政府工作重心适当前移，通过控制市场准入资格，对 PE FOF 管理团队进行甄别筛选，建立完善的风险监控和经营制约机制，利用外部审计、托管银行等社会资源，形成完整有效的风险防范体系。

(二) 政府引导基金的运作要求

(1) 相关政策制定要依据当地产业发展特征。各地政府引导基金普遍具有很强的产业引导特征。一部分政府引导基金鼓励其子基金和合作基金积极投资本地企业，以带动当地产业经济发展；一部分政府引导基金鼓励其子基金和合作基金积极投资大部分创投机构不愿进入、高风险、高成长的高新技术领域企业；还有一部分政府引导基金鼓励其子基金和合作基金投放处于种子期和起步期的创业企业。综合国内外政府引导基金实际运作情况，通过政策与制度约束、规范各方行为规则从而保证政府引导基金有秩序进行，实现政府引导基金与民间资本互利共赢、共同发展是较为合理的政策目标定位。

（2）进一步明晰政府在引导基金运作中的角色定位。综合国内外政府引导基金操作经验发现，政府过多介入引导基金的项目筛选和运营管理会阻碍基金的市场化、专业化运作，过多行政色彩会降低基金运营效率，增加基金经营风险。在设立政府引导基金的过程中，政府应适当弱化对合作基金方的影响，退出引导基金具体投资项目的筛选决策，尽量不介入基金的运营管理，但可通过约定对违反子基金约定的事项拥有一票否决权等条款，确保财政资金的合法权益，纠正基金运营偏差，保护国有资产安全。采用这种方式既能使基金的引导作用得到充分保障，促使政府利用财政资金吸引大量民间资本参与创业投资，又能保障政府对基金运营管理方的监督与约束。

（3）政府引导基金的资金体量不宜过大。从体量上看，我国目前已设立的政府引导基金规模不一，1亿元至100亿元不等。设立政府引导基金最重要的意义在于其对民间资本的引导，政府资金参与在很大程度上表明了政府层面对基金的高度肯定和支持。财政资金和其他类型国有资产是国有资金参与政府引导基金的主要资金来源。为减少政府财政负担，目前我国政府引导基金运作方式仍处于探索阶段，其总量规模不宜过大，大部分政府引导基金的设立规模以5亿~10亿元为宜，其中，财政资金或国资出资1亿~2亿元即可。

（4）政府引导基金的管理宜采用委托管理的模式。委托管理是目前国内外政府引导基金的主要管理模式。政府引导基金应结合当地发展状况选择外部专业管理团队，这样既能运用专业化的知识和经验来运作基金，提高基金运作效率，同时也能培养本地基金管理团队。拥有专业化的优秀管理团队是引导基金有效运作的基础，筛选外部管理团队时综合考察其在引导基金行业的知名度和成功案例，对管理团队的专业水准和职业操守做综合评估，在明确分工的基础上，增强双方互信与合作，慎用一票否决权等手段。

（5）采用母基金的形式组织引导基金。从基金运作模式看，引导基金应主要投向子基金，一般不直接投资创业企业，且不明确限定子基金投资方向和范围。以母基金的模式组织引导基金的目的在于通过投资自身实力较强且具有发展潜力的基金，充分发挥引导基金的引导作用，通过杠杆效应提高政府资金的效用能级，促进PE产业在当地的集聚与发展。与此同时，相对于其他运作模式，母基金具有相对较小的经营运作风险，符合国有资产保值增值的基本诉求。

专题4.1　典型母基金模式——上海创业投资引导基金

2010年3月，上海市政府出资10亿元，成立上海创业投资引导基金，该引导基金交由上海创业投资有限公司（以下简称"上海创投"）管理，主要采用母基金的运作模式。上海创投成立于1999年8月，是经上海市人民政府批准，由上海市财政出资6亿元人民币组建，是上海市发展创业投资事业的专门机构。它是直属上海市政府领导的国有独资公司，是由"上海科技创业投资中心"改制成立的独立法人制公司，它在上海市科技创业指导委员会的领导下，参照国际创业投资的运作模式，结合中国高科技产业发展现状和上海创业投资实践，按市场化要求运作，广泛吸引海内外各类资金，形成多元化投融资体系，促进了上海市高新技术成果的转化和高新技术产业的发展。

上海创投采取"基金中的基金"模式，组建基金（投资）公司17个、基金管理公司逾20个，募集和管理的创业资本达30亿元。自2004年起连续3年，其受上海市政府"科教兴市"推进办公室委托，负责管理上海重大产业科技攻关项目资金，每期资金达10亿元。上海创投通过专业的基金管理公司对17个基金（投资）公司进行专业化管理，即对持有股份的投资管理公司，委派董事长监督、管理；对不持有股份的投资管理公司，通过参与决策委员会进行监督和决策。

（6）进一步完善政府引导基金退出机制。在将政府引导基金移交委托管理机构进行托管之前，应明确引导基金的存续期限和退出机制。专业化基金在融资、托管、投资和退出等方面已形成较为明确的管理运作流程，引导基金可以学习借鉴。当政府引导基金投资的子基金具备独立运作的能力，可独立负责项目论证、投资选择、跟进管理，并可通过上市、股权转让、并购等方式选择适当时机退出投资项目时，政府引导基金可按照协议约定方式退出该子基金。

（7）进一步落实配套优惠措施。政府引导基金发展成熟的国家一般都会制定与引导基金相配套的优惠措施，通过让利于民间资本的方式吸引民间资本进入地方着力发展的产业和项目，例如，制定相应的税收减免和税收优惠政策。虽然政府不宜过多参与到基金的运营中，但应进一步完善与引导基金配套的激励措施，通过政策激励可吸引优秀的基金管理团队加入引导基金。引导基金的运作不以营利为目的，但对于引导基金的管理团队应给予相对更具吸引力的待遇，如所得税优惠等，以吸引优秀人才加入。

（8）持续创新引导基金运作模式。综合目前国内政府引导基金的运营状况，大部分基金已经初步发挥了引导民间资本进入创投领域的职能。北京、深圳、上海等地设立的政府引导基金在吸引国内外大型私募机构落户当地方面具有明显优势，这些地区已成功吸引国内外知名私募机构参与引导基金运营并发挥了一定的引导作用。在设立引导基金时，既要吸收借鉴国内外成功经验，又不能墨守成规，努力寻求对于传统引导基金的创新，进一步提高引导基金的运作效率，形成更高效的资金放大机制。除较为普遍的参股投资、给予补贴、跟进投资等模式外，目前最新的运作模式是，政府引导基金作为 LP 出资，委托 GP 管理基金，将所产生的溢价收益的大部分奖励给管理公司或 GP。

专题 4.2　舰队模式引导基金——深圳市政府引导基金

深圳市政府引导基金是将大众基金集中在深圳市创新投资集团内，通过建立一个"航空母舰"来带动很多小的"舰队"。深圳市创新投资集团是目前国内资本规模最大、投资能力最强的创业投资机构。深圳市创新投资集团成立于1999年8月，注册资本为16亿元，控股大股东为深圳市国资委。截至2016年，公司拥有4家中外合资基金管理公司和10家内资基金管理公司，管理20只基金，基金总规模为60亿元。深圳创新投资集团专注于将直接投资和基金投资相结合，并逐渐以基金投资为主。现在，它已与苏州、武汉、淄博、重庆、湘潭、中山等地方政府共同组建了创业投资引导基金。在具体运作中，深圳市创新投资集团和地方政府联合出资设立基金公司，然后再委托给深圳市创新投资集团组建成立的管理公司管理。

三、政府引导基金的运作及出资方式

（一）政府引导基金的运作方式

1. 政府引导基金的法律形式

政府引导基金的运作主要依据《关于创业投资引导基金规范设立与运作的指导意见》，其以独立运营的事业法人形式设立，对外享有引导基金的相关权益并承担相应义务与责任，相关部门任命或委托相关人员组成的管理委员会行使决策管理职能。

2. 我国政府引导基金的主要运作模式

（1）参股。引导基金通过参股的方式，吸引社会资本共同发起设立子基金或混合基金。（2）融资担保。依据征信系统提供的信用报告，对于信用记录优良的子基金，可采用提供融资担保的方式，支持该子基金通过债权融资进一步增强投资能力。(3) 跟进投资或其他方式。针对产业导向较为明确或区域性较强的引导基金，可尝试探索通过跟进投资等方式，跟进支持子基金的发展并进一步引导其投资方向。其中，跟进投资仅限于子基金的投资标的为早期创业企业或需要政府大力扶持的高新技术等领域的创业期企业，此时引导基金可以适当的价格收购标的企业部分股权，但不能以"跟进投资"的名义，直接进行创业投资。

3. 我国政府引导基金的实际运作模式

我国政府引导基金的实际运作模式不一而足，已形成多种具有地方发展特色的运作模式。正因如此，在研究国内引导基金运作模式时，出现了以地区命名的运作模式，如"深圳模式""上海创投模式""苏州模式""中关村模式""天津模式"等。有研究认为，可将国内主要创业投资引导基金运作模式划分为三种，即上海模式、天津模式、深圳模式。上海模式首先将引导基金定位成母基金，支持一些具有发展潜力的中小企业管理团队，进而发起一些小型创投公司。深圳模式将民间资本集中于一个大的投资集团，建立起一个创投航空母舰，从而带动更多小的舰队进入创投领域。天津模式是深圳模式和上海模式的结合，它既成立一只母基金，支持一些小而独立的创投团队；又设立创投机构独立投资，管理运营部分引导基金。

（二）政府引导基金的出资方式

根据《关于创业投资引导基金规范设立与运作的指导意见》，引导基金的资金来源主要为支持创业投资企业发展的财政性专项资金，引导基金的投资收益与担保收益，闲置资金存放银行或购买国债所得利息收益、个人、企业和社会无偿捐赠的资金等。

当前国内引导基金的成立主要有两种：一是地方政府通过财政划拨的方式独立完成；二是地方政府和政策性银行联合出资成

立。政府财政独立出资为现在绝大多数引导基金的出资方式，只有极少数成立较早的引导基金资金由政策性银行提供，例如，由地方政府与国家开发银行共同出资设立的苏州工业园区创业投资引导基金，山西省创业风险投资引导基金，天津滨海新区创业投资引导基金以及吉林省创业投资引导基金；再如，由地方政府与中国进出口银行共同出资设立的成都银科创投及重庆市科技创业投资引导基金等。

引导基金采用阶段参股的方式投资于子基金和市场化母基金，采用独立投资、联合投资、融资担保、风险补助和投资保障等运作模式，本书主要涉及的是以阶段参股方式对子基金进行投资。

专题4.3　北京市小企业创业投资引导基金运作及出资模式

2008年，北京市政府出资8亿元设立"北京市中小企业创业投资引导基金"。北京市中小企业服务中心代表北京市政府，作为引导基金的名义出资代表和日常管理机构。北京市创业投资引导基金不直接投向中小企业，以参股支持方式联合创业投资机构共同设立创业投资企业，重点投资于符合北京城市功能定位和相关产业政策的创业期科技型、创新型中小企业，具体分为三步。第一步是由北京市政府出资8亿元（纯财政资金）设立母基金。第二步是与社会投资机构合作，设立若干子基金，完成资金的第一次放大。第三步是由合作子基金直接向企业投资，并且按照《公司法》的要求，设立投资类有限责任公司。

北京市中小企业创业投资引导基金规定，引导基金出资参股创投企业总额不超过参股创投企业实收资本的30%，且不可成为第一大股东；参股创投企业投资于创业期中小企业的资金额度不低于引导基金出资额的2倍；参股创投企业投资于北京区域内企业的资金额度不低于引导基金出资额的2倍。

四、政府引导基金需要遵循的法规[①]

（一）国家层面政府引导基金法规

《创业投资企业管理暂行办法》（国发〔2006〕39号）规定，国家与地方政府可以设立创业投资引导基金，通过参股和提供融资担保等方式扶持创业投资企业的设立与发展。

《国家中长期科学和技术发展规划纲要（2006—2020年）》（国发〔2006〕6号）指出，鼓励有关部门和地方政府设立创业风险投资引导基金，引导社会资金流向创业风险投资企业，引导创业风险投资企业投资处于种子期和起步期的创业企业。

《科技型中小企业创业投资引导基金管理暂行办法》（财企〔2007〕128号）规定，利用阶段参股、跟进投资、风险补助和投资保障等方式，支持科技型中小企业自主创新。

《关于创业投资引导基金规范设立与运作的指导意见》（国办发〔2008〕116号）指出，促进创业投资引导基金的规范设立与运作，扶持创业投资企业发展。

《境内证券市场转持部分国有股充实社会保障基金实施办法》（财企〔2009〕94号）规定，首次公开上市的含国有股份的股份有限公司，按公开发展总股份的10%（但不高于国有股东实际持股数量）由全国社会保障基金理事会转持。

《政府性基金管理暂行办法》（财综〔2010〕80号）对政府性基金的定义、申请和审批程序、征收和缴库、预决算管理以及监督检查等做了系统规定。

《关于豁免国有创业投资机构和国有创业投资引导基金国有股

[①] 本小节涉及所有法律、规章以及相关条款均整理至2017年底，如后有更新以最新法规规定为准。

转持义务有关问题的通知》（财企〔2010〕278 号）规定，对于符合条件的国有创投机构和国有创投引导基金，投资于未上市中小企业形成的国有股，可申请豁免国有股转持义务。

《科技型中小企业创业投资引导基金股权投资收入收缴暂行办法》（财企〔2010〕361 号）规定，科技型中小企业创业投资引导基金股权投资收入上缴中央国库，纳入中央一般预算管理。

《新兴产业创投计划参股创业投资基金管理暂行办法》（财建〔2011〕668 号）明确提出，中央财政参股基金集中投资于节能环保、信息、生物与新医药、新能源、新材料、航空航天、海洋、现金装备制造、新能源汽车、高技术服务业战略性新兴产业和高新技术改造提升传统产业领域。

《关于促进股权投资企业规范发展的通知》（发改办财金〔2011〕2864 号）规定，投资者为集合资金信托、合伙企业等非法人机构的，应打通核查最终的自然人和法人机构是否为合格投资者，并打通计算投资者总数，但投资者为股权投资母基金的除外。

《政府投资基金暂行管理办法》（财预〔2015〕210 号）进一步规范了政府投资基金的设立、运作和风险控制、预算管理等内容，促进了我国政府投资基金持续健康运行。

（二）地方性政府引导基金法规

1. 创业引导基金相关法规

《河北省战略性新兴产业创业投资引导基金管理暂行办法》（冀发改〔2016〕6 号）规定，受托管理机构管理费根据上年末引导基金实际出资额，以及受托管理机构工作量及其质量情况，按超额累退办法计算，在引导基金存放银行期间取得的利息中支付。具体计算方法在委托协议中约定。

《辽宁省产业（创业）投资引导基金管理办法（试行）》（辽政办发〔2015〕104 号）规定，引导基金参与产业投资基金的期限一般不超过 7 年，其中投资期 5 年，回收期 2 年；参与投资初创期企业的创业投资基金的期限一般不超过10年,其中投资期7年,回收期3年。

《贵州省创业投资引导基金管理办法》(黔府办发〔2014〕49号)规定,引导基金参股创业投资企业的比例由此前的不高于创业投资企业实收资本的20%提高到不高于实收资本的30%,但最高金额仍为一般不超过3 000万元,引导基金仍不能成为第一大股东。

《广东省战略性新兴产业创业投资引导基金管理暂行办法》(穗发改高技〔2014〕61号)规定,引导基金以出资额为限行使出资人权利并承担义务,并根据实际需要,向参股支持的创业投资企业派驻代表,参与所扶持创业投资企业的重大决策和监督其投资方向。

《海南省创业投资引导基金管理办法(试行)》(琼府办〔2014〕88号)指出,本办法所称种子期创业企业,系指符合如下条件的企业,即:拥有原创的专门技术或独特的概念、商业模式,项目主体尚未设立或刚设立但尚未实现利润,所需融资额相对较少。

《海南省创业投资引导基金设立方案》(琼府办〔2014〕89号)明确提出,参股的创业投资企业运作产生利润,创投引导基金只拿较低的固定回报或是以银行贷款利率收回创投引导基金出资,超额收益由非创投引导基金股东分享,作为社会资本承担政府特定目标而产生的风险的对价,以提高社会民间资本、国外风险投资者和资金参与创业投资的积极性。

《广西壮族自治区创业投资引导基金参股资金管理办法》(桂财金〔2014〕33号)规定,财政厅、自治区金融办负责对引导基金的资金使用进行监督检查,按照公共性原则,对引导基金建立有效的绩效考核制度,定期对引导基金政策目标、政策效果及其资产情况进行评估。

《广西壮族自治区创业投资引导基金管理暂行办法》(桂政办发〔2012〕113号)规定,以优先股方式参股投资的收益参照银行同期贷款基准利率协商确定。跟进投资的投资收益按照创业投资运作分配惯例向共同投资的创业投资企业支付管理费和效益奖励，剩余的投资收益由引导基金收回。

《内蒙古自治区创业投资引导基金管理办法》（内政办发〔2009〕42号）规定，创业投资引导基金重点为创业投资企业发展提供资金和管理服务，由内蒙古创业投资引导基金理事会委托内蒙古日信担保投资（集团）有限公司进行管理，委托工商银行内蒙古分行作为托管银行对资金进行有效监管，投资收益依据《内蒙古自治区创业投资引导基金管理办法》相关规定执行。

《陕西省创业投资引导基金管理暂行办法》（陕政办发〔2009〕139号）要求企业投资引导基金选择一家商业银行对其进行托管，负责引导基金的资金保管、拨付、结算以及日常监管工作。资金托管银行应定期向引导基金管理中心报告资金情况。

《北京市中小企业创业投资引导基金实施暂行办法》（京发改〔2008〕1167号）规定，参股创投企业其他股东或投资者自引导基金投入后3年内购买引导基金在参股创投企业中的股权的，转让价格参照引导基金原始投资额；超过3年的，转让价格参照引导基金原始投资额与按照转让时中国人民银行公布的1年期贷款基准利率计算的收益之和。

2. 新兴产业引导基金相关法规

《江西省战略性新兴产业投资引导资金管理暂行办法》（赣府发〔2010〕29号）规定，对给予项目承担企业引导资金投资额6倍以上（含6倍）贷款支持的金融机构，经管委会审核同意，可对其实行一次性奖励，奖励金额为贷款额的5‰，从本年度引导资金中列支。

《福建省产业股权投资基金暂行管理办法》（闽政办〔2016〕104号）规定，投资基金以及子基金的资金应当委托符合条件的银行进行托管，投资基金和子基金的托管银行由省投资集团根据社会资金募集情况通过公开征集方式进行选择。

《四川省省级产业发展投资引导基金管理办法》（川府发〔2015〕49号）规定，投资基金向基金管理机构支付管理费，其中省财政出资应负担的年度管理费原则上不超过省财政实际到位资金的2%（天使投资基金不超过2.5%）。具体内容在委托管理协议中约定。

《湖南省新兴产业发展基金管理办法（试行）》（湘政办发〔2015〕93号）规定，在省财政厅设立的产业基金管理办公室，负责落实联席会议的决定事项，制定产业基金的相关管理制度，对产业基金进行监管和绩效考评等。

《甘肃省产业引导股权投资基金管理暂行办法》（甘发改高技〔2015〕678号）规定，引导基金主要通过参股方式，与机构投资和省内外社会资本合作设立参股产业投资基金（以下简称子基金），主要投资甘肃我省工业、服务业、商贸流通、现代农业、循环经济等产业和领域。

《宁夏产业引导基金管理办法》（宁财企发〔2015〕346号）要求引导基金管理中心设立评审委员会，由宁夏惠民投融资有限公司组织投资、会计、法律、金融及所投领域的专家和有关部门代表组成，负责对引导基金投资方案进行独立评审，以确保引导基金决策的民主性和科学性。

《宁夏回族自治区人民政府关于设立政府引导基金促进产业加快发展的意见》（宁政发〔2015〕30号）要求对PE基金给予投资奖励。对政府产业引导基金参股的PE基金投资宁夏回族自治区初创期中小企业、创业企业的，投资获利退出时，可从政府产业引导基金投资收益中安排一定比例的投资奖励。

《吉林省省级重点产业发展引导资金管理办法》（吉政发〔2014〕10号）要求引导资金采取无偿补助、事后奖补、贷款贴息、股权投资和支持引导基金等支持方式，并逐步减少直接无偿补助的范围和比例。

《重庆市产业引导股权投资基金管理暂行办法》（渝府办发

〔2014〕39号）明确指出，为发挥引导基金整体使用效益，引导基金公司可视子基金实际运行情况，提出引导基金额度调整建议，经引导基金工作协调会议审定报批后，对引导基金的分配额度做适当调整。

3. 股权投资引导基金相关法规

《湖北省省级股权投资引导基金设立与运作实施方案（试行）》（鄂政办发〔2015〕47号）要求引导基金在子基金中参股不控股，参股比例原则上不超过子基金总股本的25%，且不为第一大股东。对社会效益较好、募资难度较大、投资风险较高的子基金，引导基金出资比例可适当放宽。子基金根据投资方向和重点，可设天使基金、创投基金、产业基金等。

《湖北省省级股权投资引导基金管理试行办法》（鄂政办发〔2015〕47号）规定，引导基金决策委员会通过公开征集或招投标等方式确定受托管理机构，受托管理机构根据委托负责引导基金管理，如未履行好委托管理协议约定的职责义务，按程序撤换。原则上受托管理机构不得发起设立、参股引导基金子基金。

《山东省省级股权投资引导基金管理暂行办法》（鲁政办发〔2014〕44号）规定，省财政厅向引导基金管理公司支付管理费。管理费按年支付，原则上每年按截至上年年末引导基金对子基金出资额的一定比例（最高不超过2%）和管理业绩，采取超额累退方式核定。

《河南省股权投资引导基金管理暂行办法实施细则》（豫政办〔2012〕156号）规定，引导基金入股（入伙）须经全体出资人同意，且增资价格按不高于发行价格和中国人民银行公布的同期活期存款利息之和协商确定（存款利息按最后一个出资人的实际资金到位时间与引导基金增资到位时间差，以及同期活期存款利率计算）。

《云南省股权投资政府引导基金管理办法》（云政办发〔2011〕149号）规定，管委会下设评审委员会（以下简称"评委会"），负责对引导基金投资方案进行独立评审，以确保引导基金决策的民主性和科学性。评委会主任由管委会副主任担任，成员由省金融办、财政厅和股权投资行业自律组织的代表以及社会专家组成。成员人数应当为单数，其中，股权投资行业自律组织的代表和社会专家不得少于半数；引导基金拟投资股权投资企业的人员不得作为成员参与评审。评委会1/2以上成员投票通过的评审结果，作为管委会的决策依据。

（三）各产业引导基金法规

1. 服务业引导基金相关法规

《国家服务业发展引导资金使用管理办法》（发改办产业办〔2006〕914号）规定，各省（区、市）应设立地方服务业发展引导资金，与国家引导资金配套使用。使用国家引导资金的地方，东部地区要按照1∶2以上的比例，中西部地区要按照1∶1以上的比例同时安排地方引导资金。

《安徽省服务业发展引导资金管理办法试行（修订）》（皖发改贸服〔2016〕328号）要求引导资金采取切块安排方式。各市及省直管试点县发展改革部门应综合运用投资补助、贴息、以奖代补等支持方式，运用市场化手段，建立和完善多元化、多渠道的服务业投入机制。

《江苏省省级现代服务业（文化产业）发展专项引导资金使用管理办法》（苏财规〔2013〕9号）要求优先支持省里确定及与国家有关部委共同立项的重点工程和项目，对经济、税收以及对地方文化知名度、影响力等有重大贡献的文化项目，以及地方着力推进、财政积极支持的项目。

《上海市服务业发展引导资金使用和管理办法》（沪府发〔2009〕24号）规定，市级引导资金的支持，应采用无偿资助或贷款贴息的方式安排使用，主要用于设备购置安装、软件开发、技术转让、人员培训、系统集成、设计咨询、研发测试、资质认证、建设期利息等。

《山东省服务业发展引导资金管理办法》（鲁财企〔2006〕118号）规定，引导资金应重点支持发展现代服务业，壮大新兴服务业，改造提升传统服务业，开拓服务业发展新领域；主要用于扶持金融保险、现代物流、现代流通、信息服务等服务业发展中的关键领域、新兴行业和薄弱环节，支持发展服务业重点行业、企业和品牌建设，落实省扶持服务业发展的政策，奖励服务业发展成效显著的市、县（市、区）；同时，用于国家引导资金支持的服务业建设项目的资金配套。

2. 体育产业发展引导基金相关法规

《天津市体育产业发展引导资金管理办法》（津财教〔2015〕60号）规定：①项目补助，主要用于已经国家或市政府批准的体育产业项目。②贷款贴息，主要用于项目承担单位申请银行贷款实际发生的利息的补贴，每个项目的贴息年限一般不超过2年，年贴息率最高不超过当年国家规定的银行贷款基准利率，补贴资金不超过实际利息的100%。③后期补贴，主要用于完成良好，社会效益好的产业项目。项目通过验收审计后，按照专家评委的综合评定确定补贴金额并一次性拨付补贴资金。④积极探讨支持体育产业中利用金融机构和金融手段融资发展的模式。

《山东省体育产业发展引导资金使用管理办法》（鲁财综〔2013〕58号）规定，引导基金参股设立的子基金主要投资对象为山东境内优质体育产业企业，重点投向创新型企业、小微企业和体育服务业企业。投资领域包括体育竞赛表演业，体育传媒、广告、影视、培训、科技孵化等体育文化创意产业，体育旅游、航空体育、海洋体育等新兴体育产业，国家及省政府出台的体育产业相关规划、政策确定的其他重点领域。

《北京市体育产业发展引导资金管理办法》（京体产业字〔2010〕11号）要求建立由北京市体育局牵头、相关部门参加的部门联席会议制度，北京市体育产业部门联席会议（以下简称"联席会议"）由市体育局、市委宣传部、市发展改革委、市财政局、市规划委、市文化局、市审计局、市地税局、市统计局、市旅游局等部门组成。联席会议负责对申请北京体育产业发展引导资金扶持的产业项目进行审定。

《江苏省体育产业发展引导资金使用管理暂行办法》（苏政发〔2010〕110号）规定，应积极探索其他资助方式，引导社会资金进入体育产业领域，通过市场机制发展体育产业。其他资助方式主要包括奖励、政府购买、偿还性资助等形式。

3. 农业发展引导基金相关法规

《河北省农业扶贫开发创业投资引导基金管理暂行办法》（冀办字〔2014〕73号）规定，引导基金要重点引导创业投资企业围绕培育和壮大特色优势产业，支持种植业、养殖业、民族手工业和乡村旅游业等，重点支持能够切实提高农村就业和生产能力的成长性农业企业。

《山东省现代农业产业发展引导基金实施管理细则》（鲁财农〔2015〕23号）提出，应通过吸引社会资本，合作设立现代农业产业投资子基金，支持现代农业发展。子基金主要涉及现代农业发展、"蓝色粮仓"建设、现代畜牧业发展等三项，符合条件的股权投资管理机构或投资企业均可作为申请者，向引导基金申请合作设立子基金。

4. 工业发展引导基金相关法规

《江西省工业创业投资引导基金管理暂行办法》（赣府字〔2015〕26）规定，引导基金管理运营实行"联合管理委员会+管理单位+专业基金管理公司"的构架。联合管理委员会为引导基金的最高决策机构。省轻工资产经营管理中心根据省政府授权作为引导基金的管理单位。专业基金管理公司为引导基金所参股基金的投资管理机构。

《山东省工业转型升级引导基金管理实施细则》（鲁财企〔2015〕17号）规定，参股基金投资对象主要为山东省境内的工业企业，投资于山东省境内企业的资金比例一般不低于基金注册资本或承诺出资额的80%，其中对单个企业的投资原则上不超过被投资企业总股本的30%，且不超过基金总资产的20%。

《河北工业技改引导股权投资基金管理暂行办法》（冀工信规〔2016〕152号）规定，受托管理机构管理费根据上年末引导基金实际出资额，以及受托管理机构工作量及其质量情况，按超额累退办法计算，在引导基金存放银行期间取得的利息和投资基金运营收益中安排。具体计算方法在委托协议中约定。

5. 科技进步引导基金相关法规

《国家科技成果转化引导基金设立创业投资子基金管理暂行办法》（国科发财〔2014〕229号）规定，引导基金对子基金的参股比例为子基金总额的20%~30%，且始终不作为第一大股东或最大出资人；子基金的其余资金应依法募集，境外出资人应符合国家相关规定。

《科技型中小企业创业投资引导基金管理暂行办法》（财企〔2014〕128号）规定，本办法所称的初创期科技型中小企业，是指主要从事高新技术产品研究、开发、生产和服务，成立期限在5年以内的非上市公司。

《浙江省财政厅 浙江省科学技术厅关于印发浙江省省级科技成果转化引导基金管理办法的通知（征求意见稿）》（浙政发〔2015〕11号）指出，转化引导基金主要通过与市县联合成立区域引导基金，与社会资本合资新设、以增资方式参与现有创业投资基金，对接国家科技成果转化引导基金设立"子基金"等方式，投资种子期、初创期、成长期等创业早期的科技型中小微企业和高新技术企业，促使其转化利用财政资金形成的科技成果。

《山东省科技成果转化引导基金管理实施细则》（鲁政办发〔2014〕44号）规定，引导基金参股的子基金主要投向各级各类财政科技计划（专项、基金）及其他社会资金支持产生的新技术、新工艺、新装置、新产品、新材料等创新成果的转化应用，重点投资于电子信息、生物与新医药、资源与环境、高端装备制造、新能源及节能、新材料等高新技术领域，以及轻工、纺织、机械、化工、冶金、建材等优势传统产业的升级改造等。子基金应优先投资省科技成果转化项目库中的项目。

《陕西省科技成果转化引导基金管理办法》（陕财办建〔2013〕17号）规定，省内外企事业单位承担国家级、省级科技计划（项目）形成的科技成果直接入库；行业、部门的科技计划支持形成的科技成果，经省级主管部门审核推荐后入库；由设区市级、县级科技计划（项目）形成的科技成果，社会资金支持形成的科技成果，由县级以上科技主管部门组织专家论证后，由省级科技主管部门审查合格后入库。

《广东省科技型中小企业技术创新专项资金管理暂行办法》（粤财工〔2009〕119号）规定，申报项目的企业应主要从事高新技术产品的研制、开发、生产和服务业务，每年用于高新技术产品研究开发的经费不低于年营业收入的5%（申请当年新注册成立的企业不受此款限制）；职工人数不超过500人，具有大专以上学历的科技人员占职工总数的比例不低于30%，直接从事研究开发的科技人员占职工总数的比例不低于10%。

6. 旅游业发展引导基金相关法规

《北京市旅游产业发展引导资金管理办法（试行）》（京财党政群〔2016〕27号）规定，由政府投资建设、对北京旅游产业发展具有带动效应的项目，是指列入《2015年北京市政府工作报告》和《北京市2015年重点建设项目计划表》的旅游类项目，以及市委市政府和区县政府安排的重点工作与重点旅游项目。

《江苏省旅游产业发展专项引导资金管理办法》（苏财外金〔2009〕14号）规定，旅游业发展专项资金采取"因素分配法"和"达标升级奖励法"相结合的二次分配方法，奖励建有成效的旅游重点项目和景区（点）。其中，一次分配以"因素分配法"确定各省辖市［含所属县（市）、区，下同］专项资金分配额度，二次分配以"达标升级奖励法"确定各市额度之内获奖励补助的具体项目。

7. 节能环保引导基金相关法规

《山东省节能投资引导基金管理暂行实施细则》（鲁财建〔2015〕40号）规定，引导基金资金主要来源于省级财政预算安排用于支持节能领域的专项资金，其他政府性资金，中央财政切块下达支持节能的专项资金（或基金），以及引导基金运行中产生的收益等。

《江苏省省级环境保护引导资金使用管理办法》（苏财规〔2016〕15号）规定，纳入本办法所述整合使用范围的各项资金名称暂时不变，安排和来源渠道不变。省级环境保护引导资金由省级财政预算安排，省级节能减排（重点污染排放治理）专项引导资金用省级排污费收入安排。纳入整合使用范围的各项环境保护资金统称"省级环境保护引导资金"。

《江苏省省级节能减排〔建筑节能〕专项引导资金管理暂行办法》（苏财规〔2015〕11号）规定，专项资金围绕重点领域节能，以冶金、化工、建材、电力、纺织等高耗能行业和重点耗能企业为重点，推广节能技术、产品，实施节能改造工程。专项资金支持的工业节能改造项目，年节能量不低于500吨标准煤。

8. 文化产业引导基金相关法规

《山东省文化产业发展引导基金管理实施细则》（鲁政办发〔2014〕44号）规定，引导基金参股设立的子基金应主要投资于山东省行政区域内的文化企业，主要投资领域为新闻出版、广播影视、演艺娱乐、印刷发行、网络动漫、广告会展、文化旅游、文化艺术及艺术品等产业，重点投资于文化创意、数字出版、移动多媒体、动漫游戏等新兴文化产业和种子期、初创期中小微文化企业。

《河北省省级文化产业发展引导资金使用管理办法》（冀财教〔2014〕146号）规定，引导资金采取补贴、贴息、奖励等方式支持文化产业项目，并积极探索设立文化产业投资基金，以股权（债权）投资等方式支持。

《湖南省文化产业引导资金管理办法》（湘财文资〔2013〕2

号）规定，省委宣传部主要负责根据湖南省文化产业发展规划，会同省财政厅发布项目申报指南，组织项目申报、审核，监督检查项目实施情况；省财政厅主要负责资金管理，编制年度资金使用计划，会同省委宣传部发布项目申报指南，参与组织项目申报、审核，分配和拨付资金，并对资金使用情况进行追踪问效和监督检查。

《北京市文化创意产业创业投资引导基金管理暂行办法》（京文创办发〔2009〕7号）规定，北京市文化创意产业创业投资引导基金（以下简称"引导基金"）主要用于引导创业投资机构投资于符合文化创意产业重点支持方向的处于创业早期的文化创意企业，引导基金本身不直接从事创业投资业务。

9. 信息及互联网产业引导资金相关法规

《山东省信息产业发展引导基金管理实施细则》（鲁政办发〔2014〕44号）规定，信息产业发展子基金募集资金总额不低于4亿元人民币，政府引导基金不低于1亿元，其余份额由基金管理机构通过社会渠道募集；其中，子基金管理机构认缴出资额不低于子基金规模的2%，除政府出资人外的其他出资人数量一般不少于3个。单个出资人或一致行动人出资额不得超过子基金注册资本或承诺出资额的2/3。

《福建省互联网经济新增引导资金管理暂行办法》（闽发改数字〔2015〕777号）规定，新增引导资金综合运用无偿补助、跟进投资、购买服务、业务奖励等方式，重点支持互联网创业、企业购买数据中心服务、互联网公共服务平台建设、互联网企业开拓市场、政府采购互联网企业服务、互联网高层次人才（团队）创业、互联网基础设施建设等领域。通过财政资金的引导作用，带动社会资本投资推动互联网经济发展。

《山东省现代商务发展引导基金管理实施细则》（鲁政办发〔2014〕44号）规定，省财政厅、省商务厅、省金融办共同管理引导基金。其中，省财政厅代表省政府履行引导基金出资人职责，牵头负责引导基金管理、资金拨付等工作。省金融办牵头负责引导基金参股基金的登记备案和日常监督管理等工作。

五、政府引导基金的管理

（一）政府引导基金的最高决策机构

最高决策机构是政府引导基金的大脑，在政府引导基金的设立过程中具有最高的优先级。引导基金应首先成立引导基金相关管理部门（管理委员会、投资决策委员会、联席会议、理事会等），作为引导基金最高决策机构，对引导基金进行监督与管理，最高决策机构一般不直接参与引导基金的投资决策与日常运营管理，其主要由地方政府工作人员及相关部门负责人组成。政府引导基金管理委员会的职责包括：

- 掌握引导基金的投资方向、投资原则。
- 向社会公开征集合作机构；审定评审专家组建方案及评审规程，根据专家意见，确定引导基金合作对象。
- 审定引导基金参股设立创投企业的方案，审定引导基金股权退出方案。
- 审定引导基金年度计划和中期规划。
- 指导、监督基金管理机构的管理工作。
- 委托中介机构对引导基金使用情况进行评审、跟踪和绩效考核。
- 决定引导基金其他重大事项。

（二）政府引导基金的出资代表

政府引导基金应当选择相关行业事业单位或政府出资平台作为名义出资代表，对引导基金参股的创业投资基金/创投企业（子基金）行使股东权利，承担股东义务。名义出资代表应履行的职责包括：
- 受管理委员会委托，对引导基金进行监督、管理。
- 以出资额为限对引导基金参股创投企业行使股东或者 LP 权利义务，向参股子基金委派董事、监事或合伙企业中投资决策人选。
- 委托基金管理机构进行运营管理，建立基金评审专家库。
- 组织开展政策研究、宣传推广及业务创新等活动。
- 引导基金管理委员会交办的其他工作。

（三）政府引导基金的日常管理

政府引导基金可通过新设立或公开选择的方式选择日常管理机构，也可委托专业机构，政府引导基金的日常管理方式包括：
- 新设引导基金管理机构，成立独立事业法人主体作为基金的管理机构。
- 委托地方国有资产经营公司或政府投资平台负责引导基金管理运作。
- 委托地方国有创投企业负责引导基金的管理运作。
- 委托外部专业管理机构负责引导基金的管理运作。

政府引导基金管理机构应履行的职责主要包括：
- 负责基金日常管理、议事规则等制度建设，按照基金投资项目评审规程，对申请引导基金投资的子基金管理机构的申报方案进行初审和尽职调查，上报引导基金管理委员会。
- 组织实施引导基金管理委员会审定通过的投资方案。
- 向名义出资人推荐参股创投企业的董事、监事或合伙委员会成员人选，并报引导基金管理委员会审定。
- 协调、监督子基金的运营管理，定期进行统计分析，按季度、年度出具基金运营报告，组织社会中介机构对子基金进行年度专项审计。
- 建立重大事项报告制度，及时向引导基金管理委员会报告引导基金重大业务事项、重大财务事项以及其他对引导基金产生重大影响的信息。有下列事项之一的，应当报请引导基金管理委员会批准：(1) 提前终止引导基金合作；(2) 引导基金合并或转换运作方式；(3) 更换引导基金管理人或出资人；(4) 引导基金合同的重大修改，代表名义出资人行使股东或出资人表决权的事项。

• 设置专职部门和人员进行基金管理，建立健全风险管理制度和内部控制机制，规范业务操作流程，有效控制基金风险，接受委托人的监督。

• 联席会议及名义出资人交办的其他工作。

政府引导基金组织结构如图4.1所示。

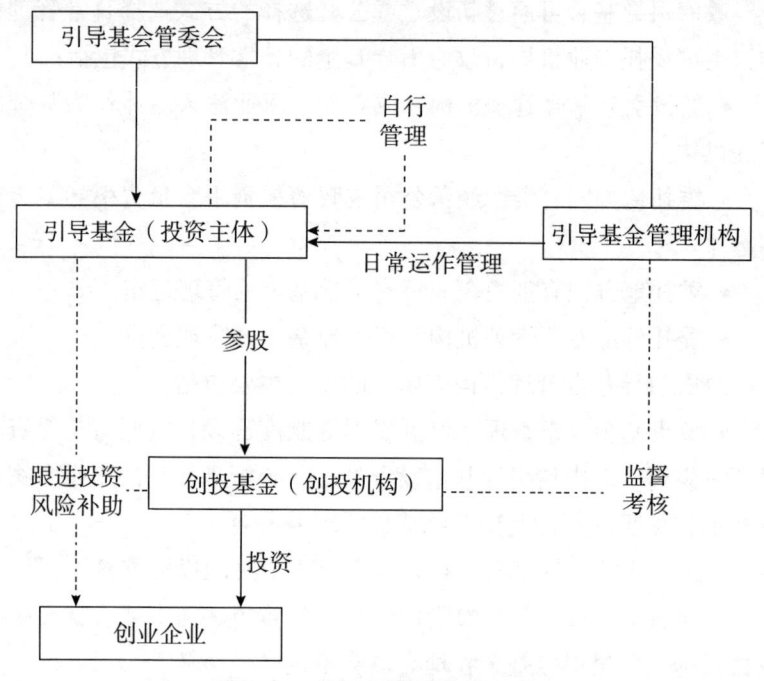

图4.1 政府引导基金组织结构

（四）政府引导基金的资金监管

(1) 政府引导基金的托管要求。当地财政部门应指定或招标一家境内商业银行作为引导基金的资金托管银行，负责资金保管、拨付、结算等日常工作，并在一定程度上监管资金运作。在托管银行的选择中，引导基金应当选择具有丰富资金托管经验且口碑良好的商业银行，具体负责引导基金资金拨付、清算和日常监控。托管银行应向相关部门定期汇报资金状况。

（2）明确政府引导基金的投资方向和投资范畴。在引导基金的运行规则中应当注明，引导基金不得投资于贷款、房地产、股票、期货、金融衍生品等领域，不得通过捐赠、资助等方式支出，引导基金闲置资金只能存放银行或购买符合相关政策法规允许的金融产品，如国债等。

（3）规范政府引导基金决策行为。采取母基金运作方式的引导基金，在出资成立子基金时，不得作为子基金普通合伙人（GP）承担无限责任，不得随意干预其投资子基金的日常运营，但在子基金投资方向出现重大失误、偏差或违规时，如资金拟投资企业违规、违法和偏离引导基金扶持导向，相关部门可对引导基金管理团队及投资方案进行合规审查，如问题落实，引导基金可依照与子基金签订合同的相关约定，进行一票否决。

（4）加强公共资金管理监督。政府引导基金资金来自地方财政或国有资产出资平台，在运营过程中，要加强对引导基金的监督与监管，尽量规避投资风险，防止由寻租和道德风险所导致的国有资产流失，定期考核运营效率并实施监督。同时，作为引导基金出资人，政府应处理好与管理团队之间的关系，避免由于信息不对称而导致的代理人问题。为防止引导基金在运作过程中由于人为因素导致偏离政策导向，应加强引导基金的顶层管理机制，约束基金投资方向。

六、政府引导基金的投资方式

我国现行政府引导基金的投资方式基本可以概括为五种，包括阶段参股、联合投资、融资担保、风险补助和投资保障等，如表4.1所示。

表 4.1　政府引导基金的投资方式

方式	说明
阶段参股	与投资机构共同发起设立,向投资企业提供股权投资,并在约定的期限内退出;
联合投资	与投资机构共同发起设立母基金,向其他子基金进行投资,并在约定的期限内退出,对投资机构选定投资的企业,引导基金与投资机构共同投资
融资担保	根据信贷征信机构提供的信用报告,对历史信用记录良好的创投企业,可采取融资担保方式,支持其通过债权融资增强投资能力
风险补助	引导基金对已投资于初创期科技型中小企业的 PE 基金及其管理人给予一定的补助
投资保障	PE 对正在进行高新技术研发并有投资潜力的初创期科技型中小企业进行投资后,引导基金对被投资企业给予奖励

本书主要涉及的是第一种,即以阶段参股方式对子基金进行投资。政府引导基金对子基金的投资业务流程可以分为初选期、评审期、投资期三个阶段。其中,初选期包括公开征集、项目初筛、项目立项三个环节,评审期包括专家评审、尽职调查、决策公示三个环节,投资期包括投资执行、投后管理、项目退出三个环节。

第五章 政府引导基金投资业务流程

一、政府引导基金投资初选期的业务流程

政府引导基金是政府利用有限财政资金，引导社会上大量的资本参与股权投资，以支持创业企业的成长。对于引导基金本身而言，一般并不直接从事 PE 业务，而是将资金委托给基金管理人或股权投资机构进行投资。因此，设定科学合理的申请条件及筛选流程选择优质的基金管理人或投资机构具有重要意义。

一般情况下，受托管理机构受引导基金管理委员会委托，负责对申请合作的子基金管理机构进行初步筛选，并严格按照公平、公正、公开和效益优先等原则组织实施评审工作。一般而言，引导基金筛选合作对象的流程有以下几个步骤：寻找合作对象、机构申报、受理申请、对象的甄选与初评、尽职调查、全面审查、积极访谈、答辩论证、确定合作对象（子基金）或管理人。对引导基金合作对象筛选流程如图 5.1 所示。

其中，引导基金初选期业务流程包括公开征集，即寻找合作伙伴、机构申报、受理申请，最后由引导基金管理机构根据申报指南及各地的引导基金参股子基金的具体要求进行初步筛选，确定可能的合作对象。

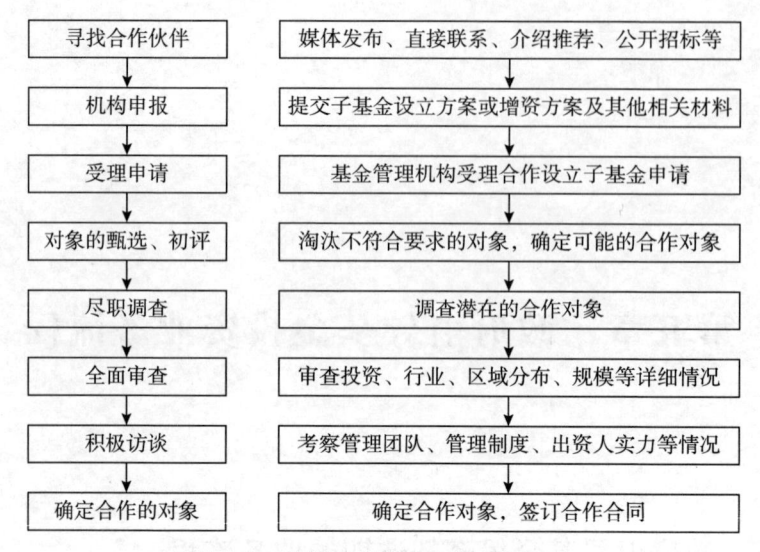

```
寻找合作伙伴  →  媒体发布、直接联系、介绍推荐、公开招标等
机构申报    →  提交子基金设立方案或增资方案及其他相关材料
受理申请    →  基金管理机构受理合作设立子基金申请
对象的甄选、初评 →  淘汰不符合要求的对象,确定可能的合作对象
尽职调查    →  调查潜在的合作对象
全面审查    →  审查投资、行业、区域分布、规模等详细情况
积极访谈    →  考察管理团队、管理制度、出资人实力等情况
确定合作的对象 →  确定合作对象,签订合作合同
```

图 5.1　筛选引导基金合作对象流程

(一) 公开征集

引导基金征集子基金的工作方案及其对参股子基金、参股子基金管理机构的要求经由引导基金相关部门确定后,再由引导基金管理委员会或引导基金受托管理机构根据引导基金管理委员会批准的引导基金年度资金安排计划,向社会公布合作方案和评审规则。

引导基金受托管理机构面向社会公布合作方案和评审要求的主要途径是通过媒体发布,具体包括：政府网站、电视、广播、报纸、杂志等。甄选创始合伙人、物色管理团队、确定创始合伙人则主要通过直接联系、间接介绍、公开招标及其他便于创投企业或基金知晓的途径等方式。

1. 确定参股子基金的要求

引导基金资金来源在一定程度上决定了引导基金的运作模式。当前,我国政府引导基金主要通过两种方式筹集资金：一种是由地方政府通过财政独立完成出资,另一种是由政府联合国内政策性银行完成出资。资金全部来源于政府财政出资的引导基金的运作过程一般以发挥政府引导职责为主,因此,对子基金投资区域、投资行业、投资阶段及投资策略、注册地等都会有一定的限制;而资金来源多样化的引导基金,运作相对市场化,不会对参股子基金的投资区域、投资行业、投资阶段等各方面进行严格限制,完全按照市场化的方式运作,相较于一般的政府财政出资引导基金,具有较高的市场化水平。对于资金来源于政府财政出资的引导基金,不同省(市)的引导基金管理暂行办法针对参股子基金均有详细的要求。一般来说,具体要求包括但不限于:

(1) 参股子基金设立条件限制。

①参股子基金的注册地要求。出于"政府引导"目的,不同省(市)对于参股子基金的注册地均有明确规定。一般而言,省级层面的引导基金要求参股子基金的注册地为引导基金所在省份。例如,山东省省级股权投资引导基金等省级层面的引导基金均要求参股子基金的注册地在本省内;城市的引导基金一般要求子基金的注册地在引导基金所在市,比如天津市天使投资引导基金要求子基金应当在天津市辖区内注册。

②参股子基金的基金规模限定。除对参股子基金的注册地有限制外,为了保证子基金的质量,部分政府引导基金对参股子基金的注册资本也有限制。一般而言,引导基金对参股子基金的注册资本要求为3 000万元至1亿元不等,且有此要求的引导基金还会要求所有投资者均以货币形式出资。比如,浙江省省级科技成果转化引导基金要求参股子基金的资金规模不低于1 000万元人民币,且投资者均以货币形式出资;烟台市市级股权投资引导基金对参股子基金的注册资本要求是不低于1 000万元;对于新参股设立的创投基金,上海创投引导基金甚至要求其基金规模在2亿元及以上,且投资于种子期项目的基金规模不低于1亿元;北京、深圳的引导基金对于参股子基金的规模则没有限制。

③引导基金的参股比例限制。对于引导基金参股设立子基金的,部分引导基金对引导基金参股子基金设立的出资比例有一定的

限制，引导基金参股子基金设立出资的具体比例，不同省（市）要求不同。一般情况下，引导基金对子基金的参股比例要求为子基金总额的 20%～30% 不等，有这一要求的省（市），一般还会规定引导基金不能成为子基金的第一大股东或最大出资人。例如，江西省科技成果转化引导基金要求引导基金对子基金参股比例不得超过子基金总额的 30%，且引导基金不作为子基金的第一大股东或出资人；烟台市市级股权投资引导基金要求引导基金出资额不超过子基金注册资本或承诺出资额的 25%，且引导基金不能成为第一大股东。

④参股子基金的存续期。部分引导基金还会对参股子基金的存续期有限制，存续期的具体期限应按照子基金发起人和众多投资者的要求确定。一般子基金期限要求 5 至 10 年不等，在特殊情况下经相关部门批准，部分引导基金参股子基金的存续期可以相应地延的引导基金长，但对延长期限会有明确的规定，一般不超过 2 年。例如，杭州市文化产引导基金要求参股子基金存续期限不超过 7 年；江西省科技成果转化引导基金要求参股子基金存续期一般不超过 8 年，且在子基金股权资产转让或变现受限等特殊情况下，参股子基金的存续期经与子基金出资人协商可以延长，但延长期限不超过 2 年。

（2）对参股子基金的管理要求。

对于参股子基金，在其运作过程中，政府引导基金应尊重选定的子基金管理公司的决策程序及市场化运作管理，原则上不参与子基金的管理运作，但子基金违法、违规和偏离政策导向的情况（合规性审查）除外。政府引导基金应享有出资人的权利，但在享有权利的同时，应履行义务，即积极参与监督子基金的投资和运作工作。

政府引导基金管理机构一般通过委托受托管理机构向子基金派出代表或是在子基金的投资决策委员会委派一席委员或观察员，并依据法律、法规和子基金章程或合伙协议等行使出资人的权利，并履行监督子基金投资和运作工作的义务,对子基金的拟投项目进行合规性前置审查。一般而言,引导基金要求子基金管理机构做出投资决定后,应在实际投资前的几个工作日,一般是3个工作日,告知受托管理机构代表。例如,厦门产业引导基金要求政府部门及其受托管理机构不得干预其参股子基金所投资项目的市场化决策程序,但在产业子基金出现违法、违规和偏离政策导向等特殊情况下,政府部门及其受托管理机构可按照合同的约定行使一票否决权(合规性审查);黑龙江省引导基金则通过在所扶持创投机构的董事会或决策部门委派一位或一位以上的人员行使出资人的权利。

(3)对参股子基金投资条件限制。

作为具有政府政策导向性的工具基金,政府引导基金为确保资金流向能够符合国家产业发展战略、地区经济发展方向及经济利益等发展趋势,不直接参与参股子基金的运作就必然要对参股子基金设定一定的限制条件。从各个省(市)的政府引导基金管理办法来看,除了对参股子基金的设立和管理有限制外,关于参股子基金的投资条件也有诸多规定,这些规定主要集中在参股子基金的投资方向、禁止业务、投资区域、投资阶段等方面。

①参股子基金的投资方向。

引导基金应根据所在省(市)的功能定位和当地的经济状况等因素确定参股子基金的投资方向,主要包括:

第一,战略性新兴产业方向。为适应产业发展规律,需培育和发展战略性新兴产业。因此,对处于起步阶段的创新型企业重点扶植,有利于加快技术与市场的融合,促进创新与产业的对接,推动孵化和培育面向未来的新兴产业,进而使经济迈向中高端水平。根据"十三五"发展规划,参股子基金一般重点支持新一代信息技术、节能环保、高端装备制造、生物、新能源、新材料、文化创意、高端装备制造、北斗、航空航天、海洋工程等战略性新兴产业发展。例如,北京市战略性新兴产业创投引导基金规定,投资于战略性新兴产业领域的资金额度不低于子基金可投资规模的80%。

第二，工业转型升级方向。目前，工业转型升级是各省（市）引导基金重点支持的投资领域。为支持工业转型升级，财政部、工业和信息化部联合设立了工业转型升级资金。围绕国家"十三五"发展规划，各省（市）引导基金一般将电子信息、现代生物、高效节能及新型环保等先进适用技术和高新技术的运用，汽车、机械、电子信息、能源和能源高效清洁生产、医药等重点支柱产业以及冶金、建材、石化等传统优势产业的提升与改造作为重点支持对象。例如，青岛市工业转型升级引导基金就对工业、信息技术领域的高端产业以及产业链高端企业的升级发展给予优先扶持的政策。

第三，现代服务业方向。作为推动经济转型升级的重要引擎，现代服务业一直是引导基金重点关注的投资领域，其具体投资方向一般包括：

生活性服务业项目。其包括服务贸易、旅游业、文化创意、体育产业、健康与养老服务业、家庭服务业等在社会服务业中发挥引领作用的重点项目。

生产性服务业项目。其包括金融服务业、研发设计服务业、商务咨询服务业、软件和信息技术服务业、节能环保服务业、人力资源服务业、电子商务服务业、科技服务业、检验检测认证服务业等在生产性服务业中发挥着重要作用的支柱性服务业项目。

此外，引导基金还会重点关注与服务业商业模式创新、业态创新相关的重点项目，如互联网金融、便民商业、平台经济模式、创意空间、会展业、大数据等服务业新业态、新模式项目。

第四，科技成果转化方向。为引导全社会力量加大科技成果的转化投入，加快推动科技成果转化应用，科技成果转化已成为引导基金的重点投资方向。一般而言，不同省（市）的政府引导基金为推进科技成果的转化应用，会对接国家科技成果转化引导基金，设立省级科技成果转化基金。

专题5.1 参股子基金的投资方向要求

1. 《北海市政府投资引导基金》对参股子基金投资方向要求

参股子基金投向包括：公共服务设施基金、园区道路建设基金、市区道路建设基金、环境治理基金、城市开发建设基金、港口建设基金等。

2. 《深圳市创业投资引导基金》对参股子基金投资方向要求

参股子基金应重点投向深圳市政府确定的生物、新能源、新材料、新一代信息技术等战略性新兴产业及其他重点鼓励的产业。

3. 《山东省科技成果转化引导基金》对参股子基金投资方向要求

参股子基金应支持新技术、新装置、新产品、新工艺、新材料等创新成果的转化应用，重点投资于电子信息、生物与新医药、资源与环境、高端装备制造、新能源及节能、新材料等高新技术领域，以及轻工、纺织、机械、化工、冶金、建材等优势传统产业的升级改造等。

②参股子基金的禁止业务。

引导基金一般会规定参股子基金的禁止业务，不同产业领域的子基金可在章程或合伙协议中对禁止业务做出更明确具体的约定。《国家科技成果转化引导基金设立创业投资子基金管理暂行办法》（国科发财〔2014〕229号）规定，参股子基金禁止业务一般包括：

投资于已上市企业，但所投资的未上市企业上市后，参股子基金所持股份未转让及其配售部分除外；从事担保、抵押、委托贷款、房地产（包括购买自用房地产）等业务；投资于其他创业投资基金或投资性企业；投资于股票、期货、企业债券、信托产品、理财产品、保险计划及其他金融衍生品；向任何第三人提供赞助、捐赠等，经批准的公益性捐赠除外；吸收或变相吸收存款，或向任何第三人提供贷款和资金拆借；进行承担无限连带责任的对外投资；

以发行信托或集合理财产品的形式募集资金;存续期内,投资回收资金再用于对外投资;其他国家法律法规禁止从事的业务。

③参股子基金的投资区域。

在投资区域方面,一般而言,部分引导基金要求参股子基金按资金规模的一定比例投资于本地辖区,具体比例要结合当地的实际情况。如果对投资区域限制比例要求过高,可能影响到专业投资机构申请参与引导基金的积极性,从而影响引导基金设立的效果。因此,一般情况下,经济基础较强的地区对参股子基金投资于本地辖区的比例要求会相对高于经济基础相对较弱的地区。

专题 5.2 不同地区参股子基金的投资区域要求

1. 《上海创业投资引导基金管理暂行办法》要求参股子基金优先投资于上海市范围内的企业。

2. 《北京市中小企业引导基金管理暂行办法》要求参股子基金投资于北京区域内创业期中小企业的资金额度不低于引导基金出资额的 2 倍。

3. 《浙江省创业风险投资引导基金管理暂行办法》要求参股子基金投资于浙江省范围内企业的资金不低于总募资额的 80%。

4. 《广东省引导基金管理暂行办法》要求参股子基金应投资于广东省行政区域内的企业的资金不低于总募资额的 60%。

5. 《湖北省省级股权投资引导基金管理暂行办法》要求参股子基金对省内企业的投资资金原则上不低于基金实际募资额的 60%。

6. 《安徽省引导基金管理暂行办法》要求参股子基金投向安徽省早期创新型企业的投资资金占年投资总额的比例不得少于 50%。

7. 《合肥市创业投资引导基金管理暂行办法》要求参股投资于合肥中小企业的金额不得低于全部投资额的 50%。

由于对参股子基金投资比例的要求会限制投资机构的项目来源。在实际操作中,部分引导基金在参股之后对子基金的投资区域限制会逐步放宽。例如，苏州工业园区引导基金最初要求，参股子基金对园区企业的投资总额高于引导基金出资额的 2 倍，但在实际操作中，参股子基金因该引导基金基本实现了市场化运作而并未受限于这一规定；2010 年成立的青岛市创投引导基金在最初发布的管理办法中，要求参股子基金投资于青岛辖区企业的总额不低于基金总额的 70%，但在实际操作中逐步放宽要求，仅要求参股子基金部分出资投资于青岛辖区企业。

④参股子基金的投资阶段。

作为政府服务功能的一个载体，我国政府引导基金服务中小企业发展具有十分明显的政策导向。一般而言，为促进中小企业发展，加大对中小企业的扶持，部分省（市）引导基金对其参股子基金的投资阶段有一定限制。例如，为解决一般创业投资企业主要投资于成长期、成熟期和重建企业问题，部分引导基金会鼓励创业投资企业投资处于种子期、起步期等创业早期的企业。为支持中小微企业的发展，对于引导基金参股子基金投资于种子期、初创期等成长型中小微企业的比例，我国大部分引导基金均也有明确要求。

专题 5.3　参股子基金的投资阶段要求

1. 浙江省创投引导基金、江苏省新兴产业创投引导基金要求参股子基金投资初创期创业企业的投资额不得低于全部投资额的 30%。

2. 北京市战略性新兴产业创投引导基金要求参股子基金投资于创业早中期阶段企业的资金额度不低于基金总规模的 60%。

3. 深圳市创业投资引导基金要求参股子基金投资于初创期、早中期项目的投资额不低于引导基金出资额的 2 倍。

4. 《中小企业发展专项资金管理暂行办法》（财企〔2014〕38）规定，引导基金参股期内，创业投资企业投资于初创期科技型中小企业的累积金额不低于引导基金出资额的 2 倍；

5. 天津市天使投资引导基金要求参股子基金以不低于引导基

金出资额3倍的资金投资于天津市初创期科技型中小企业。

(4) 参股子基金的法律形式。

由于政府引导基金和市场化FOF可选择的法律形式基本一致，本书将在第三篇对政府引导基金的法律形式进行详细论述。

部分政府引导基金对于参股子基金的法律形式有明确的规定。一般引导基金会要求子基金以公司制、有限合伙制、契约制等法律规定的企业组织形式设立，但大部分引导基金要求参股子基金的组织形式为合伙制或公司制。例如，厦门产业引导基金、国家科技成果转化引导基金要求子基金的组织形式为公司制或有限合伙制；石家庄引导基金、河北省中小科技企业引导基金要求投资对象为公司制基金。不同形式的组织架构主要包括：

①公司制。

公司制基金在民事关系上是独立的法人，其投资者即为股东，股东依法享有《公司法》规定的股东权利，公司以股东认缴的出资作为基金进行管理运作，由此形成双层体系：投资者（股东）以其认缴的出资额为限对公司债务承担有限责任；而公司则以其法人财产对其债务承担责任。所谓公司制PE基金即以《公司法》为基础设立，按照公司的组织形式运作的PE基金，该基金的投资者为公司股东。公司制基金的组织结构如图5.2所示。

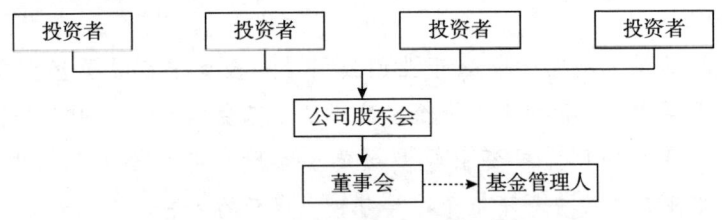

图5.2 公司制基金的组织架构

②有限合伙制。

合伙制是指在符合相关法律规定的条件下，有民事行为能力的公民、法人或者其他组织共同出资、经营、分享利润并共同承担风险。根据合伙人承担风险的不同，合伙制可分普通合伙制和有限合伙制两种形式。

是否存在 LP 是有限合伙制与普通合伙制的区别所在。有限合伙企业以其认缴的出资额为限对合伙企业债务承担有限责任，且 LP 对外不代表组织，不执行合伙事务，只按合伙协议认缴出资、分享利润。例如，在有限合伙制 PE 基金中，LP 对基金的债务承担有限责任，但作为基金投资者，LP 并不参与基金的管理；而 GP 正好相反，对基金的债务承担无限连带责任，且负责基金的日常运作和管理。有限合伙制基金的组织结构如图 5.3 所示。

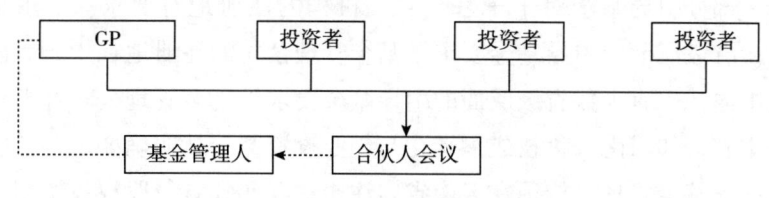

图 5.3　有限合伙制基金的组织结构

③契约制。

契约型基金是指投资者、管理人、托管人通过签订基金契约发行受益凭证而设立的一种基金。实际上，契约制 PE 基金包括信托契约型基金和民事代理契约型基金。其中，信托契约型基金是指投资人作为委托人兼受益人出资设立信托，并与基金管理人签署信托合同，投资者将资产转移给基金管理人进行运营，由基金管理人以自己的名义为投资者的利益进行资产管理，指定受益人或投资者承担管理后果；民事代理契约型基金则是指投资者和基金管理人签署委托合同，投资者在不转移资产占有的情况下，基金管理人以投资者的名义代表投资者进行资产管理，由投资者承担管理后果。信托契约型基金的组织结构如图 5.4 所示。

2. 确定子基金管理机构要求

子基金管理机构一般由参股子基金确定，经参股子基金委托，双方签订委托管理协议，再由子基金管理机构按照协议约定负责参

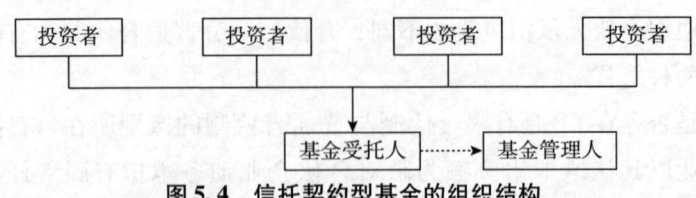

```
投资者    投资者    投资者    投资者
                ↓
          基金受托人 ┈┈▶ 基金管理人
```

图 5.4　信托契约型基金的组织结构

股子基金的日常投资和管理。在面向社会公开征集引导基金子基金管理机构时，引导基金申报指南一般会对子基金管理机构提出明确的要求，其主要内容包括但不限于以下几个方面：

（1）子基金管理公司注册地。

部分引导基金对于子基金管理机构的注册地有要求。一般而言，省级层面的引导基金要求子基金管理公司的注册地在中国大陆范围内，也有少数省级层面的引导基金要求子基金管理公司注册地在本省，如云南省科技成果转化与创业投资基金就明确要求与其合作的子基金管理机构须在云南省内注册；湖北省省级股权投资引导基金、新兴产业创投计划参股创业投资基金均要求参股子基金管理机构在中国大陆注册。一般市级层面的引导基金要求子基金管理公司注册地为本市，比如厦门市产业引导基金要求其参股子基金管理公司的注册地为厦门市。

（2）合格的运营资质。

一般而言，政府引导基金在甄选合作参股子基金时，为了保证子基金管理机构的运营资质，会对子基金管理机构的注册资本有所限定。此外，还会要求资金管理公司有固定的营业场所和与其经营业务相适应的软硬件设施。一般情况下，子基金管理机构有两种：一种是为申请引导基金参股投资而专门设立的投资管理机构，这类投资管理机构在申请前应完成注册，且为确保管理团队的延续性，新设子基金管理机构一般应是原管理机构的全资或参控股子公司；另一种则是已经运行的专业投资管理机构。

引导基金对子基金管理机构的注册资本要求一般在 500 万至 1 000 万元不等。例如，烟台市市级股权投资引导基金、工业技改引导股权投资基金均要求子基金管理机构的实缴注册资本不低于1 000万元；青岛市市级创投引导基金要求子基金的管理机构注册资本为500万元；晋江市产业创投引导基金要求子基金管理公司的注册资本不低于1 000万元，且股权投资的管理资金规模原则上不低于20亿元。

（3）完整的管理团队。

引导基金选择子基金时会考察子基金管理机构的团队情况。一般而言，引导基金会要求子基金管理机构有3名或3名以上具备3年以上股权投资管理工作经验的高级管理人员，且引导基金参股子基金管理机构及其相关工作人员没有受过行政主管机关或司法机关的处罚。

（4）良好的募资能力。

良好的募资能力是管理机构核心竞争力的一个重要标准。子基金管理机构应具备较强的资金募集能力，在规定期限内能够完成社会资金的募集，部分引导基金甚至要求子基金管理机构有意愿及能力履行资金募集的兜底义务。例如，《武汉市科技创业投资引导基金实施办法（试行）》（武科规〔2015〕4号）就明确要求子基金管理机构在完成对子基金的70%委托投资之前，不得募集或管理其他创业投资基金。

（5）丰富的投资管理经验。

丰富的投资管理经验是子基金管理机构能力的一个重要体现。一般而言，引导基金在考察子基金管理机构是否具备丰富的投资经验时，会考察参股子基金管理公司在引导基金拟投资的领域是否有2~3个以上所投资项目成功上市的案例。

（6）完善的管理机制。

引导基金在选择合作对象时会考察子基金管理机构的管理机制。一般而言，项目遴选机制和独立的投资决策机制是否规范，风险控制流程以及财务管理制度是否健全，创业投资管理制度和投资档案体系是否完善等都是考察子基金管理机构管理机制的因素。

(7) 子基金管理机构应参股子基金的份额要求。

部分引导基金对子基金管理机构应参股子基金的份额有明确的限定。引导基金要求子基金管理机构的出资额不得低于子基金总额的一定比例，一般比例为5‰~5%不等。例如，厦门市产业引导基金、北京市中小企业创投引导基金均要求子基金管理公司参股产业子基金或认缴子基金份额，且实缴出资额不得低于产业子基金总额的1%；江西省工业创业投资引导基金要求子基金管理公司参股子基金份额不得低于子基金总额的1%；云南省科技成果转化与创业投资基金要求子基金管理机构参股子基金或认缴子基金份额不得低于子基金总额的5‰。

3. 申报指南

在确定参股子基金、参股子基金管理机构的要求后，一般由引导基金管理委员会或引导基金受托管理机构按照引导基金管理委员会批准的引导基金年度资金安排计划，面向社会发布申报指南，并征集参股基金管理机构。引导基金申报指南应符合国家政策以及引导基金所在省（市）的功能定位和相关产业政策、产业投资导向等要求。引导基金申报指南一般应包括以下几方面的内容：

（1）申报条件。

①引导基金重点支持领域。

一般参股子基金申报指南会明确引导基金支持的行业，即对参股子基金的投资方向及投资领域的限定。一般引导基金的重点支持领域主要集中在战略性新兴产业、高科技产业、高技术服务业及地方优势产业等领域。不同省（市）引导基金重点支持的领域一般与当地的城市功能定位和相关产业政策、产业投资导向相符合。

专题5.4　引导基金重点支持领域举例

1. 《吉林省产业投资引导基金申报指南》

吉林省产业投资引导基金重点支持服务业、新兴产业等，具体包括医药健康、生物、高端装备制造、节能环保、新能源、新材料、新一代信息技术、新能源汽车,以及农业等领域。

2.《上海市创业投资引导基金申报指南》

上海市创业投资引导基金应重点支持包括节能环保、新一代信息技术、生物、高端装备制造、新能源、新材料和新能源汽车等在内的七大战略性新兴产业,以及文化创意、高技术服务业等本市重点发展的产业领域。

②明确对子基金的要求。

一般而言,引导基金申报指南会明确对子基金的要求,其中包括子基金的设立、管理、法律形式等。例如,部分引导基金会在申报指南中明确规定子基金的组织形式为公司制或有限合伙制。

③明确申请材料。

申报指南会明确规定投资机构申请引导基金参股设立投资企业的申请材料,提供投资机构申请引导基金参股设立子基金时所需提交的《申请材料目录》《申请机构登记表》《申请材料清单》《尽职调查清单》《被投资企业列表》等材料附件。

(2)报送内容。

申报指南会明确申报方式,一般采取网上申请与纸质递交材料相结合的方式。书面申报材料一般可采取邮寄或当面递交的方式提交到指定的地址,申请材料电子版一般要求发至指定电子邮箱或通过线上提交,且提交的电子材料与纸质材料必须一致。

一般申报指南会写明符合条件的申请人提交申请材料的期限;纸质材料一般需要正本1份和副本7份,且正本和副本均需加盖骑缝章。

(3)联系方式。

引导基金会指定申报材料的受理机构,并公布受理机构的地址、电话、邮箱、联系人等详细联系信息。

(二)机构申报

有合作意向的投资机构向基金管理公司提交合作设立子基金方

案或增资方案以及引导资金申报指南规定的其他材料。

1. 拟组建参股子基金设立方案

引导基金一般有两种投资方式：一是对现有的符合条件的基金增资；二是设立新的投资基金。相应地，子基金的设立方式也有两种：一种是引导基金与其他国有资本、社会资本共同发起设立子基金，另一种是引导基金对现有的符合条件的 PE 基金增资设立子基金。

（1）拟组建参股子基金方案内容。

引导基金与其他国有资本、社会资本共同发起设立子基金应提交子基金设立方案。子基金的设立须满足引导基金所在省（市）的引导资金管理暂行办法中对子基金、子基金管理机构的要求。子基金设立方案的内容包括但不限于：

①拟组建参股子基金的设立背景、宗旨和目标，拟组建参股子基金的产业发展机遇和条件、政策优势和制约因素，即针对引导基金所在省（市）相应产业情况的了解程度。

②拟组建参股子基金的基本条款，主要包括基金规模及资本构成情况，参股子基金存续期及出资安排计划，拟投资产业领域、投资区域和投资阶段等情况。

③拟组建参股子基金的管理费、利润分配、激励制度及预期收益情况，部分引导基金参股子基金设立方案还需出具投资决策、风险控制、激励机制等具体的制度性文件。

④组建参股子基金的竞争优势，主要通过相同条件下取得项目的计划体现；拟投资项目储备情况介绍，具体包括项目了解深度、项目成熟度判断、拟投资金额及占比等。

⑤拟设立引导基金参股子基金的募资计划，其主要内容一般包括：

企业注册形式，具体包括公司制或有限合伙制等法律规定的企业组织形式，发起人协议、公司章程或有限合伙协议、企业营业执照复印件、募资总规模、分期出资计划、已确认的出资人和出资金额、意向出资人和出资金额、募资结束时间。

投资策略，具体包括投资方向、投资阶段及投资比例、投资地域、投资进度、投资增值服务以及引导基金从子基金退出的方案等。

已确认的出资人简介，如已确认的出资人有特殊投资条款需在方案中另行说明。

部分引导基金还要求参股子基金组建时确定一个或多个出资人作为回购引导基金出资份额的保障人。

⑥拟设立引导基金参股子基金的管理机构情况包括：

引导基金参股子基金管理机构基本情况。一般而言，若子基金管理机构与申请单位是同一机构，则重复内容可在方案中省略；若子基金的设立由多家投资机构拟共同发起，则只需推选一家机构作为申请者。拟设立的子基金管理机构的基本情况应包括的内容如表5.1所示。

表5.1 子基金管理机构的基本情况

类别	内容
基本概况	机构名称、营业执照、法定代表人、股权结构、注册资本、营业地址、品牌影响力、历史沿革等基本信息； 有限合伙制的管理公司需提供GP的股权结构等信息；
股东（合伙人）基本情况	现有合伙人情况介绍； 管理机构内部的管理费标准、收益分配机制、投资决策、风险控制、激励约束机制、清算原则等制度性文件； 历次出资变动情况
组织架构	管理机构的组织架构情况、人员配置情况

业务经营历史情况。为了保证引导基金子基金管理机构合格的运营资质，子基金的组建方案还应包括子基金管理机构的业务经营历史情况，其主要内容如表5.2所示。

表 5.2　子基金管理机构业务经营历史情况

历史上管理基金的投资偏好	投资类型、投资地域范围、投资行业、投资规模、投资阶段等
历史上管理基金的投资后管理情况	向被投资企业派遣或协助招募管理人员的情况及案例； 首次投资完成时保留重大事项否决权的情况及案例； 对被投资企业跟踪及与其交流的频率情况等方面的介绍
历史上管理基金的业绩情况	管理团队成员成功募集股权投资基金情况，包括募集个数、募集金额、出资人名录及结构等； 其他募资能力说明； 先前基金的内部收益率； 按时（包括延长期）完成基金退出的情况，包括到期项目退出比例、到期现金返回比例等； IPO 退出的情况及项目比例； 被投资项目成功进行之后一次融资（且增值）的比例； 历史上投资未达到年度盈亏平衡的项目的情况
已经投资的主要项目	一般要求提供至少 3 个以上处于拟组建基金主要投资领域的成功案例，有的要求提供至少 1 个失败案例； 投资时项目企业的概况，包括投资分析概要、投资金额和比例、资金到位证明、股权持有时间长度、投资阶段（轮次）、投资收益率等； 项目近期概况，包括财务情况、联系人及联系方式等； 以往投资企业列表，包括项目企业名称、行业领域、投资时点、持股时间长度、投资轮次、投资金额和比例、投资后项目运营业绩等； 投资合作伙伴

组建参股子基金管理机构投资团队情况。其包括投资管理团队的组织架构情况；管理团队作为牵头投资人的投资项目列表；管理机构经营管理人的相关材料，包括法定代表人、高级管理人员及团

队成员简历，简历应包含工作背景、教育背景、历史投资业绩、聘任证明等内容。

团队能力评估。团队能力评估一般包括投资能力评估、项目管理能力评估及退出能力评估。其中，投资能力评估包括对项目来源渠道、投资决策流程及风险控制、竞争取得项目的策略和优势等方面的评估；项目管理能力评估包括对细分行业投资经验、提供增值服务的能力和成绩的评估；退出能力评估包括对项目评级分类标准、投资损失类项目的处理流程、项目退出方式的历史数据的评估。

子基金管理机构未来发展前景介绍。其包括子基金管理机构未来的投资管理计划、投资储备项目等情况介绍。

其他证明性文件。其包括管理机构有关诉讼、担保、其他有关风险事项说明及相关文件；一般还要求提供管理机构及其投资管理人员无受过行政主管机关或司法机关处罚的不良记录证明，拟设立引导基金子基金与管理机构签署的委托管理协议草本等。

（2）参股子基金增资方案。[①]

引导基金通过对现有的符合条件的 PE 基金进行增资设立子基金应提交的子基金增资方案。对引导基金现有股权投资基金进行增资的，除了符合新设子基金的设立要求外，部分引导基金还有其他要求，具体包括：

①子基金已按有关法律、法规设立，并开始投资运作，并按规定在有关部门备案。

②子基金全体出资人首期出资或首期认缴出资已经到位，且不低于注册资本或承诺出资额的一定比例。

③子基金全体出资人同意引导基金入股（或入伙），且增资价格在不高于基金评估值的基础上协商确定。

针对现有 PE 投资基金进行增资的，其增资方案框架内容应包

---

① 参考：《山东省省级股权投资引导基金管理暂行办法》（鲁政办发〔2014〕44 号）。

括但不限于①：

①子基金设立背景和目标、基金规模、组织形式、投资领域、发起人和子基金管理机构、管理架构、项目遴选程序、投资决策机制、投资托管、风险防范、投资退出、管理费用和收益分配、经营期限等，子基金本次增资情况；

②子基金股东大会（股东会议、合伙人大会）决议；

③子基金章程（合伙协议）及营业执照；

④子基金委托管理协议及子基金管理机构章程（合伙协议）；

⑤子基金投资管理流程和尽职调查准则；

⑥子基金资金托管协议；

⑦投资项目情况及未来一年的投资计划；

⑧会计师事务所出具的对子基金最近一年的审计报告；

⑨部分省级引导基金还要求市级政府（或其出资平台）出具对子基金的出资承诺函或已出资证明。

2. 其他申请材料

有合作意向的投资机构向基金管理公司除提交设立子基金的设立方案或增资方案外，还需提交以下材料：

（1）引导基金申请机构登记表、申请单位承诺书。

部分引导基金除了要求申请机构出具登记表、一般承诺书以外，根据引导基金所在省（市）的实际情况还要求其提供其他承诺书。例如，厦门市产业引导基金要求参股产业子基金出具投资厦门地区的资金总额不低于引导基金出资额 2 倍的承诺函、社会出资人出具的出资承诺函，或管理机构兜底的出资额承诺；承诺管理参股子基金后，在申报基金完成 70% 投资前不得募集或接受新的委托管理其他股权投资基金。

（2）申请单位基本情况。

①申请单位营业执照复印件、工商登记证明、政府批文（如有）；

---

① 参考：《新兴产业创投计划参股创业投资基金管理暂行办法》（财建〔2011〕668 号）。

②申请单位简介，包括历史沿革、股权结构、管理资金规模、组织结构、企业章程、管理团队、投资策略、投资业绩等详细信息；

③由会计事务所出具的申请机构最近三个财务年度的会计报表和审计报告及最新财务月报表，部分引导基金还要求申请单位提供单位的财务管理制度信息；

④申请单位银行资信证明或企业信誉等级证明；

⑤部分引导基金还要求申请材料中包含申请单位申请引导基金阶段参股项目的理由和金额。例如，山东省省级创业投资引导基金。

⑥部分地方的申请材料需提供《商业计划书》、拟定的《投资条款清单》、创业投资企业章程、资金募集说明书。①

(3) 其他证明文件。

根据引导基金所在省（市）的管理暂行办法要求需提供的其他证明文件。

(三) 受理申请

引导基金受托管理机构根据发布的征集工作方案和申报指南，受理合作设立子基金申请，对符合申报要求的子基金管理机构进行初筛。引导基金受托管理机构依据相关文件对申请机构所提供申报材料的真实性、完整性、准确性、合法合规性进行初步审查，以确定申报机构是否符合申请资格。对通过初筛的子基金设立方案进行正式立项，并撰写立项报告和投资方案。

1. 方案立项

根据管委会制定的投资规则及投资策略，基金管理公司对已提交的子基金设立申请进行初步的调查与审核，对子基金设立方案通过初步筛选的，由基金管理公司对其进行正式立项，通过筛选的子

---

① 参考：《上海市创业投资引导基金管理暂行办法》（沪府发〔2010〕37 号）。

基金管理机构按要求提交立项报告和投资方案。一般而言，子基金的立项报告包括但不限于：

（1）立项背景。

子基金立项背景一般应包括：国家关于引导基金的相关政策，引导基金所在省（市）相关行业政策，国家对该行业的有关政策、管理措施及未来可能发生的政策变化，国家现行相关政策对该行业的影响等方面的介绍。

（2）市场分析。

①市场调查。一般包括参股子基金情况调查，各金融机构和企业的参与情况调查，国家、引导基金所在省（市）的政策情况，未来的发展前景，国内法律、规章制度等情况介绍。

②竞争力分析。参股子基金管理机构根据自身的实际情况分析自身的竞争优势，一般从资金规模、客户资源、业务能力、管理团队状况等方面进行。

③市场风险分析。从宏观层面和微观层面分析市场上存在的风险。其中，宏观层面主要指宏观经济形式分析，包括竞争环境、市场对股权投资基金的市场认可度及股权投资的退出保障等方面。

（3）实施方案。

①设立方式。参股子基金管理机构的设立方式、名称、注册资本、股权结构及其股本规模状况等。

②筹资方案。一般包括子基金筹资计划、投资策略、退出方案等方面。

③组织架构及人员安排。一般包括子基金管理机构公司组织架构情况、各部门的职能介绍（如投资管理部、风险管理部、投资决策委员会、项目管理部等部门的职责）、人员编制情况、激励机制等。

④公司运作模式。行业不同，运作模式不同，在选择时应考虑公司的人力资源构成情况及股东情况等因素，一般应选择公司人员或股东熟悉的行业领域进行投资。

⑤公司发展规划。一般包括公司发展战略、业务发展规划、风

险管理规划等。

（4）财务分析。

①投资估算。它主要是指参股子基金公司运营成本分析，包括固定成本投入、可变成本投入。

②管理公司收入分析。基金管理公司的主要收入来源于管理费收入，而管理费收入主要取决于管理基金的规模。

③管理公司赢利预测等。包括未来几年每年的管理费收入、运营成本、营业税、利润总额、税后利润、资本收益率等方面的预测数据。

（5）效益分析。

效益分析包括经济效益分析两种和社会效益分析。经济效益分析是通过正常假设经营前提，对投入产出进行分析。作为金融行业中投入较少、回报率较高的金融服务企业，基金产品研究开发是基金公司的主要收入来源，通过设计出满足不同投资者需求的产品以及产业股权投资过程中适时的退出机制，实现资本增资和公司赢利。社会效益分析是对项目实社会发展目标，以及其与社会相互适应性程度所做的系统析析。基金投资作为金融服务实体经济的最直接途径，在产业引导、技术创新、就业带动等关键领域，都会产生好的外部影响。因此，基金公司在投资决策时，需要同时考虑项目所能产生的社会影响。

2. **投资方案**

对通过初步筛选的子基金设立方案进行正式立项，撰写投资方案，投资方案主要包括：

（1）投资领域。根据引导基金所在省（市）的相关政策、功能定位、自身的竞优势分析。

（2）估值定价。估值与投资价格相对应，估值决定投资价格。故投资方案因包括投资时对子基金进行的价值评估。

（3）退出策略。参股子基金退出方案一般包括通过股权上市转让、通过股权协议转让、到期清算、社会股东回购、股权转让被投资企业回购等方式。

（4）投委会席位设置、否决权和其他基金管理架构问题。

二、政府引导基金投资评审期的业务流程

政府引导基金评审期业务流程主要包括形式审查、专家评审、尽职调查、审议决策和决策公示5个步骤。

形式审查。对已申报的股权投资机构（基金）及其提交的投资方案，一般由该引导基金的管理机构以形式审查的方式进行初选。引导基金可以选择设置专职管理机构进行审查或委托具有资质的管理机构进行审查。管理机构经引导基金管理委员会（政府主管部门，如发改委、财政局等）授权，对申报单位的资格、申报申请书填写规范性以及应上交的证明文件的完备性进行审核。对于不符合形式要件要求的，可要求申报单位进行补充或调整，对于要求补正而未做补正或补正超过期限的，予以退回。

专家评审。引导基金需设立独立的评审委员会对符合申报要求并通过形式审查的股权投资机构（基金）及其投资方案进行专家评审。评审委员会可以由引导基金管理委员会直接组织专家建立，也可委托引导基金的管理机构代为组织专家建立。各评审专家秉持公平公正的原则对各股权投资机构（基金）给出评分结果和评审意见。

尽职调查。对通过评审的股权投资机构（基金），管理机构需自行或委托第三方中介机构进行尽职调查，并提交尽职调查报告，为投资方案提供建议。国家级引导基金一般出资金额较大，对资金安全性要求较高，大多会邀请商业机构、会计事务所、律师事务所三方同时入场，对拟合作的机构进行深入且细致的调查；由于政府出资态度趋于谨慎，部分省级引导基金也开始参照国家级引导基金的标准，邀请三方机构同时入场；而对于一些区县级的引导基金，其出资金额较少，承担的风险较小，所以更多只会选择邀请商业机

构入场。

审议决策。引导基金管理委员会根据评审意见和尽职调查报告,召开决策会议,在认真审查、充分讨论的基础上,对股权投资机构(基金)进行表决,形成最终决策意见。

决策公示。对最终审核通过的股权投资机构(基金),通过政府网站或其他网络媒体、电视、广播,报纸、杂志或其他便于社会各界知晓的途径进行社会公示,接受社会各界的监督。公示的内容一般包含选定合作的股权投资机构(基金)的基本情况、公示的起止日期(一般不少于7个工作日)、意见反馈及联系方式及其他需要公示的资料。任何单位和个人对结果持有异议的,在公示期间,可以书面形式向引导基金理事提出。收到异议的书面材料后,引导基金管理委员会应当对异议内容进行审核,并且在必要时,组织专家进行针对性调查,提出处理意见。公示期间发现问题并已核实的申报机构,引导基金可以不予合作。

其中,专家评审和尽职调查的实施顺序可根据引导基金的实际情况和具体评审规定予以调整,程序职能、评审的要点和调查内容并不受此二者实施先后影响。评审期业务流程如图 5.5 所示。

形式审查	• 对申报单位的资格、材料进行形式审查 • 若材料不符合要求,要求其补充和调整
专家评审	• 组织专家对申报单位及合作方案进行评审 • 专家给出评审意见
尽职调查	• 对通过审判的申报单位进行尽职调查 • 提交尽职调查报告
审议决策	• 根据评审意见和尽职调查报告,确定合作单位和方案
决策公示	• 将最终通过审核的单位进行社会公示

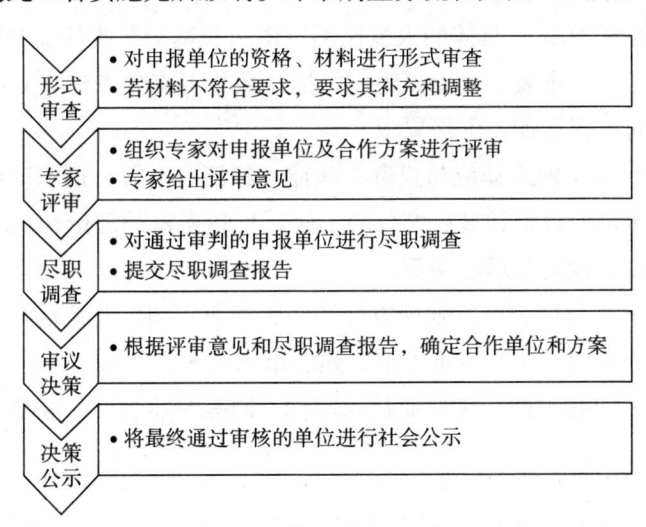

图 5.5 评审期业务流程

最终的决策是依据专家评审意见和尽职调查报告做出的，因此，专家评审和尽职调查在评审期的业务流程中举足轻重，下面就专家评审和尽职调查环节做具体的介绍。

（一）专家评审

1. 评审委员会的组建

评审委员会的组建通常由引导基金管理委员会通过公开召集的形式，建立引导基金的评审专家库，在引导基金需要进行评审工作时，从评审专家库中按专业随机抽取专家组成评审委员会。一般，入库专家每届任期 3 年，任期结束时由评审专家库管理组织复审，符合任职条件的专家可留任。

评审委员会成员由政府部门、创业投资机构代表以及社会的相关专家构成。政府部门的专家可以是各管理委员会成员单位、政府主管部门推荐的本单位人员，而创业投资机构代表和社会专家则是向社会各界公开征集，包括向行业自律组织、高校和研究机构等社会组织征集。人数上，要求评审委员会成员为单数，且对其中创业投资机构代表的人员和社会专家有最低的比例要求，一般地，此比例不得少于 50%，具体的人员比例可由引导基金在此基础上调整。

除了对评审委员会专家组成机构及数量上有要求外，有些引导基金还对专家有如下资格要求[①]：

（1）从事的工作应与投资、法律、经济、财税、技术管理等相关，对于创业投资领域有充分的了解，具备丰富的理论知识或是有相关的创业投资管理经验等。

（2）了解国家经济发展方针和相关产业规划，尤其是对投资方案涉及的投资产业有一定了解，熟悉市场情况。

（3）有相应的高级专业技术职称、同等专业水平，或是在业内

---

① 参考：《江苏省新兴产业创业投资引导基金评审暂行办法》（苏发改规发〔2011〕8号）。

具有代表性和权威性。

（4）有良好的信誉和职业道德，无作风问题，且有时间和精力参加评审工作。

（5）与申报单位没有利害关系。若与申报企业或项目存在利益关系或其他可能影响公正性的关系的，应当向评审组长和联络员引导基金管理委员会申明并回避。

（6）其他，如专家年龄、身体状况等要求。

评审专家发生以下的一项或是几项行为时，应取消其评审资格[①]：

（1）评审过程中或是在任期间有收受贿赂，利用评审专家的身份和影响力为申报单位提供便利或与申报单位串通等违法行为。

（2）连续两次（不同的引导基金可自行决定次数）无故不参加评审工作。

（3）评审专家自己提出退出申请，并经引导基金管理委员会批准同意。

2. 评审委员会职责

评审委员会成立后，投资方案评审工作即可开展。评审委员会可根据需要对通过初选的股权投资机构（基金）投资方案进行现场调查，评审专家在此基础上对申报材料、投资方案进行独立评审。评审往往采用会议评估形式，也可安排申请引导基金的股权投资机构（基金）管理人进行现场答辩。在评审结束后，由评审委员会设立的评审组长提交综合评审意见和建议。

评审委员会会议程序如下：

（1）引导基金的受托管理机构负责召集，且应当在评审委员会会议召开前的一定时间内（如会议召开前3日），将会议通知、评审材料简要说明送达各专家成员，若需现场答辩，还需将通知送达

---

① 参考：《泉州市民营企业产业引导资金项目评审管理办法》，泉州市发改委，2012.04。

被评审的股权投资机构（基金）。

（2）评审委员会专家根据受托管理机构要求和评审细则，对申请合作的股权投资机构（基金）进行评审。

（3）评审委员会专家在认真审查的基础上，发表各自的意见，就审议事项提出质询，并进行讨论。评审专家在经过充分讨论后对股权投资机构（基金）独立进行评分并给出评审意见。

（4）评审委员会组长依据各评审专家的评分结果和评审意见，形成最终意见，并由各评审专家共同签字后上报引导基金管理委员会。

评审过程中，评审专家应遵守如下几项规定[①]：

（1）评审专家应按照规定的评审程序，秉持客观、公正的态度，独立、科学地对申报单位和方案进行评价和打分。

（2）评审专家应按引导基金评审细则评议并填写专家评价表。

（3）评审专家不得为得出主观期望的结论而压制其他专家的意见，不得投机取巧、断章取义，不得片面地做出与客观事实不符的评价。

（4）评审专家不得复制保留或是向他人扩散泄露申报、评审的相关资料，包括申报企业清单、评审专家名单、评审标准、评审及核审意见、结果等。提交专家评审的申报单位的资料在评审工作结束后应全部退回。

（5）评审专家不得擅自使用或泄露申报单位的技术信息和商业秘密。

（6）评审专家不得进行有碍公正评审及核审的讨论；。

3. 专家评审要点

对申报的股权投资机构（基金）进行评审时，评审要点可分为以下7个方面：

（1）资料完备性。评审依据为引导基金申报要求所列的申请材料清单，如股权投资机构（基金）合作项目申请数、合作方案、机

---

① 参考：《湖北省水利厅水行政许可管理办法》（鄂水利政函〔2010〕246号）。

构情况、相关证明材料及其他补充材料。在评审时需注意材料清单是否完整、材料内容填写是否清晰、提交的材料格式是否符合要求标准、签章是否符合"填写说明"要求、材料是否按清单顺序装订成册等。其中,材料清单的完整性和材料内容填写清晰最为关键。

(2) 引导基金导向要求。投资方案应符合本年度引导基金的支持导向,如符合产业结构调整、产业转型升级等要求;投资方案中各环节关联程度高,并为产业链缺失的关键或高端环节,有利于促进产业链进一步延伸完善、上下游配套;投资方案具有一定的技术先进性且技术已成熟;投资方案的综合效益显著,可以带动产业发展、改造传统产业、增加劳动就业、提高管理水平等。

(3) 基金规模要求。引导基金对与其合作的股权投资机构(基金)的规模有最低要求,在符合最低要求的前提下,评审时按照实收资本或主要出资人首期出资额的大小以及出资是一次性还是分期到位,给予不同的评分。一般而言,实收资本高和出资一次性到位的,给予的评分较高。

(4) 投资对象和区域要求。投资对象和区域要求均根据引导基金管理办法的要求来判定,包括对投资对象的企业类型、所处产业和所在地区等的判定。

(5) 人员及经历要求。人员要求是指股权投资机构(基金)的管理团队应具备一定数量的高级管理人员,并对管理人员从事创业投资相关业务的年限有具体规定。经历要求是指对股权投资机构(基金)以往创业企业投资成功案例数的规定。管理人员从业经验越丰富、投资成功案例数越多,评审给分越高。当投资成功案例数相同时,可考察投资案例的收益、退出时间等。

(6) 规范管理和运作要求。规范管理要求,即查看评审股权投资机构(基金)是否有严格合理的投资决策机制、完备的激励机制、风险控制机制等。同时,评审时需查看其管理费比例、收益分配方式是否符合行业管理规定,基金的托管方式是否有约定以及是否对引导基金参股资金的权益保护做了承诺或相关约定。

（7）基金筹备进度及其他。筹备进度包括基金管理机构是否已设立、其他出资人认缴出资情况、项目储备情况等。此外，合作方案及相关文件的合法合规性、文件是否存在前后矛盾或拼凑现象，也是评审要点的一部分。

专题5.5　《江苏省新兴产业创业投资引导基金评审暂行办法》

为了规范江苏省新兴产业创业投资引导基金的评审工作，确保决策的民主性和科学性，江苏省发改委制定了《江苏省新兴产业创业投资引导基金评审暂行办法》（苏发改规发〔2011〕8号）。该评审办法的第十条至第十四条，根据申请省级引导基金扶持的不同方式，设立相应评审要点，下面是该评审办法中规定的评审要点。

第十条　市县（开发区）申请与省级引导基金合作设立政策性引导基金，其评审要点为：

（一）拟合作设立引导基金的募资规模、条件和时间；

（二）拟合作设立引导基金的投资方向、阶段和地域。

（三）拟合作设立引导基金的组织构架、投资决策、风险控制机制和管理机构；

（四）申请合作的市县（开发区）新兴产业和创业投资发展情况，申请合作方案的可行性。

第十一条　阶段参股是指创业投资企业或管理机构申请引导基金进行参股，吸引社会资本共同发起设立创业投资企业，并在约定期限内退出，其评审要点为：

（一）创业投资企业或管理机构的募资能力，包括已管理资金的规模，拟合作设立创业投资企业的资金募集情况；

（二）创业投资企业或管理机构的治理结构，包括决策机制、激励机制及风险管理机制；

（三）创业投资企业或管理机构的团队管理能力，具有至少三名从事创业投资或相关业务五年以上的专业管理人员和核心业务人员，具有较好的创业投资管理业绩；

（四）拟设立基金的投资计划、项目储备情况和提供增值服务的能力等。

第十二条 跟进投资是指创业投资企业选定投资符合相关要求的创业企业，可以申请引导基金按适当股权比例共同投资，其评审要点为：

（一）申请引导基金跟进投资的理由和金额等；

（二）申请跟进投资的创业投资企业财务情况、资产情况等；

（三）申请跟进投资的创业企业情况，包括创业企业上年度的财务情况和资产情况；创业投资企业编制的《投资建议书》或《可行性研究报告》、创业投资企业与创业企业或其股东签订的《投资意向书》等。

第十三条 风险补助是指创业投资企业对初创期创业企业投资，发生损失后可以申请风险补助，其评审要点为：

（一）申请引导基金风险补偿的理由和金额（引导基金按照最高不超过创业投资企业实际投资额5%给予风险补助，补助金额最高不超过500万元人民币）；

（二）创业投资企业的基本情况，包括财务情况、税收缴纳情况和资产情况；

（三）创业投资企业投资情况，包括创业投资企业已投资全部项目情况，与初创期企业的投资协议书等；

（四）申请风险补偿项目情况，包括被投资创业企业符合初创期条件的证明文件、创业企业年度财务情况、资产情况、以清算或协议方式退出被投资企业的证明材料等。

第十四条 引导基金用于投资保障资助资金的来源为引导基金投资收益，其评审要求另行规定。

（二）尽职调查

尽职调查是指在被调查企业的配合下，由专业机构对企业进行的全面调查，包括对企业的历史数据和文档、管理人员的背景、市场风险、管理风险、技术风险和资金风险等做全面深入的审核，多发生在企业公开发行股票上市和企业收购以及基金管理过程中。为引导基金的受托管理机构对申报的股权投资机构（基金）进行尽职调查。

尽职调查的工作与一般的财务审计工作相似，但是存在一定程度上的区别。财务审计要求出具审计报告，对财务和资产状况是否"真实与公允"发表审计意见。同时，在审核时必须进行系统测试、审查验证、寄询证函、存货盘点、询问和分析。财务审计是必须由专业的审计机构进行的，工作量较大但可靠性高。而对于尽职调查来说，可以仅由引导基金的受托管理机构进行，也可以由受托管理机构再委托第三方专业机构进行，故尽职调查报告的可靠性和专业性不如财务审计报告。相对地，尽职调查的工作量会大大减少，不需要进行系统测试、审查凭证或发询证函等，只需通过询问和审阅相关资料，给出分析，为引导基金与股权投资机构（基金）的合作谈判提供意见。

1. 尽职调查的目的

引导基金尽职调查的目的是真实地了解股权投资机构（基金）的合法性、规范性以及风险性，解决信息不对称问题，考察其是否适合作为合作机构。

（1）发现股权投资机构（基金）的内在价值。股权投资机构（基金）在申报时提供的资料可能会高估自己的内在价值，而且企业的内在价值不仅受当前资产和财务状况的影响，还取决于企业未来的收益。因此，需在尽职调查的基础上，真实准确地评估股权投资机构（基金）的内在价值。

（2）发现潜在风险对预期投资的可能影响。对于引导基金而言，尽职调查是其风险管理所必需的一个流程。股权投资机构（基金）存在的各种风险可能会对引导基金的预期投资产生重大的不良影响。普遍可能存在的风险有：股权投资机构（基金）以往的财务账册准确性、企业的管理团队人员是否留任、拟投资的创业企业是否具有相应的价值等。

(3) 为投资方案设计做准备。股权投资机构（基金）对自身内部的各项风险因素有很清楚的了解，而引导基金则没有。因而，引导基金有必要通过尽职调查的手段解决双方信息不对称的问题，在尽职调查中确定存在哪些风险和法律问题，在此基础上就相关风险和义务的承担进行谈判，明确双方的职责。同时，尽职调查可以帮助引导基金决定在何种条件下继续进行投资活动。

2. 尽职调查程序

尽职调查的范围广，且不同项目之间差异大，但是对于较为重要的项目进行尽职调查，通常需包括以下几个程序：

(1) 立项。引导基金委托其管理机构对申报的创业投资基金进行尽职调查，并与管理机构就其调查目的、引导基金的导向等做好充分的沟通。

(2) 成立工作小组。管理机构在收到引导基金管委会的尽职调查企业名单后，应成立相应的工作小组，按照不同的调查内容划分工作小组，明确各小组的分工和责任。对于参与调查的人员，一方面，工作小组的人员应具备相关的专业技能，包括法律、财务、人力资源管理等；另一方面，管理机构的高管应适当参与到尽职调查中，以便及时了解调查信息，做好战略分析工作。

(3) 拟订调查计划。成立调查小组并明确分工和职责之后，应确定调查计划，给出调查提纲或者问卷清单，并拟订时间方案。

(4) 进场调查。按照拟订的调查计划，采取不同的调查方法对股权投资机构（基金）进行调查。

(5) 整理汇总资料。对获取的相关资料进行汇总整理，发现问题，揭示风险。

（6）撰写调查报告。根据所获取资料进行评估分析，撰写尽职调查报告，报告应尽可能准确、全面和翔实。

（7）内部复核。调查小组对完成的调查报告进行复核，提出存在的问题和改进方案。

（8）递交汇报。将复核后的调查报告递交引导基金管理委员会，汇报调查结果。

（9）投资方案建议。引导基金与股权投资机构（基金）确定具体投资方案时，引导基金的委托管理机构根据调查结果对方案提供建议。引导基金尽职调查程序如图 5.6 表示。

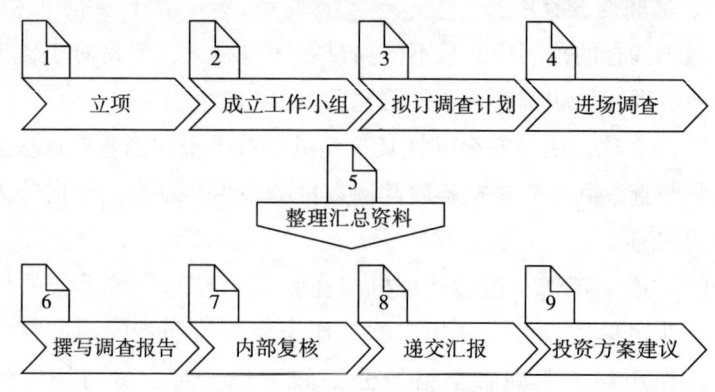

图 5.6 引导基金尽职调查程序

3. 尽职调查的主要内容

由于存在信息不对称和逆向选择，为了防范风险，引导基金需要对股权投资机构（基金）进行尽职调查，核实其提交的材料、评估该机构（基金）的价值。对于股权投资机构（基金）的尽职调查内容通常包括机构（基金）的基本运营情况、机构（基金）的历史业绩、管理团队的能力、机构（基金）的投资策略以及机构（基金）的投资决策和风险控制流程。引导基金尽职调查的主要内容如图 5.7 所示。

（1）基本状况。查看股权投资机构（基金）的基本运营情况，一是为了核实其设立、经营过程中的合法性，二是为了了解其发展

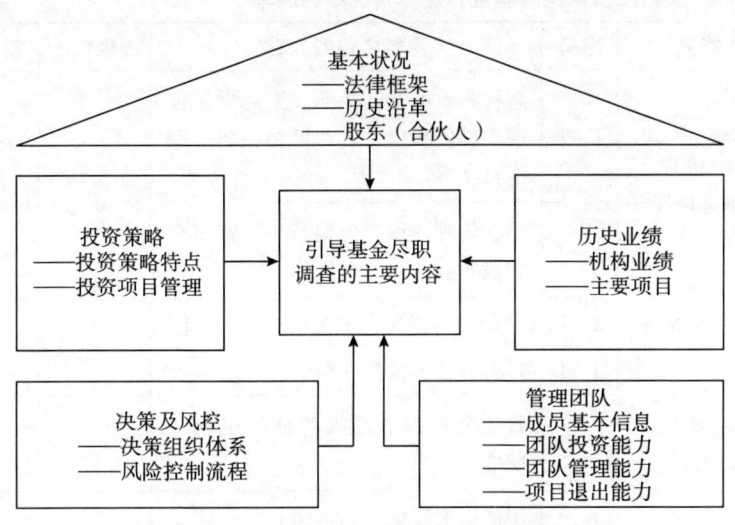

第五章 政府引导基金投资业务流程

图5.7 引导基金尽职调查的主要内容

的过程、经营范围、收入来源等。股权投资机构（基金）的设立合法是指其在设立时取得了相关的批准、资质、许可等，符合我国法律法规规定的设立条件；在设立的程序上符合相关规定，工商注册登记合法真实。股权投资机构（基金）的经营过程的合法性包括存续期合法和投资运营合法。存续期合法即不存在经营期限届满、营业执照被吊销的情况和隐患；投资运营合法即股权投资机构（基金）的投资运营符合法规和政策要求，财务等相关文件真实合法。以公司章程为例，在查看章程内容合法的同时，还应关注章程的具体条款，例如是否含有特别授权的条款，是否含有特别程序条款，是否含有会影响引导基金参股投资的其他特别规定。股权投资机构（基金）运营流程的规范性是保证基金在人力、财力、物力方面能得到最大化效用的前提条件，拥有规范的运营流程，优秀的管理团队才能在其投资策略下实现高效地决策和风控。表5.3是股权投资机构（基金）基本状况尽职调查清单，可供读者参考。

表 5.3 股权投资机构（基金）基本情况尽调清单

类别	序号	资料名称或内容	提供情况	备注
1. 机构基本情况	1-1	现行有效的营业执照、工商登记证明、验资报告、资产评估报告、政府批文等		
	1-2	委托管理协议、公司章程、董事会和股东会的决议文件等		
2. 历史沿革	2-1	公司基本情况历次变化的证明文件		
3. 股东（合伙人）	3-1	现有合伙人情况介绍		
	3-2	管理公司内部的收益分配机制及制度		
	3-3	历次出资变动		
4. 组织架构	4-1	公司各部门的职能和人员配置介绍		

（2）历史业绩。在市场经济条件下，优胜劣汰是必然的趋势，股权投资机构（基金）的历史业绩是衡量其管理和投资水平高低的重要指标。在行业中长时间保持出色的业绩并且领先于其他投资机构，在行业梯队中名列前茅的，将是政府引导基金的优先选择对象。股权投资机构（基金）的历史业绩包括已完成的项目和正在进行的项目情况，可从投资收益率、投资行业集中度、投资回报时间等方面进行考察。若股权投资机构（基金）的创立时间较短，则可以考察其创始人的经验和历史业绩。比如该创始人曾任职于哪些知名的股权投资机构，参与过多少成功的知名案例，有无出色的管理基金历史业绩等。一个优秀的创始人可以带领其管理团队在资金募集和投资过程中表现活跃，创造高收益率，弥补其机构创立时间短的劣势。但在考察其创始人或合伙人时应关注其是确实参与基金的管理工作还是仅仅是挂名的。对于不参与实际管理工作的知名创投人，虽然有丰富的经验和人脉，但并不能真正为股权投资机构（基金）所利用，带来实质价值。

股权投资机构（基金）的历史业绩一方面可作为拟投资项目收益率的参考；另一方面，历史资源是股权投资机构（基金）积累资源的重要渠道，过往的投资经历可以让股权投资机构（基金）接触到不同行业的专家、投资企业（人）以及中介机构等，逐渐形成其行业优势，实现规模效应，有助于资源整合，为拟投资的项目可行性提供一定的保障，进而提高投资成功率，增强股权投资机构（基金）投资的综合实力。此外，过往的投资经验反映在历史业绩中，尤其是项目退出所涉及的IPO、并购等各种方式，丰富的项目退出经验为拟投资项目的退出拓宽了道路。

尽职调查过程中考察股权投资机构（基金）的历史业绩不仅需要考察其绝对和相对的收益情况、投资业绩的波动性和投资损失率等业绩指标，还需比较实际投资回报与基金经理预测的投资回报之间的差异，并关注现金流量等重要的财务指标，同时分析评估股权投资机构（基金）所采用的估值方法是否合理。更为重要的是，考察股权投资机构（基金）在成功项目中所发挥的关键性作用，以及股权投资机构（基金）所表现出的实力是否具有可持续性和可复制性。比如，在投资后的管理阶段，该股权投资机构（基金）是否为被投资企业提供过增值服务，这些服务为该企业带来的具体价值和意义有哪些。表5.4列举了股权投资机构（基金）历史业绩尽职调查提纲，可供读者参考。

表5.4　股权投资机构（基金）历史业绩尽调清单

类别	序号	资料名称或内容	提供情况	备注
1. 机构的历史业绩	1-1	管理团队成员成功募集创业投资基金情况，包括个数、金额、出资人名录等		
	1-2	先前基金的内部收益率		
	1-3	完成基金退出的情况，包括到期项目退出比例、到期现金返回比例等		

续表

类别	序号	资料名称或内容	提供情况	备注
	1-4	IPO 退出的情况及项目比例		
	1-5	被投资项目成功进行之后一次融资（且增值）的比例		
2. 已经投资的主要项目	2-1	主要的已投资项目介绍，包括投资时项目企业概况，投资分析概要，投资金额和比例，资金到位证明，股权持有时间长度，投资阶段（轮次），投资收益率，项目近期概况包括财务情况、联系人及联系方式等		一般要求有2~3个以上案例，包括一个失败案例
	2-2	以往投资企业列表，包括项目企业名称、行业领域、投资时点、持股时间长度、投资轮次、投资金额和比例、投资后项目运营业绩等		
	2-3	投资合作伙伴		

（3）管理团队。历史业绩充分说明的只是基金的过去，并不能代表未来，在考察基金历史业绩的同时更应看到支撑这些历史业绩的背后的关键因素，例如，核心团队人员的重要性，该股权投资机构（基金）的优势和历史业绩是否能继续保持等。因此，引导基金在选择合作的股权投资机构（基金）时，其管理团队的整体水平不容忽视。一个高水准的能力、资源和默契兼具的管理团队，是投资成功的先决条件，关系到基金资金来源、项目投资和退出等多方面。对管理团队的调查主要包括3个方面：调查其基本信息、查看团队高管的简历、考察团队的投资能力。

基本信息包括管理团队高管人员、专业人员的名单、身份、征信记录以及是否曾受过行政主管单位或司法机关重大处罚等证明材料。

查看管理团队成员的简历则主要是为了了解其从业经历和工作能力，通过了解团队的专业人员和高级管理人员受教育程度、专业知识的掌握程度以及过往的投资和管理经验等来判断其行事风格是否干练，投资风格是否务实、严谨。

管理团队的历史业绩是对管理团队投资能力较好的证明，因此在考察团队投资能力时，应重点考察成员以往的投资情况、品牌建设情况、业内认可度以及相关的奖励。管理团队中成员个人过往的投资情况则包括募资成功率和效率、已投资项目发展情况、退出项目情况（尤其是成功案例的情况和 IPO 成功率）和投资利润率及项目平均投资时间。而对管理团队投资能力的考察不仅涉及每一个团队成员的能力还涉及团队的协作能力，因为管理团队的稳定性及其分工是否明确会对基金运行产生重要影响。管理团队的稳定性即人员的流动情况，频繁的人员变动尤其是高管的变动，不利于整个团队的管理和持续。管理团队的分工明确则可以推进资金募集程序、把控投资质量并确保投资后的管理工作顺利开展。表 5.5 为调查股权投资机构（基金）管理团队能力提供了可参考的调查清单。

表 5.5　股权投资机构（基金）管理团队尽调清单

类别	序号	资料名称或内容	提供情况	备注
1. 团队成员情况	1-1	管理团队组织架构		
	1-2	主要团队成员介绍，包括工作履历、工作关系所在单位、教育背景、当前管理基金情况		
	1-3	团队成员相互间合作经历		
	1-4	团队成员兼职情况，如全职比例、主要成员正在管理的其他基金情况、主要成员在本基金投入的时间比例等		

续表

类别	序号	资料名称或内容	提供情况	备注
2. 团队投资能力	2-1	项目来源、渠道		
	2-2	竞争取得项目的策略和优势		
	2-3	作为领头投资人的经验		
3. 团队项目管理能力	3-1	细分行业投资经验		
	3-2	提供增值服务的能力和成绩		
4. 团队项目退出能力	4-1	项目评级分类标准		
	4-2	投资损失项目的处理流程		
	4-3	项目退出方式的历史数据		

（4）决策及风险控制。创业投资是高风险行业，因此要求拟合作的股权投资机构（基金）能够在投资决策的各个环节及时地发现风险，并具备有效规避风险和控制风险的能力。从投资的流程上看，可以将其分为投资前、投资过程中和投资后3个阶段，以建立高效的投资决策流程及风险控制机制。

投资决策流程上，股权投资机构（基金）应设立不同的组织框架，通过层层的审批和决议做出最终的投资决策，每一层级有各自的业务规程和操作程序，各级人员在其岗位权限范围内履行自己忠实、勤勉的义务，实现股权投资机构（基金）的内部控制。尽职调查时还需注意股权投资机构（基金）决策机制和投票权的制衡性和回避机制，缺乏这两项则会导致股权投资机构（基金）投资决策出现"一言堂"或利益冲突的情况。

在投资的不同阶段，是否有充分、全面、客观、专业的投资前调查，是否有优秀的管理团队对投资项目进行管理、跟进最终项目的进展，是否存在盲目扩张、进行不正当关联交易或做出其他不明智决策等，都是风险控制机制应当覆盖的内容。表5.6是对股权投资机构（基金）决策及风险控制调查可供参考的清单。

表 5.6 股权投资机构（基金）决策及风险控制尽调清单

类别	序号	资料名称或内容	提供情况	备注
1. 投资决策组织体系	1-1	投资决策组织框架及各层级职责		
2. 风险控制流程	2-1	风险识别，对经营活动中存在的内部及外部风险的来源进行辨别		
	2-2	风险评估，对风险的严重程度及发生概率量化的科学性、合理性		
	2-3	风险分析，对风险的驱动因素的归因及其影响的分析		
	2-4	风险控制，针对业务流程的各个环节制定风险防范和处理措施		
	2-5	风险报告，定期或不定期提交的与风险评估分析相关的报告		

（5）投资策略。基于自身特性和外部环境的影响，不同的股权投资机构（基金）会形成自己独特的投资策略和风格。引导基金在选择合作机构（基金）时，需要了解其投资策略的风格是否与自己相似或相符，该股权投资机构（基金）的管理团队资源和能力与其投资策略是否相匹配，以及投资策略是否能够得到执行。

尽职调查时，考察基金的投资策略包括以下几个方面[①]：

①投资策略的机构特性，即了解股权投资机构（基金）整体的投资策略特点，包括投资策略的完整性、系统性以及投资的重点领域和区域，并将其与相似的机构进行横向对比。

②投资策略的一致性和连续性，即了解股权投资机构（基金）在同一个项目的不同阶段和不同项目上是否保持一致，包括投资的行

---

① 参考：石育斌，PE 基金的尽职调查实务操作问题及其 LP 权益保护，计兮网，2015.04。

业、投资金额等变动情况，并通过了解其投资目标与实际的投资结果来判断该机构的投资策略是否得到执行，考察其执行能力。

③对市场的敏感度，包括其对当前的经济发展、行业前景以及对特定投资项目的看法和评价。同时，也需考察其对于市场出现变动时的应对能力，是否有拟应对各种突发状况的应急预案。虽然目前而言我国的基金市场蓬勃发展，收益普遍偏高，但是当宏观经济状况发生改变的时候很可能对机构（基金）的发展带来较大的冲击，因此有合理充分的应急预案可以使得基金更持久地获益。表5.7列举了股权投资机构（基金）投资策略尽职调查清单的内容。

表 5.7 股权投资机构（基金）投资策略尽调清单

类别	序号	资料名称或内容	提供情况	备注
1. 投资特点	1-1	已投资项目的类型		
	1-2	投资项目的地域范围		
	1-3	投资行业的集中情况		
	1-4	投资项目在天使或种子期、A轮、B轮以及Pre-IPO阶段的分布情况		
	1-5	投资项目的投资金额和获得股权比例情况		
2. 投资管理	2-1	向被投资企业派遣或协助招募管理人员以及董事的情况及案例		
	2-2	对被投资企业跟踪及与其交流的情况		

4. 尽职调查方法和注意事项

无论是商业尽职调查、财务尽职调查还是法律尽职调查，都有一些共通的基本方法。在引导基金选择合作的股权投资机构（基金）时，尽职调查常用的手段主要包括以下6种[①]：

---

① 谢文文. 股权投资对象尽职调查方法研究［D］. 云南大学硕士学位论文，2015.

(1) 审阅文件资料。取得申报股权投资机构（基金）的配合，调阅其档案资料及其他文件资料，包括公司工商注册、财务报告、业务文件、法律合同等各项资料。如通过股权投资机构（基金）的注册登记情况可以了解到企业的成立、变更、年检、注销、吊销等真实情况。

(2) 参考外部信息。通过股权投资机构（基金）的宣传介绍、网络、纸质媒介以及业内人士等信息渠道，或者根据股权投资机构（基金）提供的线索、信息进行调查，了解股权投资机构（基金）及其投资方案所涉及行业的情况。参考外部信息的信息来源十分广泛，信息量足够大，但同时也因为其分散性而不利于系统地收集整理，也难以保证信息的真实可靠性。[①]

(3) 相关人员访谈。与企业内部各层级、各职能人员，以及股权投资机构（基金）的债权人、债务人、投资的创业企业人员等进行充分的沟通。对于企业内部员工的访谈，应尽可能多地选择员工，并且所选员工应来自不同的部门和不同的层级岗位，以保证调查信息的全面性和真实性。通过访谈可以更深入地了解企业的发展现状、员工满意度以及企业管理层控制的详细情况，有助于对企业管理团队更准确地认识和评价。

(4) 企业实地调查。实地查看股权投资机构（基金）及其投资的创业企业，可以获取更准确翔实的信息。通过观察实验或者问卷的形式考察企业内部人员的工作态度、效率等。

(5) 小组内部沟通。调查小组成员有不同的专业背景，看待问题的角度会存在差异，相互沟通有助于他们更全面地了解被调查的股权投资机构（基金），达到调查目的。小组成员相互沟通和交流，有利于总结调查问题，发现潜在风险，揭示企业的真实状况。

(6) 委托第三方专业机构进行调查。股权投资机构（基金）与引导基金的受托管理机构在空间上距离较远，或者针对某一专业

---

① 邓正红. 协同效应与企业文化尽职调查［J］. 理财杂志，2006（12）.

领域需要参考专业的机构意见时，可以委托第三方机构进行调查。

引导基金的受托管理机构的尽职调查资料将作为一项重要的证据，因此在尽职调查过程中，在确保尽调资料全面、真实的基础上，还应注意以下事项[①]：

（1）调查过程中收到或获取的资料应尽可能是原件或正本，对原件不便保留或非原件资料的，应及时将资料的复印件、传真件、副本、节录本与原件、正本核对，并由提供人在非原件资料上以签字、盖章或其他方式予以确认，以证明该资料的复印件、副本、传真件、节录本与原件、正本是一致的。

（2）对于无法获得相关有效证据支持的重要事项，应取得相关单位或人员就该事项的书面确认，并将此情况反映在尽职调查报告中，予以提示和说明。

（3）对于需要进行公证或见证的事项应及时通知有关单位或人员办理公证和见证。

（4）在保管好所收到的文件、资料、证明等资料的同时，还需在资料的交接和借阅方面遵守相关规定。根据交接的要求需建立文件资料、证明等的交接清单，并做好签收工作。在资料借阅方面也需严格遵守借阅、复制规定，确定是否有借阅和复制的权限。

（5）在对所收集材料进行确认时，应注明资料的来源，谁是相关的提供人或者提供单位；清楚地知道资料的形成方式和过程；明确相关资料的签发和签署时间；选择适当的载体保存相关资料；对资料是否获得确认予以标注和提示；对不同的资料，在内容上需有不同的侧重，形式上也有所区分，对不同资料之间还应关注其内在的联系。

（6）对于电子版的资料应备份存档，并且转换成纸质版资料存

---

① 参考：尽职调查律师操作指引，中华文本库，http://www.chinadmd.com/file/osvw-stix3pxswrsos6xispus_1.html。

档，如以电子文本、电子邮件等形式提供的文件、资料、证明等，在转换成纸质材料时应由提供人或相关人员在纸质材料上签字或盖章确认。

（7）土地、房产和关键设备等固定资产是否有所有权争议或是使用权益的限制。

（8）股权投资机构（基金）的商业秘密，需了解其来源、有效期、保密措施以及被公知的可能程度，同时关注是否有许可及许可细节，还需关注所有权的归属等。

（9）关键合同，例如，与创业企业签订的《投资意向书》，需特别关注其中可能产生重要影响的条款，具体如下：是否包含特别承诺或是特别限制条款，是否会因股权变更、股东更替或变化而解除或变更合同，是否存在异常或权利义务极不对等的条款，是否存在可能影响引导基金参股后在管理上的限制性条款及是否存在可能对引导基金不利的重大赔偿条款等。

（10）以统计表格的形式及时地对股权投资机构（基金）的调查资料进行归纳和总结，并对调查情况进行汇总建档。

5. 尽职调查报告撰写

尽职调查报告由三部分构成，分别是导言、正文和附件。导言是概述性的部分，简明扼要地介绍尽职调查的范围与宗旨、简称与定义、调查的方法以及关键问题摘要。正文是报告的主体，主要包括对调查情况分类陈述、重点陈述相关风险与问题、就调查内容各个方面的具体问题逐项进行评论与分析、根据分析结果得出结论并给出相应的项目建议等。附件包括尽职调查所依据的由股权投资机构（基金）提供的材料文本以及搜集的访谈记录等文件资料。报告应尽量简洁明了，用语准确，表意清晰，可适当使用图、表作为辅助说明。对于重点内容，可以用加粗、下划线、斜体字等方式突出，并对此内容加以总结和概括。

在尽职调查报告的陈述上，必须体现调查的全面性，应确保基础资料的翔实，不存在信息盲点，即：所要求进行调查的内容已完成调查，所必须了解的事项已充分了解，所需要接触的人已逐个访谈，所要求关注的问题和可能存在的风险点并无遗漏。在尽职调查过程中由于条件所限，若不能对某方面事项和风险进行详细的了解和陈述，则必须在尽职调查报告中说明原因。

除此之外，需重点报告股权投资机构（基金）经常出现的重大事项和风险。重点报告的内容包括陈述重大事项及风险的有无、大小、可能的后果以及应对策略，其需同时反映在尽职调查报告和向决策层汇报的过程中。不能通过项目交易条件解决的重大风险也是重点报告的内容之一，应作为投资决策中的一个参考权衡指标。

引导基金开展尽职调查的主要目的是发现创业投资机构的价值和存在的风险，因此，在尽职调查报告中，为了将完整的尽职调查内容汇集在一起，制作一个风险和回报的定量对比表，有助于对不同地域、不同领域的创业投资机构进行对比分析，并进行排名。尽调风险、回报表如表5.8所示。

表5.8 尽调风险、回报表

	回报	得分		风险	得分
历史表现	历史表现的水平		历史表现	历史表现的水平	
	累计项目表现			单个项目的情况	
项目来源	项目来源的质量		团队运营	治理结构	
	项目来源的参与程度			流程质量	
价值创造	运营能力		投资决策	投资原则	
	积极参与项目的程度			整体风险要素	
退出能力	项目的退出方式		融资风险	合作伙伴的质量	
投资回报的影响	单个项目的通常特性对整体回报的支撑		投资风险的影响	单个项目的通常特性对整体风险的支撑	
整体回报得分			整体风险得分	

6. 尽职调查的原则和纪律

尽职调查的原则是指引导基金受托管理机构在进行尽职调查的过程中所需要遵循的基本理念。受托管理机构遵循这些原则有利于及时识别潜在风险，可以更好地维护引导基金的利益，避免不必要的问题冲突。这些原则主要包括以下几项：

（1）证伪原则。站在"中立偏疑"的立场，循着"问题—怀疑—取证"的思路展开尽职调查，对潜在的风险保持警惕，用经验和事实来发觉股权投资机构（基金）的价值和风险。

（2）实事求是原则。要求投资经理依据创业投资机构的投资理念和标准，在客观公正的立场上对股权投资机构（基金）进行调查，不与股权投资机构（基金）或相关人员发生不正当的利益关系，不受外界环境的影响，如实反映目标企业的真实情况。

（3）事必躬亲原则。要求调查小组的成员要亲临股权投资机构（基金）现场，进行实地考察、访谈、亲身体验和感受，而不是道听途说下判断。

（4）突出重点原则。在调查时间和成本的限制下，调查小组应合理分配时间和精力，根据调查的目标导向，对重点内容进行详细、深入的调查，避免陷入"眉毛胡子一把抓"的境地。

（5）有序性原则。调查内容一般涉及多方面、多层次，调查小组在调查过程中需做到不重复、不遗漏，各小组相互配合、相互补充，形成一个信息整体，力求最大限度地反映出引导基金管理委员会需要的信息。

（6）横向比较原则。调查小组将被调查的股权投资机构（基金）与同行业的国内外企业发展情况进行对比，以期发现股权投资机构（基金）的价值。

（7）区别对待原则。不同的股权投资机构（基金），发展阶段、企业背景以及投资的行业等都存在差异，其价值与风险的来源也大相径庭。因此，在调查时需因地制宜，根据各股权投资机构（基金）的特点，适当调整调查的重点和评判指标。

引导基金受托管理机构进行尽职调查的基本要求是，尽职调查报告应该具备全面性、真实性、保密性、合法性和独立性，具体而言，包括以下几个方面①：

（1）在尽职调查过程中应严格遵守法律、法规及评审细则的规定，勤勉尽职，审慎严谨。

（2）在尽职调查过程中知悉的股权投资机构（基金）的信息或其他相关的商业秘密，不得用于为自己或者他人谋取利益。

（3）引导基金受托管理机构应当按照引导基金管理委员会授权范围内的指引要求对股权投资机构（基金）进行独立的调查，而不受其他单位或个人的干扰。

（4）不得亲自或以诱导的方式协助股权投资机构（基金）伪造、变造文件、资料、证明等；

（5）不得在经合理谨慎判断情况下仍向引导基金管理委员会提交已确认或怀疑是伪造或虚假的文件、资料、证明等。

（6）应如实、完整地向引导基金管理委员会汇报尽职调查所获得的信息，不得故意隐瞒风险、遗漏主要信息或做虚假陈述。

三、政府引导基金投资期的业务流程

（一）实施方案暨投资执行

引导基金名义出资代表与合作创业投资机构签署相关法律文件，包括基金协议等，基金管理机构协调、监督参股创投企业履行工商登记等相关手续。

1. 四大投资模式的选择与方案设计

政府引导基金旨在引导社会资本投资处于种子期和起步期的创业企业。处于种子期和起步期的创业企业由于面临研发、产品、市

---

① 参考：尽职调查的内容与方法，http://doc.mbalib.com/view/f2f416c825de2303ef2f349fe7aa6080.html。

场、管理以及企业成长风险，传统的以赢利为目标的投资机构因难以判断其发展前景而鲜有介入。因此，这类企业迫切需要得到资金等方面的支持，政府引导基金由于自身非营利性和引导性特征，通过提供部分资金支持或无偿补助为其保驾护航，引导社会资本进一步投资于该类企业，起到增加创投资本供给的杠杆放大作用，从而缓解单纯通过市场配置创投资本导致的市场失灵问题。

政府引导基金是贯彻政府产业政策，对符合优先鼓励发展的新兴产业或技术创新项目给予相应扶持的重要途径。虽然全球各国或地区创业投资引导基金在运作上各有特点，但均主要采用阶段参股（子基金或子母基金）、跟进投资（联合投资）、风险补助以及投资保障四大投资模式[①]。其中，阶段参股、跟进投资属于股权投资，风险补助和投资保障属于无偿资助。政府引导基金的四大投资模式如图5.8所示：

1	阶段参股，即引导基金向创业投资机构参股，并事先约定条件，在一定期限内退出，主要支持设立新的创业投资机构，以扩大对科技型中小企业的投资总量。
2	跟进投资，即引导基金与创业投资机构联合投资于初创期中小企业，主要支持已经设立的创投机构，以降低其投资风险。
3	风险补助，即对已投资于初创期中小企业创投公司予以一定补助，增强创业投资机构抵御风险的能力。
4	投资保障，即创投机构挑选出有潜在投资价值但有一定风险的初创期的中小企业，由引导基金对这些企业先期予以资助，同时由创投机构为这些企业提供无偿创业指导，主要支持科技企业孵化器等。

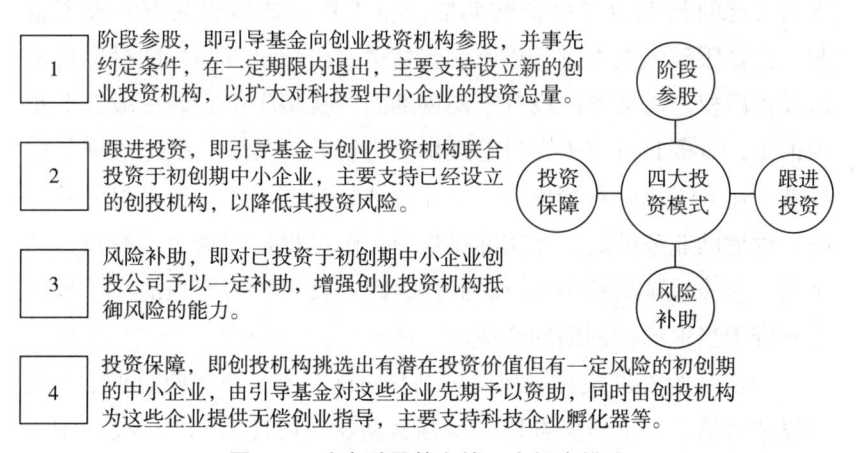

图5.8 政府引导基金的四大投资模式

（1）阶段参股模式。阶段参股是引导基金运作的最基本模式，也是我国政府引导基金的主要运作模式。参股是指由政府出资设立

---

① 国外经常采用的投资模式还包含融资担保，但由于在国内尚不普遍，故本节予以略过。

母基金，母基金再以参股方式与社会资本共同发起设立子基金。由母基金作为引导基金的角色，与具有丰富管理及投资经验的创业投资企业合作，吸引大量社会资本进入以共同组建创业投资子基金来支持创业投资发展。母基金承担出资义务，与其他出资人共同确定子基金运作总体规则，确保子基金投资于政府产业政策倡导的重点产业企业，但其中的具体投资决策则完全由子基金的管理团队自由做出，母基金不参与日常经营和管理，最终在约定期限内以出售基金等形式实现退出，参股期限一般不超过5年。这种模式有利于政府资金放大效应的发挥，有利于公共资金使用效率的提高，还有利于创业投资市场的繁荣升级。以色列、英国、新西兰、澳大利亚、新加坡等国家及中国台湾均是采取这种模式的成功典范。

（2）跟进投资模式。跟进投资或联合投资，即跟投，是指跟随主要投资方（也叫领投方或投资主导方）进行投资，投资额度小，更为关键的是不参与投资前期的准备工作，如尽职调查与投资谈判，只是跟随领投方进行投资，包括享有与领投方同样的投资价格以及投后权利与义务。投资于初创期的科技型中小企业一般在5年内退出，投资收益用于支付管理费或进行效益奖励。跟进投资是引导基金业务模式中直接投资于企业的独特投资方式，也是引导基金的一种辅助业务模式。在实际操作中，跟进投资的资金一般只占整个引导基金总额的较小比例。此外，跟进投资较为普遍的一个现象是投资于当地的初创期的企业。

（3）风险补助模式。风险补助是对已投资于初创期中小企业的创投公司给予一定损失补助，增强其防御风险能力。《科技型中小企业创业投资引导基金管理暂行办法》规定，引导基金按照最高不超过创业投资机构实际投资额的5%给予风险补助，补助金额最高不超过500万元人民币。风险补助一般适用于规模较小的引导基金。在实际操作中，政府需要更科学、更合理地确定补助方案，从而防止一些投资机构利用风险补助等政策来套取国家财政补贴。

（4）投资保障模式。投资保障是指创业投资机构把具备投资潜力且符合政府产业发展导向的初创期中小企业确定为辅导对象后，引导基金对"辅导企业"给予相应奖励。《引导基金管理暂行办法》规定，引导基金可以给予"辅导企业"投资前的资助，资助金额一般最高不超过100万元人民币，资助资金主要用于补助"辅导企业"高新技术的研发费用支出。此外，有些地方引导基金在运作中还引入了担保机制，即政府引导基金为已设立的创投企业提供担保，支持其通过债权融资等方式增强投资能力。政府引导基金一般以货币形式为创业投资企业提供信用担保，按照商业准则，创业投资企业将其股权作为反担保或质押提供给政府引导基金，承担政府引导基金货币资本的亏损责任。融资担保方式较为适合信用体系健全的国家或地区，美国和德国是采取该种模式的成功典范。

2. 出资规模及比例的确定

政府引导基金在不同投资模式下具有不同出资要求。一方面，参股投资通常要求引导基金不能成为参股子基金的控股股东，具体出资要求可分为按出资额和按出资比例两种。其中，规定出资额要求的，通常根据引导基金自身规模不同而在2 500万到1亿元人民币不等，部分地方为达到吸引更多基金落户的目的，对单只基金的出资额要求较少；规定出资比例要求的，通常要求占子基金股份比例低于20%～35%，原则上不控股。另一方面，跟进投资通常会对于引导基金总量中用于跟进投资的比例有所规定，或对于单笔跟进投资的金额有所限定。全国典型政府引导基金出资比例如表5.9所示。

表5.9　全国典型政府引导基金的出资比例

引导基金名称	出资比例
北京市中小企业创业投资引导基金	出资比例最高不超过参股创投企业实收资本的30%，且不能成为第一大股东
北京市海淀区创业投资引导基金	原则上不控股，对同一个创投企业的最高出资额为2 500万元，参股不得高于被投资创业投资企业总股本的35%

续表

引导基金名称	出资比例
浙江省创业风险投资引导基金	参股最高不超过创投企业实收资本的25%，且不能成为第一大股东。参股创投企业的资金规模最低为1亿元人民币。引导基金按创投企业实际投资额30%以下跟进投资，单个项目原则上不超过500万元人民币
重庆市科技创业风险投资引导基金	在投资基金中的股权原则上控制在20%左右
安徽省创业（风险）投资引导基金	引导基金2~3年内分批注入每只创业风险基金资金额累计不少于1亿元，每只创业风险投资基金管理人须募集3亿元左右的资金，且在基金总规模中所占比例不少于70%
内蒙古自治区创业投资引导基金	参股最高不超过创投企业实收资本的30%，且不能成为第一大股东。引导基金按创投企业实际投资额30%以下跟进投资
山东省省级创业投资引导基金	参股不超过创投企业实收资本的30%，且不能成为第一大股东。对省级引导基金和有条件的市和开发区设立的引导基金确定共同参股扶持同一家创业投资企业的，政府引导基金的合计参股不得超过50%。跟进投资一般不超过创业投资企业实际投资额的50%
杭州市蒲公英天使投资引导基金	参股最高不超过天使投资企业实收资本的30%。阶段参股设立的天使投资企业的资金规模最低为3 000万元人民币，引导基金参股期限一般不超过7年

续表

引导基金名称	出资比例
国家科技成果转化引导基金	不作为创业投资子基金的第一大股东或出资人,对子基金的参股为子基金总额的20%～30%,其余资金由投资机构依法募集
重庆市产业引导股权投资基金	计划连续5年每年募集25亿元注入,并公开征集专业化基金管理人,吸收社会资本共同发起设立工业、农业、现代服务业、科技、文化、旅游等六大专项子基金。以市场化运作方式开展股权投资。2014年成立前已吸收余辉投资、昆吾九鼎、英飞尼迪基团等16家国内外知名基金签约,计划引导基金出资45.5亿元撬动各类资本155.5亿元

3. 法律文件的制定与签署

投资委员会决策通过后,表明内部对投资项目形成了统一,但还不具备法律效应。政府引导基金出资方应根据其组织特征,制定并签署一揽子法律文件,从而在法律层面保障各方的权利与义务。相关法律文件一旦签署,各方必须严格履行各项条款,一旦违约需要承担相应的法律责任。

(1)政府引导基金的组织形式。政府引导基金可采用公司制、有限合伙制和契约制等不同组织形式设立,各组织形式各具特征。

①公司制。公司制的主要形式包括有限责任公司和股份有限公司,股权投资基金一般采用有限责任制。投资人作为股东直接参与投资,以其出资额为限,对公司债务承担相应的有限责任。基金管理人的身份为股东或者外部人,实践中通常是股东大会选出董事、监事,再由董事、监事投票决策委托专门的投资管理公司担任基金管理人。管理人收取的费用主要由资金管理费与效益激励费组成。基金股份的出售一般委托给专门的销售公司。一般而言,因法律限

制，股东数目不多，但出资额较大。公司制虽然很普遍，但却存在一定缺陷。比如，较高的注册资本要求可能会产生虚假注资、抽逃注资等问题。

②有限合伙制。有限合伙制的基金投资人作为 LP 参与投资，以其认缴的出资额为限对股权投资基金的债务承担相应责任。GP 通常是基金管理者，有时也会聘请外部基金管理人。管理人与 GP 在实务中通常合二为一。有限合伙有固定的存续期限（一般为 10 年），到期后，合伙企业必须清算，并将获利分配给投资人，如有全体投资人一致同意延长期限的除外。LP 把资金交给 GP 后，GP 除了需遵守在合同上订立的条件外，享有充分的管理权。国内实行有限合伙制的比较多。有限合伙制比较适合"以人为本"的企业，其风格相对稳健，管理人对企业的负债要承担无限连带责任，因而会注重防范风险，不愿意激进。相对公司制而言，合伙制是承诺出资制，在工商注册上相对具有优势。

③契约制。契约制是指专门的基金管理公司作为委托人与受托人（投资人）签订"信托契约"发行受益凭证——"基金单位持有证"，进而募集社会上的闲散资金，用于从事投资活动。实际上，单位信托基金只涵盖了开放式契约型这一种模式，故直接将契约型基金定为英国法传统下的单位信托基金并不合适。鉴于契约型基金尚未形成一个明确的法律概念，可以将契约型基金定义为：由基金投资人、基金管理人之间所签署的基金合同聚集投资人的资金；投资人因信赖基金管理人的专业能力而将资金交由其管理，并将资金托管给基金托管人；基金管理人运用组合投资的方式投资于特定标的，以获取资本利得或利息；投资收益按投资人出资份额共享，投资风险由投资人共担的金融工具。通常认为，契约型基金的主要法律关系是信托关系，即指委托人基于对受托人的信任，将其财产权委托给受托人，由受托人按委托人的意愿以自己的名义，为受益人的利益或者特定目的，进行管理或者处分的行为（《信托法》第二条）。我国《证券投资基金法》（以下简称《基金法》）所称的

"证券投资基金"全部为契约型基金,受《基金法》的监管和约束,同时受《证券法》和《信托法》的约束。《基金法》将非公开募集的证券投资基金正式纳入监管范围,为私募管理人募集契约型基金提供了明确的法律依据。《私募监管办法》明确规定私募投资基金可以契约型设立,为未来设立契约型的 PE 基金提供了法律基础,但契约型的 PE 基金目前仍存在工商登记困难和税收政策不明确的法律风险。

(2) 主要法律文件及核心要素。政府引导基金出资方按照现行法律条规,依照不同组织形式,制定投资基金公司章程、有限合伙协议、基金合同等,明确投资基金设立的政策目标、基金规模、存续期限、出资方式、投资领域、决策机制、基金管理机构、风险防范、投资退出、管理费用和收益分配方案等。

①政策目标。政府引导基金的目标一般是发挥财政资金引导、放大等杠杆作用,提高财政资金使用效益,推动产业转型、发展与升级,引导社会资本投向主导产业和战略性新兴产业,促进优质资本、项目、技术和人才集聚。根据支持方向的不同,引导基金分为创业投资引导基金、产业投资引导基金。创业投资引导基金主要用于引导社会资本流向初创期、成长期中小企业,特别鼓励投资处于种子期、起步期的初创期企业。产业投资引导基金主要用于引导社会资本投向符合经济结构调整和产业升级方向的行业和企业。

②存续期限。政府引导基金一般存续期为五年,如有必要,可通过合伙人大会讨论通过延长两年。

③出资方式。我国政府引导基金主要出资方式包括参股、跟进投资、风险补助以及投资保障等。

④投资领域。政府引导基金投资的主要方向是优化产业结构,促进转型升级,推动创业创新的新兴产业。一般而言,结合当地产业布局特征,因地制宜地调整引导基金投资方向,明确划定投资边界。

⑤决策机制。政府指定国有企业作为引导基金受托管理机构,

并设立引导基金管理委员会，作为引导基金的最高决策和监督机构，其一般不直接参与引导基金的日常运作。引导基金管理委员会成员一般包括地方政府与相关职能部门负责人。总体来看，引导基金的管理主要归口发展改革部门和科技部门两大系统，前者主导推动本地创投业发展壮大，后者主导推动中小科技企业融资成长。

⑥基金管理机构。我国引导基金目前的管理方式主要有：一是基金管理机构成立独立的事业法人主体；二是委托地方国有资产经营公司或政府投资平台公司负责引导基金的管理运作；三是委托地方国有创投企业负责引导基金的管理运作；四是成立引导基金管理公司或者由公司制引导基金自行管理；五是委托外部专业管理机构负责引导基金管理。

⑦风险防范。风险防范采取市场化原则。具体投资项目的筛选、尽调由专项基金管理人负责，最终投资决策由引导基金管理委员会根据市场化原则做出，引导基金公司在内部建立投资决策机制，通过派人参加投决会等方式参与项目投资决策，政府部门负责进行合规审查。

⑧投资退出。投资退出一般是在存续期满后，按照合伙协议约定由引导基金管理委员会根据具体情况选择退出方式，包括IPO、并购、回购、到期清算等方式。按照约定退出后，引导基金资金得以回流，实现滚动发展。

⑨管理费用。引导基金管理机构一般会得到2%左右的固定管理费。

⑩收益分配。政府引导基金具有非营利性的特征，目的是带动社会资本参与创业投资。因此，管理机构获得业绩分成的情况并不多见。根据参股创投企业投资项目运作情况，引导基金在参股创投企业中的投资收益，可安排一定比例奖励给其他股东，或者作为参股创投企业投资管理团队的业绩报酬，以引导、鼓励其他股东继续支持中小企业创业投资发展。比如，天津滨海新区创业风险投资引导基金规定政府出资部分的收益可按一定比例奖励基金受托管理机

构；安徽省创业投资引导基金把投资于省内企业所得红利奖励给管理公司；《苏州工业园区创业投资引导基金管理暂行办法》规定，引导基金参股创投企业，可在退出时将收益的50%让渡给其他投资人。

（3）合同管理的原则。政府引导基金是政府和社会资本在创业投资领域基于合同建立合作关系。"按合同办事"不仅是政府引导基金的精神实质，也是依法治国、依法行政的内在要求。加强对政府引导基金相关合同文件的起草、谈判、履行、变更、转让、解除、终止与失效的全过程管理，通过合同正确表达意愿、合理分配风险、妥善履行义务、有效主张权利，是政府和社会资本长期友好合作的重要基础，也是政府引导基金项目得以顺利实施的重要保障。为了规范政府引导基金合同管理工作，在推进政府引导基金工作过程中，一般应当切实遵循的原则包括：

①依法治理。在依法治国、依法行政的前提下，充分发挥市场在资源配置中的决定性作用，鼓励政府同社会资本自由选择合作伙伴，充分尊重双方在合同订立和履行过程中的契约自由，依法保护项目各方合法权益，共同维护法律权威与公平正义。

②平等合作。政府与社会资本是基于政府引导基金项目合同的平等法律主体，双方法律地位平等、权利义务对等。订立合同时双方应当充分协商、互利互惠，主张合同权利、履行合同义务应当依法、平等。

③维护公益。建立履约管理、行政监管和社会监督"三位一体"的监管架构，优先保障公共安全和公共利益。政府和资本合作项目合同中除在规定社会资本方的绩效监测和质量控制等义务外，还应保证政府方合理的监督权，以加强对社会资本的履约管理。与此同时，政府还应依法严格履行行政管理职能，建立健全及时高效的项目信息公开和公众监督机制。

④诚实守信。政府和社会资本应在政府引导基金项目合同中明确界定双方在全过程中的权利义务，并在合同管理的全过程中真实

表达意思表示，认真恪守合同约定，妥善履行合同义务，依法承担违约责任。

⑤公平效率。项目合同应贯彻"物有所值"原则，在风险分担和利益分配上要兼顾公平与效率：既要在政府和社会资本之间合理分配项目风险，实现公共服务供给效率和资金使用效益提升，又要在设置合作期限、方式和投资回报机制时，统筹社会资本方的合理收益预期、政府方的财政承受能力以及社会资本的支付能力，防止任何一方因此过分受损或超额获益。

⑥兼顾灵活。合同订立时既要充分考虑实际需求，保证合同内容的完整性和相对稳定性，又要合理设置一些关于期限变更、内容调整的灵活调整机制，为后续的合同执行期预留调整变更空间。

4. 合规性复核

政府引导基金在投资阶段进行的合规性复核是为了防止发生投资合规性风险，即基金管理人投资业务人员违反相关法律法规或公司内部规章可能引发的处罚、整改或损失风险。

基金管理投资合规性风险存在于：（1）基金管理人未按法规及基金合同规定建立、维系投资对象储备库。（2）基金管理人利用基金财产为基金份额持有人以外的第三人牟取不当利益；利用因职务便利获取的内幕信息以外的其他未公开信息，从事或者明示、暗示他人进行相关交易，运用基金财产从事操纵证券交易价格及其他不正当的证券交易活动；不公平对待不同投资组合，直接或者间接地在不同投资组合之间进行利益输送。（3）基金收益分配违规失信以及公司内控薄弱、从业人员未勤勉尽责，导致基金操作失误等风险事件。

5. 参股企业工商登记手续办理

基金管理机构协调、监督参股创投企业履行工商登记手续。工商登记流程主要包括名称登记，设立、变更（备案）、注销登记，迁移登记3种情形。

（1）名称登记流程（如图5.9所示）。

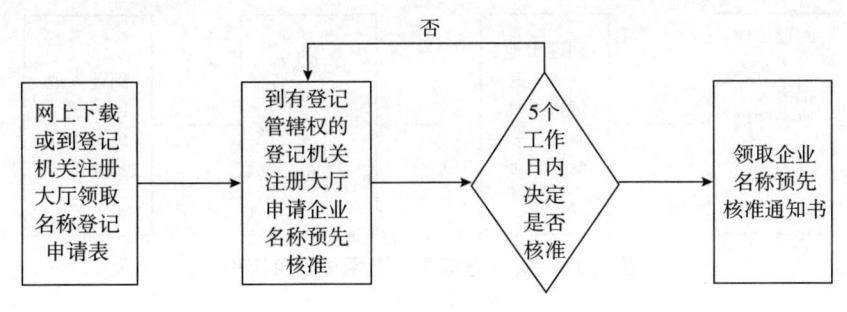

图 5.9　名称登记流程

（2）设立、变更（备案）、注销登记流程（如图 5.10 所示）。

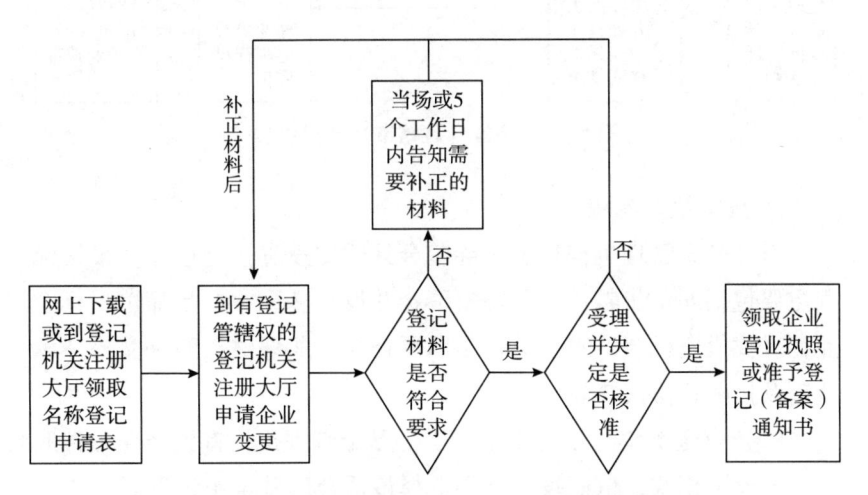

图 5.10　设立、变更（备案）、注销登记流程

注：①变更名称的，需要办理企业名称变更预先核准；②公司、合伙企业办理注销登记前需办理清算组（人）备案，因合并、分立、解散以及经人民法院裁定进入破产程序的除外。

（3）迁移流程（如图 5.11、5.12 所示）。

①省（直辖市）内迁移（以从 A 地迁到 B 地为例）。

②跨省（直辖市）迁移（以从 A 地迁移到 B 地为例）。

注：登记流程中如涉及核实程序的，则遵守相关时限按照法律法规规定执行。

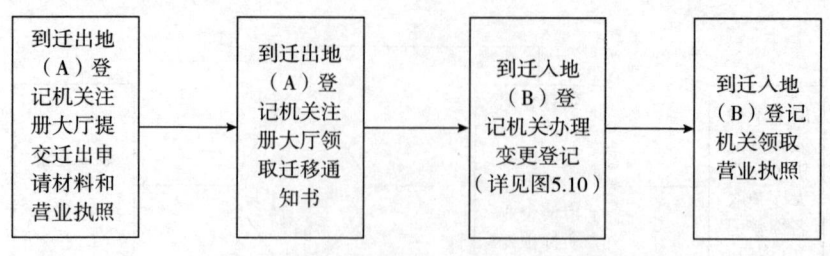

图5.11 省（直辖市）范围内迁移流程

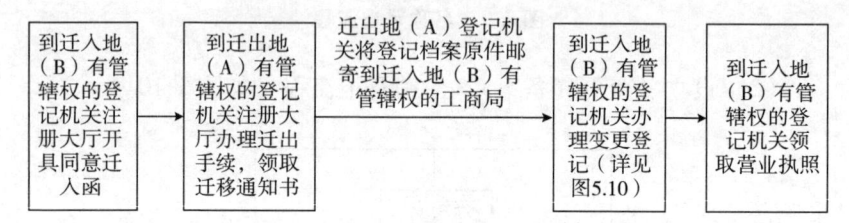

图5.12 跨省（直辖市）迁移流程

6. 投资执行流程

引导基金管理机构负责引导基金具体的投资执行运作，投资流程主要包括四个步骤：一是募集资金并设立基金；二是筛选目标企业，寻找投资机会；三是进行尽职调查与专业评估；四是交易条款谈判及投融资协议签署。

（1）资金募集与设立基金。引导基金管理机构首先结合各种股权基金投资模式，依照投资计划选择最适合的基金组织形式，再按照基金组织形式的要求募集基金。此时一般不要求所有基金份额出资者投入预定的资本实缴额，只需基金份额出资者出具投资数额的承诺书。当基金管理人发现匹配的投资机会时，提前一段时间通知所有基金份额出资者进行注资即可。在有限合伙制股权基金中，这种资金承诺方式尤为常见。在实际的资金募集活动中，募集一般设有一定筹集期限，期限届满则宣布结束基金份额认购。

（2）筛选投资标的。首先，分析拟投资项目的企业管理人或实际控制人的业务能力与综合素质，评估企业管理水平。基金管理人应当从多个维度对目标企业的整体管理团队以及实际控制人进行考察,包括但不限于技术能力、市场开拓能力、融资能力、综合管理能力等。其次,分析企业核心产品的市场前景、竞争现状与竞争优势。最后,考察目标企业所生产的产品所拥有的知识产权含量或者技术含量,包括判断标的企业所拥有的技术水平以及技术产业化的可能性等内容。

(3)尽职调查与专业评估。经过初步筛选,基金管理人在与企业管理者或者实际控制人达成初步投资意向后,还需对该企业进行更为深入全面的尽职调查和专业评估,调查和评估结果将会影响基金的投资决策。此过程工作一般由基金管理人自己组建的专业团队或者外聘的专业中介机构负责开展。尽职调查和评估的内容包括但不限于:企业管理调查、法律尽职调查、财务尽职调查等,进行调查和评估的团队通常包括会计师、律师等专业人士。

企业管理尽职调查及评估的具体内容主要包括:企业创始股东和管理队伍的素质,包括对企业的愿景、发展企业的动力、信誉以及创造性等;产品差异性,包括产品目标受众、价格和销售渠道等;企业创新水平、技术支撑能力以及在同业中的竞争力;企业战略与企业管理模式等。

法律尽职调查主要是核查企业是否涉及纠纷或诉讼,土地和房产产权是否完整,以及商标、专利权的期限等问题。融资企业一般属于新开办企业,往往存在一些法律或制度上的缺失。因此,基金管理人应当在对企业进行调查和评估过程中与目标企业一起逐步清理或妥善解决现存问题。

财务尽职调查在层次上可分为对企业整体财务信息的调查和对具体财务状况的调查。整体财务信息包括目标企业的财务组织、会计政策、税费政策、薪酬制度等,具体财务状况包括货币资金、应收账款、存货、长期投资、在建工程、固定资产、无形资产、银行贷款、应付账款、应付税金、销售收入与成本、其他业务利润、投资收益、现金流等。只有综合核查,才能更加全面地了解企业的资产、损益情况,从而评估此项投资各种可能的影响及其程度。

(4) 交易条款谈判及投融资协议签署。基金管理人与目标企业的管理层或者实际控制人谈判的主要内容包括：交易定价、企业控制权、金融工具种类、组合及资本结构、未来融资需求、管理介入方式及资金退出安排等。

投资决策确定后，双方签署投融资协议。投融资协议是以投资意向书为基础的正式法律文件，对双方都具有法律效力，必须共同遵守。投融资协议的主要内容包括：估值定价、董事会席位安排、投资否决权、进入策略、退出策略。此外，还涉及更为复杂的财务、法律条款，一般需要会计师和律师等专业人士协助谈判，以保护双方合法权益，避免未来产生纠纷。

（二）投后管理

投后管理是项目投资周期中重要的一个环节，也是"募、投、管、退"四大要点之一。投后管理期一般指的是在完成项目尽调并实施投资之后，直到项目退出的阶段。名义出资代表根据子基金文件的约定，按期获取子基金的定期报告和财务报表，每年获取引导基金认可或指定的审计机构出具的子基金年度审计报告。引导基金管理机构动态对子基金的运转进行监督，如发现子基金管理人有违反基金协议约定的行为，应令其及时予以纠正，情节严重的，应提交引导基金管理委员会，按照引导基金相关管理办法进行处理。

政府引导基金按照"政府引导、市场运作、科学决策、防范风险"的原则进行投资运作。其在扶持创业投资企业设立与发展的过程中，通过创新管理模式实现政府政策意图和所扶持创业投资企业，按市场原则运作的有效结合；通过探索建立科学合理的决策、考核机制防范风险，实现自身的可持续发展。引导基金不投向市场已经充分竞争的领域，不与市场争利。

1. 引导基金管理制度

引导基金应当遵守国家有关预算和财务管理制度的规定，建立健全内部管理制度和外部监督制度。

（1）引导基金内部管理制度。《关于创业投资引导基金规范设立与运作的指导意见》指出，"引导基金可以专设管理机构负责引导基金的日常管理与运作事务，也可委托符合资质条件的管理机构负责引导基金的日常管理与运作事务"。同时也明确了引导基金实行"项目评审、决策与执行相互分立"的管理体制。引导基金主要采取自我管理与委托管理两种方式。

①自我管理模式。自我管理模式就是在相关政府部门下专设机构负责管理。实行临时财政账户形式设立的引导基金一般采用自我管理模式，如科技型中小企业创投引导基金主要由科技部进行自我管理。采用这种管理形式存在一定弊端，可能会导致出资主体和管理主体合二为一，产生管理职责不清晰的风险隐患。

②委托管理模式。委托管理模式就是委托符合资质条件的管理机构负责引导基金的日常管理与运作。实行事业单位或国有投资公司作为名义出资人形式设立的引导基金一般采用委托管理模式，即委托名义出资人的管理机构进行管理。政府相关职能部门成立引导基金理事会或管理委员会，对外行使引导基金的权益，承担相应的义务和责任。理事会或管理委员会根据不同需要设立办公室、监事会、决策咨询委员会或专家评审委员会等，负责相关的具体事项。政府引导基金委托管理模式组织架构如图 5.13 所示。

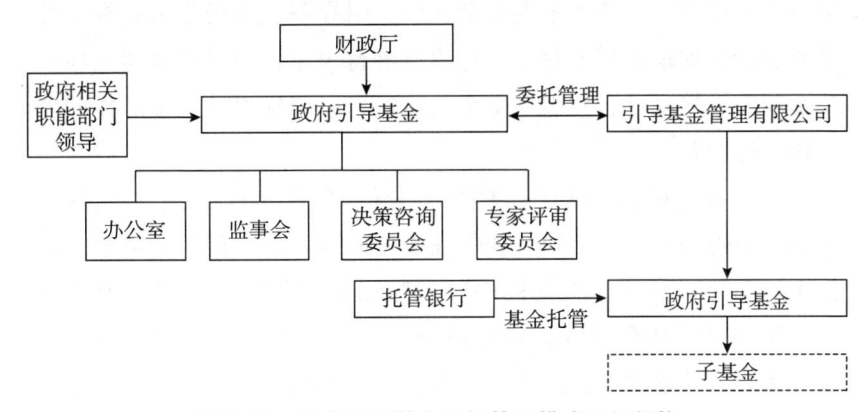

图 5.13 政府引导基金委托管理模式组织架构

这种出资人与投资管理运作、资金托管相互分离，决策、评审和日常管理互相分离的方式，管理架构清晰、职责分明，能够发挥专业管理机构的作用，是比较常见管理模式。引导基金受托管理机构需符合一定资质条件：具有独立法人资格；管理团队具有一定的从业经验，具有较高的政策水平和管理水平；最近3年以上持续保持良好的财务状况；没有受过行政主管机关或者司法机关重大处罚的不良记录；严格按委托协议管理引导基金资产。

管理机构的职责主要包括：面向社会征集合作的创业投资企业；对阶段参股申请方进行尽职调查并实施投资；对直接投资项目进行尽职调查并实施投资；对投资形成的相关资产进行后续管理；拟定评审委员会方案；监督管理和适时检查引导基金支持项目的实施情况，定期向引导基金管理委员会（引导基金的最高决策和监督机构）报告监督检查情况及其他重大事项，并对监督检查结果提出处理建议。

（2）评审委员会的组建。引导基金设立独立的评审委员会，对引导基金支持方案进行独立评审，向管理委员会提出评审意见，以确保引导基金决策的民主性和科学性。评审委员会成员一般包括政府部门、创业投资行业自律组织代表及社会专家，其中，创业投资行业自律组织的代表和社会专家必须过半数。引导基金拟扶持项目单位的人员不得担任评审委员会成员。引导基金管理委员会根据评审委员会的评审结果，对拟扶持项目进行决策。引导基金建立项目公示制度，接受社会对引导基金的监督，以确保引导基金运作的公开化、透明化。

（3）托管机构的确定。大部分引导基金资金的监管、拨付等工作划归当地财政局，引导基金管理机构的资金账户仅起到资金中转作用。部分引导基金决策机构通常会招标或指定一家境内商业银行，作为引导基金的资金托管银行，具体负责账户管理、资金清算、资产保管等事务，并建立基金监控、预警机制，对投资进行动态监管。基金管理人与托管机构本着平等自愿、诚实信用、充分保护基金份额持有人合法权益的原则，签订基金托管协议，明确双方在基金财产的保管、投资运作、净值计算、收益分配、信息披露及相互监督等有关事宜中的权利、义务及职责，确保基金财产的安全，保护基金份额持有人的合法权益。

2. 引导基金的风险控制

引导基金主要通过扶持对象、业务控制、资金控制三个方面加强风险控制。

（1）扶持对象控制。引导基金在设立时要明确引导基金各项扶持条件，建立科学的决策机制，并公示引导基金的决策程序以科学选择扶持对象，确保决策的专业化及民主化。

（2）业务控制。通过制定引导基金章程，明确引导基金运作、决策及管理的具体程序和规定。申请引导基金扶持的创业投资企业建立健全业绩激励机制和风险约束机制，切实防范基金运作过程中可能出现的风险。引导基金章程应当具体规定引导基金对单个创业投资企业的支持额度以及风险控制制度。以参股方式发起设立创业投资企业的，可在符合相关法律法规规定的前提下，事先通过公司章程或有限合伙协议约定引导基金的优先分配权和优先清偿权，以最大限度控制引导基金的资产风险。以提供融资担保方式和跟进投资方式支持创业投资企业的，引导基金应加强对所支持创业投资企业的资金使用监管，防范财务风险。

（3）资金控制。一般而言，政府引导基金的子基金不得用于从事贷款或股票、期货、房地产、基金、企业债券、金融衍生品等投资以及赞助、捐赠等支出。闲置资金一般存放银行或购买国债。引导基金的闲置资金以及投资形成的各种资产及权益，应当按照国家有关财务规章制度进行管理。

3. 引导基金督导考核运作

引导基金应被纳入公共财政考核评价体系。财政部门和负责推进创业投资发展的有关部门对所设立的引导基金实施督导与考核，按照公共性原则，对引导基金建立有效的绩效考核制度，定期对引导基金政策目标实现程度、投资运营情况进行评估，有效应用绩效评价结果。另外，有些引导基金委托第三方机构对引导基金运作绩效进行评估。建立全面绩效评价制度是我国政府引导基金在投后监督管理方面的发展方向，定期汇报不再作为主要的投后监管手段。

（1）主动报送。政府引导基金应当按照有关要求及时报送其投资计划、投资运作、资金使用以及项目执行等情况的总结报告。引导基金管理委员会应当定期向财政部门和负责推进创业投资发展的有关部门报告运作情况，运作中的重大事件应及时汇报，一般是每季度汇报一次。

（2）年度考核。政府引导基金应当接受财政、审计部门对政府投资基金运作情况进行年度检查。引导基金管理委员会组织专家或委托社会中介机构对引导基金运作情况以及参股子基金的运作情况进行审计及绩效评价。绩效评价结果将作为安排年度预算的重要依据。

（3）监督检查。对于违反财务纪律，虚报、冒领、截留、挪用、挤占引导基金资金的行为，由有关部门责令改正，同时按照规定的权限由市财政、审计、监察机关进行处理、处罚或处分。构成犯罪的，依法移交司法机关处理。对存在上述违规行为的单位，政府3年内不受理其申请，并将其单位及责任人列入不诚信名单。

（4）中介机构合规性。受委托的社会中介机构在项目和经费的评审、评估和审计过程中，存在弄虚作假、隐瞒事实真相、与引导基金申请单位串通作弊等行为并出具相关报告的，由引导基金管理委员会取消其项目和经费的评审、评估和审计资格，同时按照《会计法》《注册会计师法》等有关法律、法规对相关单位和责任人进行处罚。社会中介机构提供虚假审计报告，造成引导基金资金损失的，依法追究其法律责任。

（5）专家评审程序核查。参与评审、评估的咨询专家利用评审、评估机会以权谋私或弄虚作假的，一经发现，取消其咨询专家资格，并在新闻媒体上公布；应追究责任的，按有关规定执行；构成犯罪的，依法移交司法机关处理。

（6）管理人员督导。引导基金管理工作人员违反相关法律或合同条款，没有认真履行职责，在管理和监督工作中滥用职权、玩忽职守、徇私舞弊的，依法对责任人进行处罚、处分。构成犯罪的，依法移交司法机关处理。

（7）审计工作内容指引。①明确审计思路，提高审计效率与效果。基本思路是从政府引导基金管理的内部控制制度、流程管控、资金管理、效益分析等四个方面入手进行客观评价。具体来看：从内部控制制度入手，了解制度建设的适宜性和有效性；从项目的流程管控入手，了解项目的管控现状；从资金管理入手，了解财务管理规范性；从效益分析入手，了解产品研发的经济性和效益性。通过对以上四个方面的分析评价，发现基金管理中存在的问题和不足，提出改进管理的建议，促进下一步提升。

②了解制度建设健全性和可操作性，评价引导基金管理现状。通过查阅规章制度、方针及政策等相关文件，以及查看组织机构系统图、询问有关人员、进行实地考察等方法，了解掌握基金管理制度的实际实施情况，具体包括：是否建立相应的内部控制制度、内部控制是否健全完善、是否形成了一个完整的内部控制体系、各项内部控制制度之间有无矛盾和漏洞。在此基础上，分析评价内部控制制度基本内容的严密性、科学性、时效性和合理性。审计过程中，重点明确基金管理的相关内容，如基本原则、年度经费预算、项目支持范围、组织机构及管理职能、审批程序及验收、财务核算内容及范围、检查和监控等方面的内容。同时，对上述内容是否具有可操作性、能否为基金的管理运作提供基本的规范和依据，应进行全面调查。

③审阅和汇总留证资料，评价引导基金项目的过程管控情况。现场审阅、实地查看和汇总分析创新基金项目留证资料，主要包括两个方面：一是对项目在申报、立项、实施和验收阶段的全流程资料（主要包括投资项目工作计划、可行性论证报告、计划书、工作合同或协议、验收报告、评审意见书、财务决算报告等）进行复核

性测试，测试其是否符合规定标准，有无缺项，实际执行情况是否符合规范等。二是对资料的留证情况进行审核，检查是否按项目流程保存过程资料，资料的内容是否完整齐全，是否存在部分项目留证资料不全面、可追溯性不强的情况。总体来说，内部控制制度执行越好，项目立项、申报、实施、验收评审等环节的管控就会越符合制度规范。

④分析基金财务管理现状，评价资金管控情况。分析基金财务状况重点关注三个方面：一是查阅基金财务管理相关制度规定；二是基金预算拨付及核销情况；三是审计过程中重点分析基金项目总预算累计金额、下拨预算指标累计金额、研制单位借款累计金额、已核销项目核销金额、未核销项目未核销金额，是否存在个别项目借款时间过长仍未验收核销的情况等。

⑤分析项目可行性报告预测与实效，评价其社会效益性。分析项目效益主要针对基金各项目可行性研究报告的效益预测值与实际已实现的效益进行对比分析，通过分别计算各项目已实现收入、成本费用、毛利率等，总结市场优势和管理经验，避免盲目投资。

4. 投后增值服务

政府引导基金投后增值服务对象主要包括各子基金及各子基金所投项目。政府引导基金一方面为各子基金提供宏观指导、区域研究、产业研究以及制定发展战略，并为子基金提供项目来源；另一方面，为各子基金所投项目提供增值服务，包括提供个性化的增值服务，如再融资以及提供行业人脉和资源等。优质的投后增值服务主要有以下功能：

（1）尽可能降低企业试错成本。投资过程中需要把控的风险不仅包括子基金的经营风险，也涵盖了已投企业在经营环境和市场大趋势不断变化的各因素带来的不确定性。政府引导基金依托得天独厚的政府平台和政策资源，可以及时帮助被投资对象获得税收优惠等完善的投后增值服务，从而为企业在财务体系、人员匹配、商业模式等方面，从政策、市场、管理、资金链等多个维度降低潜在风险，实现企业稳健成长。

（2）增强投资机构软实力，引导优质企业深耕。随着资本市场大体量地增长，优质的项目相对较少。单纯靠资金的支持难以留住优质企业方，引导基金应带动投资机构在投后管理上的绩效改善，增强其软实力，引导优质企业深耕。

（3）反哺投前，检验投资逻辑，体现投前投后互佐价值。在投前部门短期内完成企业投资后，投后人员通过长期的跟进回访，对投前的投资逻辑进行检验。投后部门在帮助项目方梳理商业模式的同时，及时向投前项目负责人反馈，投前人员一方面解决当前企业存在的问题，另一方面在考察类似项目时规避同类风险。

（4）融资对接与规划。对于早期项目而言，融资几乎是在企业自身还没有良好造血能力的情况下，保证企业资金链稳定及持续发展的必要支撑。早期项目往往缺乏合理的财务分配方案、良好的变现渠道。考虑到引入下一轮投资机构还需要一段时间的接洽和磨合，因此，资方与项目方需要未雨绸缪，提前梳理出下一轮融资规划，并着手对接投资机构。投后服务一方面帮助企业梳理融资规划，另一方面协助企业确定投后估值与节奏。

（5）打通变现渠道，梳理并开发赢利模式。合理的赢利模式会为企业带来更多的流量，启动大规模造血功能，在规模上形成优势。投后服务着力点在于辅助企业挖掘，拓展产业边界。

（6）资源补充与战略布局。融资不单单是找资金，更多是搜寻符合企业文化、契合企业未来战略的投资机构。这样不仅能够带来资金上的帮助，更多的是带来资源上的补充和支持。投后部门要更加深入地了解企业未来发展战略和规划，并对当前符合企业文化属性的投资方进行梳理，然后进行资源补充对接，协助项目方进行有效的战略布局，例如业务并购，完善产业链等。

（三）投资退出

一般而言，引导基金应遵循市场规则，与社会投资机构共担风险、共负盈亏，其出资形成的股权（或合伙人出资份额）一般情况下与社会投资机构同股同权、同进同退。引导基金可通过股权转让、减资、清算、参股创投企业收购等多种方式退出。

1. **政府引导基金的终止条件与退出条件**

（1）终止条件。政府引导基金一般应当在存续期满后终止。终止后，在出资人监督下进行清算，将政府出资额和归属政府的收益，按照财政国库管理制度有关规定及时足额上缴国库。如确需延长存续期限的，应当报经同级政府批准后，与其他出资方按照章程约定的程序办理。

（2）退出条件。政府引导基金中的政府出资部分一般应在投资基金存续期满后退出，存续期未满如达到预期目标，可通过股权回购机制等方式适时退出。财政部门应与其他出资人在投资基金章程（或合伙协议）中约定，有下述情况之一的，政府出资可无须其他出资人同意，选择提前退出：（1）投资基金方案确认后超过一年，未按规定程序和时间要求完成设立手续的；（2）政府出资拨付投资基金账户一年以上，基金未开展投资业务的；（3）基金投资领域和方向不符合政策目标的；（4）基金未按章程约定投资的；（5）其他不符合章程约定情形的。此外，政府出资从投资基金退出时，应当按照章程约定的条件推出；章程中没有约定的，应聘请具备资质的资产评估机构对出资权益进行评估，作为确定投资基金退出价格的依据。

2. **退出原则**

引导基金应遵循市场规则，与社会投资机构"利益共享、分险共担"，明确约定收益处理和亏损负担方式。其出资形成的股权（或合伙人出资份额）一般情况下与社会投资机构所持股权同股同权、同进同退。引导基金投资形成股权的退出，应按照公共财政的原则和引导基金的运作要求，确定退出方式和退出价格。一般来说，引导基金的参股期限为 5~10 年。由于引导基金是一种不以营利为目的的政策性基金,所以在其退出及利益分配的过程中,通常遵循"保障政府资金"和"让利于民"的原则,但不得向其他出资人承诺投资本金不受损失或承诺最低收益。

3. 政府引导基金的退出模式

根据《关于创业投资引导基金规范设立与运作的指导意见》的要求,引导基金可选择的退出渠道有三种:一是通过股权公开转让;二是通过股权协议转让;三是通过被投资企业回购。目前而言,引导基金的退出方式主要有两种:一是引导基金在所投资的创业投资企业存续期内将其所持股份转让给其他社会投资人或进行公开转让,但原始投资者同等条件下具有优先购买权;二是引导基金投资的创业投资企业到期后清算退出。针对不同投资方式,退出模式也有所差别。

(1) 参股投资的退出模式。对于政府引导基金通过参股投资创业投资企业的,国内常见的退出模式为:将股权优先转让给其他股东,公开转让股权,参股创业投资企业到期后清算退出。引导基金投资形成的股权,其他股东可以随时购买。其中,自引导基金投入后3或5年内购买的,转让价格为引导基金原始投资额;超过3或5年的,转让价格为引导基金原始投资额与按照转让时中国人民银行公布的同期贷款基准利率计算的收益之和。参股创业投资企业其他股东之外的投资者购买引导基金在参股创业投资企业中的股权,以公开方式进行转让。

有关参股投资的引导基金的退出时机:在有受让方时,引导基金可以随时退出;参股创投企业的其他股东不先于引导基金退出。由于政府引导基金多遵循"保障政府资金安全"的原则,所以要求享有优先清偿权,如存续期满、股东按章程提前解散、被依法关闭或解散时,在清偿债权人的债权后,以现金形式优先返还引导基金的投资资金。

(2) 跟进投资的退出模式。跟进投资的退出同样遵循"保障政府资金安全"的原则和"优先退出"的原则,如跟进投资最长投资期限不超过一定年限，跟投创投机构不得先于引导基金退出等。若引导基金投资期限已满一定年限而无法退出，应由跟投创投机构按引导基金原值收购，或以市场化方式协商确定收购价格。如被投资的创业企业在此期间内完成了境内外证券市场上市，则按照上市所在的证券市场规定退出，但依然希望能够在允许的时间范围内尽早退出。国内政府引导基金的典型退出模式如表5.10所示。

表5.10 国内政府引导基金的典型退出模式

基金名称	退出规定
北京市中小企业创业投资引导基金	有受让方时，引导基金可以随时退出；参股创投企业的其他股东不先于引导基金退出；参股创投企业其他股东自引导基金投入后3年内购买其在参股创投企业中的股权的，转让价格参照引导基金原始投资额；超过3年，转让价格参照引导基金原始投资额与按转让时央行1年期贷款利率计算的收益之和；参股创投企业发生破产清算的，清偿债权人的债权后，剩余财产首先清偿引导基金
北京市海淀区创业投资引导基金	存续期满、股东按章程提前解散、被依法关闭或解散时，以现金形式优先返还引导基金的投资资金；对于参股的创业投资企业对外投资的退出，要求投资后的5年内开始退出，最长不超过8年；如被投资企业上市，则按照上市所在证券市场规定退出，但原则上应尽早退出；跟进投资最长投资期限不超过7年，且跟投创投机构不得先于引导基金退出；如投资期限满7年无法退出，应由跟投创投机构按引导基金原值收购，并应在跟进投资时与被投资创业企业协议约定；如被跟投创投机构无法全额回购的，由被投资创业企业回购或者由其大股东收购被跟投创投机构收购后剩余的引导基金投资额；如被投资的创业企业在此期间内完成了境内外证券市场上市，则按照上市所在的证券市场规定退出，但原则上应在允许的时间范围内尽早退出

续表

基金名称	退出规定
上海市创业投资引导基金	有受让人时，引导基金可随时退出；自引导基金投入后4年内转让的，转让价格可按照引导基金原始投资额与股权转让时中国人民银行公布同期的存款基准利率计算的收益之和确定；超过4年的，转让价格以市场化方式协商确定；引导基金跟进投资形成的股权，可由作为受托人的创业投资企业约定回购，转让价格以市场化方式协商确定；引导基金扶持的创业投资企业股东以外的投资人转让股权，或向受托创业投资企业以外的投资者转让被跟进投资企业股权的，按公共财政的原则和引导基金运作要求，确定退出方式和退出价格，经引导基金管理委员会同意或授权，可按照市场价格直接向特定对象转让
浙江省创业风险投资引导基金	在有受让方的情况下，引导基金可以随时退出；参股创投企业的其他股东不先于引导基金退出；参股创投企业未按规定向初创期企业投资的，引导基金有权退出；其他股东自引导基金投入后3年内购买引导基金在参股创业投资企业中的股权，转让价格按不低于引导基金原始投资额确定；超过3年的，转让价格按不低于引导基金原始投资额与按照转让时中国人民银行公布的同期贷款基准利率计算的收益之和确定
安徽省创业（风险）投资引导基金	将股权优先转让给其他股东；公开转让股权；参股创业投资企业到期后清算退出；引导基金投资形成的股权，其他股东可以随时购买。自引导基金投入后3年内购买的，转让价格为引导基金原始投资额；超过3年的，转让价格为引导基金原始投资额与按照转让时中国人民银行公布的同期贷款基准利率计算的收益之和。参股创业投资企业其他股东之外的投资者购买引导基金在参股创业投资企业中的股权，以公开方式进行转让

续表

基金名称	退出规定
杭州市蒲公英天使投资引导基金	参股天使投资企业在成立1年内未按规定向初创期企业投资的,引导基金有权退出;参股天使投资企业超过半数股东要求受让引导基金股权的,引导基金有权退出;参股天使投资企业完成投资,依《公司章程》或《合伙协议》应予以解散的,引导基金有权退出;参股天使投资企业发生破产或清算的,引导基金有权退出;《公司章程》或《合伙协议》里约定的引导基金应退出的其他情形

（3）通过私募二级市场退出。私募股权二级市场是指从已经存在的投资人手中购买相应的私募股权权益,其通常还包括从PE基金管理人手中购买PE基金中部分或所有的投资组合。一个完整的私募股权二级市场包括大量的卖方、买方及中介机构。通过私募股权二级市场交易,卖方能够实现增加资产流动性、平衡自身资产组合、减少非核心战略资产的配置等资产管理的目的,实现自身投资组合合理化。

我国政府引导基金自2008年集中涌现发展至今,已有一批逐渐进入退出期。政府引导基金以投资人身份参股投资VC/PE基金部分的退出,将是私募股权二级市场中的重要组成部分。据统计,截至2018年6月底,全国政府引导基金规模达16 128亿元人民币,按照5%的国际惯例计算,已逾800亿元人民币的资本量都面临退出压力。政府引导基金所筛选投资的基金都是由业绩良好、团队优秀的GP运营管理的,因此这一部分已成为专门针对私募二级市场的基金眼中的巨大蛋糕。

专题5.6 北金所等四家单位发起设立"中国私募二级市场发展联盟"

2012年6月28日,北京金融资产交易所（以下简秒"北京所")等四家单位发起设立"中国私募二级市场发展联盟",并发布修订后的私募二级市场交易规则体系,为成员开展相关业务搭桥,对行业内资源进行整合,实现了私募二级市场交易双方的利益最大化。北金所二级市场平台的打造和交易规则的确立对市场有以下三方面的积极影响:

解决流动性。根据交易规则,PE 基金持有的非上市企业的股权或股份以及非国有企业、非国有组织或自然人持有的 PE 基金份额均可在平台上进行交易。囊括了目前市场上急需解决流动性的两大类别,能够使符合条件的资产提高交易效率。

实现价值发现。交易规则显示,在征集期间产生多个意向受让方的,可按照转让方要求组织意向受让方竞价。这一定程度上实现了资产以市场价值作为衡量的标准,使交易价格更加透明,同时促进市场内生性调整。

市场交易配套服务在不断完善。北金所在自身短期和长期的战略规划中,希望通过自身的努力帮助成员完成交易、开展相关的登记托管业务、发展数据库和电子化平台、帮助机构设立私募股权二级市场基金并提供后续咨询服务。这将发挥市场的协同效应,进一步推动私募股权二级市场的繁荣发展。

第六章　政府引导基金投后绩效管理

一、政府引导基金投后绩效管理概述

（一）政府引导基金绩效与绩效管理

政府引导基金绩效是从引导基金的性质与宗旨出发，对其运行效果的综合评价，主要体现引导基金预期目标的实现程度、运行效率及其对经济社会的影响。政府引导基金是一项重要的政策性基金，是当前政府引导投资方向、推动战略性新兴产业发展、扶持初创企业的重要方式，具有明确的政策目标。不同于公共财政支出，引导基金的运作更强调市场化，通过参与市场投资活动，发挥财政资金的杠杆效应，引导社会资本进入。因此，引导基金天然带有对经济效益的要求。同时，作为一项政府财政支出，引导基金运作过程的有效性和规范性是财政部门管理能力与运行效率的体现，将直接影响引导基金的政策、经济效益。综上所述，政府引导基金的绩效主要体现在其政策、经济与管理效果上。

绩效管理是在绩效概念基础上的进一步扩展，是指通过明确绩效计划与目标，运用科学的方法，对结果与目标的符合程度进行评估，最后运用绩效结果，提升绩效目标的全过程，涵盖绩效计划、绩效实施、绩效评估、绩效反馈、绩效评估结果运用等要素。政府引导基金投后绩效管理是财政资金投后管理活动的重要组成部分，是对引导基金投资活动的监督、管理与反馈。具体而言，是通过绩效管理方法，对引导基金投资活动过程与效果进行考评，以保证资金使用效益与公共服务水平，提高政府的管理效率与政策效果。

（二）政府引导基金绩效管理的目标及意义

1. 政府引导基金绩效管理的目标

自2005年国务院发布《创业投资企业管理暂行办法》以来，中央通过设立国家级引导基金，出台政府引导基金规范运作指导意见与管理办法等，鼓励各级政府引导基金设立。近年来，引导基金自省级到市县级单位遍地开花，数量和规模与日俱增，大规模的公共资金投入促使政府和社会更加关注引导基金的运行效果，主要包括撬动社会资本的杠杆效应、产业扶持效果等。此外，经过长期的发展，进入投资后期甚至是退出期的引导基金数量日益增加，迫切需要建立完善的绩效评价体系，对基金的运行效果进行反馈。可以预见，未来有关部门在该领域的关注重点将转向基金的投资效益方面，以充分发挥政府引导基金的优势。

政府引导基金投后绩效管理有其明确的目标。首先是规范引导基金的运作过程。政府引导基金将政府引导与市场运作相结合，由财政部指导确立科学的决策机制，委托市场化基金管理公司管理，通过参与市场竞争引导投资方向，整个运作过程涉及政府部门的引导与基金管理公司的运作。绩效管理通过对基金募资、投资、清算、退出等各环节的监督与反馈，约束与规范基金的运作，防止管理过程失控、资金运行效率低下等问题。

其次，科学、合理地评估引导基金的运行效率是绩效管理的重要内容。政府引导基金绩效管理旨在通过建立完善的考核机制，按照基金设立宗旨及其运行规律，对基金目标实现程度、过程绩效、资产情况进行客观、科学、公正的评价，以反映基金的运行效果。

最后，绩效管理的最终目标在于充分运用绩效评价结果。绩效评价结果的价值主要体现在通过反馈机制，调整以后年度引导基金预算安排规模，以提高基金的抗风险能力，对于运作过程中存在的失信、失范行为予以惩戒，以保证引导基金的持续健康发展。

2. 政府引导基金绩效管理的意义

政府引导基金的绩效目标与当前基金发展状况决定了基金绩效管理具有重要的现实意义。近年来，我国政府引导基金的规模迅速扩张，2015年甚至出现了成倍增长，但同时引导基金出现了管理效率不高、部分基金效果不明显、寻租等问题，使得科学的绩效管理变得尤为重要。在基金发展初具规模的背景下，绩效管理呼之欲出。

首先，科学的绩效管理有助于政府引导基金充分发挥引导作用，最大限度实现基金引导资本投向、扶持产业发展的目标。政府设立的引导基金通常具有特定的政策目标与效率要求，而通过绩效管理报告基金运行情况与其预期目标之间的差距，能有效防止运行过程中出现的方向性偏差。此外，通过绩效管理反馈机制能够帮助决策者做出适时调整，提高资金利用效率，是有关部门调控基金运行过程的依据，对于提高规范基金运行效率具有重要意义。

其次，通过绩效管理有助于实现政府职能，体现财政运行效率。究其本质，政府引导基金是一项公共财政支出，其运行效果也是财政运行效率的体现。绩效管理是公共财政支出管理的重点，体现了政府资源配置效率以及扶持政策的有效性，对于加强公共监督、了解公共财政支出的质量与效益具有重要意义。同时，通过绩效评定约束政府行为，使政府逐步退出市场配置效率高的领域，有利于进一步规范政府职能，更好地发挥基金的引导性。

最后，通过绩效管理有助于引导基金实现持续健康发展。政府引导基金在我国发展迅速，但目前仍不成熟。基金在发展过程中主要存在操作主体能力不足、多重委托代理等问题，需要通过建立科学完善的绩效管理体系，加强监管与信息反馈，以提高基金专业投资能力、抗风险能力等，保障基金的健康发展。

（三）我国政府引导基金投后绩效管理情况

我国政府引导基金投后管理主要由三部分组成，包括对基金投资计划与运作情况的定期汇报，对基金运作情况的审计、监督，以及基金的绩效考核。其中，绩效考核在投后管理的重要性日益凸显，是基金监督、管理方面的主要发展方向。

目前，我国政府引导基金投后绩效考核体系尚不完善，实施范围较小，还处于起步阶段。其主要表现在缺乏一套具体的管理办法，还缺乏对引导基金绩效考核体系、考核办法与细节的详细规定，不足以指导绩效管理工作的执行。截至目前，中央与各地方政府出台的政府引导基金管理办法对绩效考核的规定仍较为宽泛，通用的办法是将引导基金纳入公共财政考核评价体系，但对于具体的操作办法未做出详细规定。政府引导基金绩效考核办法相关文件如表6.1所示。

表6.1 政府引导基金绩效考核办法相关文件

年份	文件名称	绩效考核规定
2008	《关于创业投资引导基金规范设立与运作的指导意见》	1. 纳入公共财政考核评价体系； 2. 由财政部门按公共性原则实施监管； 3. 引入第三方机构进行重点绩效评价，考核内容包括基金政策目标、政策效果与资产情况
2015	《政府投资基金暂行管理办法》	
2016	《关于财政资金注资政府投资基金支持产业发展的指导意见》	

从通用的做法来看，借鉴公共财政支出的绩效管理模式具有一定的合理性且可操作性强。作为一种政策性基金，政府引导基金与财政支出的性质有许多相似之处，二者均为非营利性的政府公共支出，带有明确的政策目标，均涉足市场失灵领域，作为市场的补充而存在。然而，一方面，当前我国公共财政支出评价体系自身仍有

待调整,审查内容集中于合法性与合规性审核,评价指标体系发展并不完善。另一方面,政府引导基金与公共财政支出仍具有显著差异,单纯套用财政考核评价体系必然会忽略基金自身的特点。首先,基金市场化的运作方式、资金杠杆的目标诉求决定了其绩效考核必须包含经济与效率的评估,以保证评估结果能反映基金运行的政策效果。其次,不同于一般的财政支出,政府引导基金在成立初期并不能确定其规模,难以预先明确标准。最后,政府引导基金的政策目标在于通过发挥资金杠杆作用,扶持初创企业,进而推动产业的发展,效果既涉及宏观层面,也涉及微观层面。而财政评价体系则侧重于宏观效果的评价,难以真实反映引导基金的绩效。因此,将政府引导基金纳入公共财政考核评价体系,依然要求制定一套符合基金自身特点的、科学合理的绩效评价指标体系,以充分、客观、真实地反映基金的运行效果。

2015年,山东省财政厅出台《山东省省级股权投资引导基金绩效评价管理暂行办法》(以下简称《办法》),成为首部针对政府引导基金投后绩效管理的地方政策。《办法》在评价指标设计、评价分值计算、评价结果运用等方面做出了明确规定,同时指明,评价过程包含对政府引导基金的年度评价以及退出后的综合评价,它们分别侧重于基金运行的过程控制评价与退出后的业绩和政策效果评价。《办法》的出台对我国政府引导基金绩效管理模式的探索具有重要借鉴意义。本书将结合《办法》的规定,对投后绩效管理进行探讨。

二、政府引导基金绩效评价体系

在绩效管理过程中,绩效评价的地位举足轻重,评价效果将影响整个绩效管理过程与效果,是绩效管理工作的核心。因此,绩效评价工作的开展需依照一定的程序,运用科学、合理、有效的方法,对引导基金的经济、效率及效益进行客观、全面的评价。下面将具体介绍绩效评价的组织系统、评价程序、依照的法律政策、评价的阶段及适用的方法等。

（一）绩效评价组织系统

政府引导基金绩效评价工作的组织系统与财政支出类似，主要包括组织管理者、评价主体及专家库等。

1. 组织管理者

财政部门作为国家预算安排、各项财政支出的统筹部门，是基金绩效评价工作的组织管理者，在政府引导基金的绩效评价工作中承担统一规划组织的责任。其主要职能包括设立基金绩效评价制度，组织核定各项评价工作标准，组织、指导绩效评价工作的开展等。

2. 评价主体

我国政府引导基金的评价主体主要由财政部门、审计部门、主管部门等组成，负责依照制度要求开展对引导基金项目运行效果的评价工作，对掌握的数据进行整理与分析，并得出评价结果。此外，我国政府引导基金将引入第三方审计绩效评价，包括会计师事务所、律师事务所、质量检验与评估机构等在内的社会中介组织将成为评价主体的一部分，以保证绩效评价的专业性与公正性。

3. 专家库

专家库是绩效评价工作不可或缺的一部分，旨在通过提供专家意见与指导的方式，提高绩效评价工作的科学性。专家主要参与绩效评价与审查、指导建立绩效评价制度、选择评价方法等，为评价工作提供咨询、策划与专业指导。

（二）绩效评价程序

政府引导基金绩效评价流程与财政支出类似，主要分为准备、评价与报告三个阶段。

1. 准备阶段

准备阶段是绩效评价的前期准备工作阶段,工作内容包括绩效目标与评价对象的确定、评价工作组的建立以及评价工作方案的制订等。

(1)确定绩效目标。由财政部门根据有关规定和标准,确定引导基金的预期绩效目标。

(2)确定评价对象。由评价主管部门根据引导基金绩效目标以及绩效管理的要求,有针对性地确认绩效评价的对象,下达评价通知书。评价通知书主要包含评价任务、目的、依据、评价人员、评价时间以及相关要求等内容。

(3)成立评价工作组。由主管部门牵头,组织成立评价工作组,进行组内培训。评价工作组主要负责制订实施方案、选择评价机构、审核评价报告以及下达评价通知等工作。

(4)制订评价实施方案。在准备阶段,工作组应根据评价工作规范,针对评价对象制订实施方案。实施方案应包括评价内容、依据、方法、程序、评价指标、评价标准等。

2. 评价阶段

(1)搜集数据。在评价阶段,有关部门应根据评价指标,通过勘察、问卷、复核等方式,搜集相关基础数据与资料,并对资料进行审核,确保资料的真实性、准确性与完整性。

(2)评价工作的开展。由工作组推动评价工作的开展,对所掌握的数据进行整理与分析,通过聘请有关专家或机构,以及征询、问卷调查等方式,获得评价意见。

(3)计算评价结果。在前期工作的基础上,选用适当的评价方法对项目绩效进行综合评估,得出评价结果。

3. 报告阶段

(1)整合形成初步评价结论。评价阶段结束后,工作组应审核评价机构提交的报告,对评价结果进行综合分析,发函征求意见。评价结果经审核后,应正式发文通知有关部门,并提交绩效评价报告，将结果通知被评价者。

（2）总结归档。在评价工作结束后，应对工作进行总结，反馈评价过程中遇到的问题与建议，并由主管部门负责评价结果与相关资料的归档工作。

（三）绩效评价的依据

绩效评价的依据体现了评价过程的合法性、合规性，以及评价工作的权威性。根据现有的政府引导基金绩效评价办法相关规定，绩效评价的主要依据整理如下：

（1）国家相关法律、法规和规章制度及各地方引导基金管理办法等行政规章、规范性文件。

（2）政府引导基金设立方案及实施细则。

（3）经注册会计师审计的《引导基金年度会计报告》和《引导基金年度运行情况报告》。

（4）引导基金参股设立的子基金章程或合伙协议。

（5）经注册会计师审计的《子基金年度会计报告》和《子基金年度运行情况报告》。

（6）国家财政部或省财政厅和主管部门确定的其他资料。

（四）绩效评价阶段

引导基金绩效评价按阶段主要分为年度评价与综合评价。

1. 年度评价

年度评价一般以预算年度为周期，在每一预算年度结束后，对在投资存续期内的引导基金进行中期评价，评价工作通常于次年5月底完成。年度评价的目标在于过程控制，主要侧重于对基金投资过程的监督与控制，衡量基金实际投资进度、管理过程的规范性与政策引导方向，以期针对已出现的问题，及时做出反馈与调整，保证操作过程的规范性，以及政策效果与预期目标的一致性。

2. 综合评价

综合评价是在引导基金退出子基金后 2 个月内,对基金运作的整体效果进行考核。与年度评价不同,综合评价的目的在于对已完成项目的效果进行反馈,并对基金运行过程与效果进行评价,侧重点主要在于衡量引导基金产生的政策效果、经济效果,以及对基金管理、运作过程与风险控制能力等各方面的评价。

(五) 绩效评价方法

绩效评价方法主要分为基本评价方法与综合指标评价方法两类,基本评价方法侧重于根据评价对象的特征确定绩效评价的主要思路,而综合指标评价方法是在指标构建的基础上,对各指标数据进行综合处理。引导基金绩效评价的梳理主要参考财政支出绩效评价方法,同时根据基金的特殊性进行筛选。

1. 基本评价方法

(1) 目标评价法。目标评价法也称目标预定与实施效果比较法,是指事先设定项目的预期目标,通过指标设计等方式对项目产生的实际效益进行评估,最后将评估结果与预期目标进行对比分析的方法。该方法主要通过比较实际结果与预期目标的差距,对项目绩效进行评价,有助于未来工作的调整。政府引导基金具有明确的政策目标,其绩效评价的关注点在于对目标实现程度的评估,该方法对政府引导基金的适用性较强,是其绩效管理的主要思路。

(2) 公众调查法与专家评价法。公众调查法主要适用于定性指标的评价。对于评价体系中部分难以量化的指标,可以通过邀请相关领域专家,或对公众进行问卷调查的方式,对指标进行评价、打分,最后汇总意见与评价结果,以保证结果的科学性与客观性。政府引导基金的绩效评价涉及部分定性指标,难以通过统计数据进行量化,需要参考公共财政支出评价方法,设计调查问卷,结合专家或公众的评价结果。

(3) 横向比较法。横向比较法是指通过对相同或相近项目实施情况的综合比较，获取更多相关信息，判断项目的绩效水平。例如，对同一项目在不同地区实施情况进行对比，或同一地区相近项目进行绩效比较等。项目间的比较，可为绩效评价提供更为完备的信息，有助于针对绩效结果进行深入分析，寻找效益提升的切入点与途径。相较于公共财政支出，各地区、各类型政府引导基金间差异性相对较小，虽然具体扶持领域与侧重点有所不同，但均主要针对高新技术产业与创新领域，可比性较强，横向比较法的应用价值较大。

2. 综合指标评价方法

（1）模糊评价法。模糊评价法的主要思路较为简单。首先，由绩效评价指标体系确定评价项目的模糊评价因素集。该集合由项目的各绩效评价影响因素组成，以三层级评价指标 a_{pqr} 为例，分为第一至第三因素层，其中 p、q、r 分别代表第一至第三因素层包含的指标数量，下标分别代表第一个因素层的第 i 个评价因素在第二因素层的第 j 个因素层的第 k 个评价指标。

其次，确定评价等级。通常将评价等级设定为很好、较好、一般、较差、很差等五个水平，分别用数字 1~5 代表，通过对各因素层进行单因素模糊评价，评估各因素在各评价等级的隶属度，从而建立模糊评价矩阵。评价方式可采用专家打分法。

再次，根据各因素的相对重要性，在各层级内分配权重。第一层级的分配集为 $\{A_1, A_2\cdots\}$，A_i 为第一因素层的第 i 个因素在综合评价中的重要程度。第二层级分配集为 $\{a_{11}, a_{12}\cdots a_{21}, a_{22}\cdots\}$，$a_{ij}$ 表示第二因素层中的第 j 个因素在第一因素层中第 i 个因素评价中的相对重要程度，以此类推。最后，通过各层级内指标评价值与权重的加权平均，得到各因素层的综合评价值，最后得出目标层的综合评价，即项目的绩效评价结果。

（2）层次分析法。层次分析法是一种定性与定量相结合的评价方法，能够客观地处理评级体系中难以量化的主观判断部分，在实际中得到了广泛运用。

层次分析法的主要思路是先将评价问题层次化，再根据相对重要性，确定每个因素在系统总目标中所占的权重，如图6.1所示。层次化过程类似于指标体系的设计过程，在绩效评价的总目标下，根据项目的特点，对目标进行拆分，将各方面影响因素纳入层级结构中，反映各因素之间的关系，通过逻辑梳理，提高绩效评价的效果。

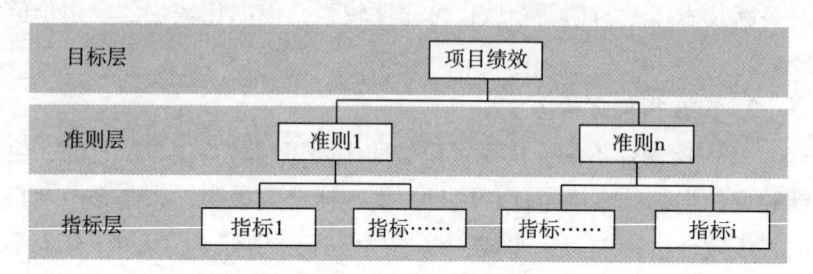

```
目标层            项目绩效
准则层       准则1         准则n
指标层    指标1  指标……  指标……  指标i
```

图6.1　多层次分析结构

此外，各因素在绩效评价中所占权重应根据项目的具体情况有所调整。对政府引导基金而言，权重的确定可参考《山东省省级股权投资引导基金绩效评价管理暂行办法》的规定。总体而言，需要根据不同引导基金的政策导向确定相应的权重分布。权重分配的基本原则是对注重社会效益、政策导向较强的引导基金，适当降低财务效益指标权重，调高社会效益权重；对投资于成熟期企业、经济效益较好的引导基金，应突出财务效益指标的重要性。

三、绩效指标体系构建的原则与内容

（一）基本原则

评价指标设计是绩效评价的灵魂，也是绩效管理目标的直接体现。指标设计的偏差将使得绩效管理偏离初衷，或绩效结果出现偏差，难以反映真实情况。因此，建立一套科学、有效的绩效评价指标体系对于绩效管理而言至关重要。政府引导基金绩效评价指标体系的构建：一方面可参考公共财政的指标设计，另一方面也应最大限度反映引导基金的特点，因而，指标体系的设计应遵循一定的原则。

1. **系统性原则**

评价指标首先是自成体系的，是相互关联、具有内在逻辑的有机整体，并非各指标间的简单堆砌。在体系内虽然各指标反映的具体内容不同，但均指向同一目标，即综合全面地反映引导基金的政策效果。单个指标仅限于反映引导基金的某方面特点，而指标体系则通过信息整合、逻辑整理、层次性安排，以期最大限度地反映引导基金效果。指标体系应根据引导基金的特点，形成由宏观到微观、层层递进的逻辑整体。

2. **可比性原则**

可比性原则是指绩效评价体系的通用性，也就是说，使指标体系可运用于同类项目中，以便对评价结果进行比较。遵循可比性原则可避免重复设计衡量指标，有助于提高绩效评价工作的效率。同时，遵循可比性原则使引导基金间的绩效比较成为可能，有助于提供更为完备的信息，分析绩效差异形成的原因，以寻找效益提升的途径。

3. **适度性原则**

引导基金评价指标的选择应最大限度地满足完备性，包含基金的各方面特征，以从多维度、多角度反映基金的运行效果。但同时，资源的有限性、成本约束以及对效率的追求，决定了绩效指标的选择不宜过多，否则会增加评价的难度与工作量。指标设计需要有选择性，应根据指标的相对重要性进行筛选，以求运用最少的指标覆盖最丰富、全备的信息，提高绩效管理工作的效率。在具体操作过程中，需要遵循适度性原则，在完备性与重要性之间进行权衡与协调。

4. **可测性原则**

可测性是指绩效评价指标的选择应保证资料与数据的可获得

性，以及数据搜集过程的经济性与可操作性，还应考虑成本与时间约束。此外，指标体系应尽可能量化，避免评价的主观随意性，对于定性指标，应明确各评价指标的等级标准、概念与内涵，使各评价主体有统一的参考标准，以保证评价结果的科学性与有效性。

5. 稳定性原则

稳定性是绩效评价工作延续性的保证，即要求指标体系能够在较长的时期内保持其有效性。政府引导基金的投资周期较长，指标体系的设计需要具备一定的适用性，这样有利于绩效评价工作的进行，以及对引导基金投资全过程的跟进，同时也避免了不断变动指标造成的低效率以及绩效前后变化的对比等。

6. 外部性原则

作为一项政策工具，引导基金设立的目标在于发挥其调节外部经济、社会的作用。引导基金的绩效评价不能仅局限于基金内部的运行状态，而应侧重于对资本市场、企业成长、产业环境与经济发展的影响，不仅要考虑直接作用，也要对间接作用进行考核。根据引导基金设立目标的不同，应调整相应的评价指标，以保证绩效评价结果充分反映政策目标的实现程度。

（二）评价内容

1. 引导基金的政策导向作用

政府引导基金有别于私募基金，具有明确的政策导向，其性质与宗旨决定了绩效目标与私募基金有本质区别。引导基金的考核评价重点应在于政策效果的实现程度，而非投资收益的最大化。因此，引导基金的评价指标体系的设计必须体现这一特点，即反映引导基金对社会资本的引导作用、对产业的扶持效果及其与区域经济发展规划的符合程度，以真实体现政府引导基金的运行效果。

2. 引导基金的运作全过程评价

政府引导基金应遵循"政府引导，市场运作"的原则，从募资、投资、投后管理、清算、退出的全过程实现市场化运作。绩效评价应该涵盖各个环节，并对引导基金的投资运营情况进行评价，以体现基金的经营管理能力。评价指标体系应包含资金募集情况，项目的选择，基金运行合法性、合规性监督，基金的财务状况，内部风险控制能力，退出的方式与渠道等方方面面，以全面反映基金运作过程各环节、各相关部门的绩效，从而有助于发现问题环节，使评价结果更具有针对性，为引导基金绩效提升提供参考。

3. 宏观效益与微观效益

政府引导基金通过与社会资本合作，投资成长性企业，从而带动与引导社会资本的进入，最终达到扶持特定产业发展的目的。基金引导效果的实现很大程度上依赖于被投资企业经营能力与经济效益的提高，从而强化资金的杠杆作用，吸引大量VC进入。从理论上分析，基金目标的实现既会带来宏观效益，也会带来微观效益。宏观效益通过引导基金的带头示范作用实现，而微观效益则通过对特定企业的扶植带动产业的发展实现。在基金绩效评价中，二者相辅相成，具有同等重要性。微观效益评价是短期绩效评价的依据，有利于对基金执行情况进行跟踪与监督，而宏观效益评价体现了基金宏观目标的实现程度。因此，对引导基金的绩效评价应同时包含宏观效益与微观效益。

四、政府引导基金绩效指标体系

政府引导基金绩效指标体系设计是绩效评价工作的重点，主要通过借鉴财政绩效评价体系与现有政府引导基金指标体系研究的方式进行。结合前文的分析，指标体系设计应当以引导基金的性质与宗旨为依据，以反映基金自身的特点与预期目标的实现程度。据此，本书将绩效评价指标分为政策效应、经济效应与管理效应三大类，从三个维度对基金的绩效进行考察，以期全面、客观地反映政府引导基金的运行效果。

(一) 政策效应指标

作为一种"政策性基金",政府引导基金设立与运作的主要目的在于发挥政策引导的作用,因此,政策效应在基金绩效评价中的地位尤为重要。依照引导基金设立的宗旨,可以将其政策目标分为四大类,包括发挥资金的杠杆放大效应,产业支持与导向作用,引导投资阶段前移,以及支持本地企业。因此,本书将其作为衡量政策效果的四大指标。

1. 杠杆放大效应

杠杆放大效应是指资金的杠杆乘数作用,通过政府资金的投入及其与社会资本的合作,吸引、带动更多资金进入,产生成倍于初始投入的放大效应,增加资本供给。引导基金的投入存在两次杠杆放大效应,一次是政府以参股方式与民间投资人、投资机构合作共同成立创业投资基金;另一次是已接受政府出资成立的创业投资基金联合其他投资人或创业投资基金对创业企业进行联合投资,进一步放大杠杆效应。通过对基金杠杆效应的评价,可以刻画引导基金在引导资金投入作用的强度,从而有助于了解引导基金扶持产业发展目标的实现程度。杠杆效应具体通过以下两个指标进行衡量:

(1) 引导社会资金进入创业投资领域的规模(亿元) = 参股设立的创业投资机构投资额 – 引导基金的规模。

(2) 杠杆率 = (创投引导基金本金 + 融资金额)/创投引导基金本金。

2. 产业支持与导向作用

政府引导基金通常针对特定产业而设立,旨在通过资金支持、引导投资流向,缓解创业投资市场中的资源配置失灵问题,以达到培育创新型企业,扶持地方重点产业发展的目的。当前,政府引导基金产业支持与导向作用明显,在各地方政府产业政策中的重要性日益凸显。在指标体系中,支持导向作用主要由以下三大指标衡量:

(1) 投向引导基金实施细则确定的特定领域比例 = 投资于特定

领域规模/总投资规模×100%。

(2) 对促进相关产业发展发挥的作用。

(3) 高新技术企业占总投资项目比重 = 投向高新技术企业规模/总投资规模×100%。

3. 引导投资阶段前移作用

根据国家发改委、财政部发布的《关于创业投资引导基金规范设立与运作的指导意见》（国办发〔2008〕116号）的要求，扶持处于种子期、起步期等创业早期的企业，为其提供资金支持，是政府引导基金的一大使命。创业投资市场存在着资源配置失灵的问题。一方面，由于处于创业早期的企业在发展过程中面临着较大的风险与不确定性，初创企业与创业投资者之间的信息不对称问题长期存在，追求利润最大化的商业创业投资资本往往不愿涉足该领域。另一方面，相较于成熟企业而言，初创企业通常作为未来新兴产业发展的主要推动力量而存在，在发展中需要大量资金支持，其所面临的资金配置问题更为严峻。政府引导基金作为商业资本的补充，旨在缓解市场失灵问题，引导资本投资阶段向初创期集中是基金的重要政策目标之一，也是衡量其政策效益的重要指标。具体而言，该效益在指标体系中体现为"引导基金种子期和早中期企业占总投资项目的比重（%）"。

4. 对本地区企业的扶持力度

地方性的政府引导基金在扶持特定产业之外，通常带有促进本地区经济发展的政策目标，从而对投资于本地区企业的资金比例有具体要求。因此，本书将"对本地区企业的扶持力度"作为政策效果的评价指标之一，主要通过"投向本地企业或项目比例"进行衡量。

（二）经济效应指标

政府引导基金作为一项投资资金，在政策目标指导下，坚持通过市场化运作，参与资本市场。基金的运作过程必然会对地区的经济活动产生影响，如通过活跃资本市场，支持企业创新研发，提高企业效益与竞争力，产生经济效益。因此，经济效益是引导基金绩效评价过程中不可忽视的部分。

经济效应指标主要反映引导基金的投资行为对区域创业投资企业与被投资企业发展状况的影响，具体包含 5 个指标。

1. 创业投资企业效益

创业势资企业效益评价侧重于评估引导基金对当地 VC 行业的影响。引导基金首先是政策导向的，但在引导资本进入目标领域的同时，也会为投资企业带来一定的经济效益，尤其在高新技术领域，高风险往往能带来高收益。创业投资企业效益主要由两个具体指标组成：

（1）创业投资企业平均投资收益率，主要衡量投资企业在政府引导下，投资项目的经济效益，即资本回报率。

（2）创业投资项目 IPO 比例 = 项目 IPO 案例数/总投资案例数，衡量投资项目成功公开募股比例。

2. 被投资企业效益

被投资企业的效益评价主要从被扶持企业的角度，反映引导基金带来的经济效益。如前文所述，由于存在资本市场的配置失灵问题，资本投入不足限制了众多创业企业的发展。因此，引导基金引导资本进入初创企业，将极大地释放企业的发展潜力，提高其经济效益。被投资企业的效益评价主要由以下 4 个指标组成：

（1）被投资企业平均资产收益率 = 净利润/平均资产总额 × 100%，代表每单位资产创造的净利润额，用于衡量被投资企业的资产利用效果。

（2）被投资企业平均销售利润率 = 利润总额/销售收入 × 100%，主要衡量企业的赢利能力。

（3）被投资企业总资产增长率 = 本年总资产增长额/年初资产总额 × 100%，代表企业资产经营规模的扩张速度。

（4）被投资企业研发费用占销售收入比重 = 研发支出/销售收

入×100%，侧重于衡量被投资企业研发创新活动情况。

（三）管理效应指标

根据《引导基金指导意见》对基金管理的要求，引导基金管理效应主要在于评估基金运作的组织管理水平与资金利用效率，包含决策、风险控制、可持续发展等方面。与财政绩效评价类似，基金管理效果的评估侧重于对其合法性与合规性的考察，指标设计可借鉴公共财政评价体系。基金管理能力评价指标以定性指标为主，通过运作的规范性、目标完成程度、可持续经营能力、风险控制效果以及信息公开程度5个方面进行考察。

1. 运作的规范性

运作的规范性是管理水平评价的基本内容，是基金高效运作的重要保证。良好的管理系统首先要求引导基金的运作过程符合相应的政策法规规定，以防止寻租、资金的滥用等违规违纪、低效行为发生。运作的规范性体现在引导基金操作的各个阶段，包括项目选择、资金管理以及投资管理的规范性。

2. 目标完成程度

基金项目的目标完成进度是管理效率的体现，应包含在管理效应指标体系中，由子基金的投资进度衡量。计算公式为：

子基金投资进度＝当年实际投资到项目的资金总额/（子基金待投资的认缴或承诺出资额度/子基金剩余投资期）×100%

3. 可持续经营能力

政府引导基金是一项中长期政策性支出，其政策目标的实现需要一定的时间。因此，引导基金需要专业化的团队来管理运营，使其具备一定的持续经营能力，通过基金的持续健康运转，以保证政策的稳定性、持久性，保证政策效果的实现。我国政府引导基金相关规范文件均强调以公开方式，择优选聘管理团队，以提高基金管理的专业化水平。但在实际操作过程中，管理团队往往以国有企业或政府部门下设的事业单位居多，带有明显的行政性质，基金管理的专业化水平并不高。在此背景下，可持续经营能力评价显得尤为重要。具体而言，可持续经营能力主要体现为已投资金的回收情况以及资金募集能力，主要反映资金的流动运转情况。

4. 风险控制效果

政府引导基金通过市场化运作方式参与到资本市场中，主要投资于高新技术领域，以带动、引导社会资本，扶持初创企业发展。与股权投资基金相似，引导基金的投资过程存在一定的风险性，在专业管理能力，管理者的投资、金融知识储备，资本运作能力方面，远不如一般的投资基金，这无疑增加了引导基金的投资风险。因而，引导基金对风险控制能力的要求较高，风险控制效果是管理效果评价不可或缺的一部分，其评价指标主要包括内部控制机制的有效性以及被投资企业审计报告提交情况，主要通过定性分析衡量内部控制能力与审计监督情况。

5. 信息公开程度

引导基金的信息公开程度是其市场化运作及社会监督的重要保证，通过对扶持范围与重点、申报要求、程序等具体信息的公布，增强项目的指导性与可操作性，有助于提高社会的参与度，强化基金的引导作用，优化基金的整体效应。信息公开程度主要通过是否向全社会公开发布年度基金申报指南、官方网站信息公开质量两大指标进行衡量。

政府引导基金绩效评价体系如表 6.2 所示。

表 6.2 政府引导基金绩效评价体系

一级指标	二级指标	三级指标
政策效应指标	杠杆放大作用	引导社会资金进入创业投资领域的规模（亿元）
		杠杆率
	产业支持与导向作用	投向引导基金实施细则确定的特定领域比例
		高新技术企业占总投资项目比重
		中小企业占总投资项目的比重

续表

一级指标	二级指标	三级指标
经济效应指标	引导投资阶段前移作用	引导基金种子期和早中期企业占总投资项目比重（%）
	本地区企业扶持力度	投向本地企业或项目比例
	创业投资企业效益	创业投资企业平均投资收益率
		创业投资项目IPO比例
	被投资企业效益	被投资企业平均资产收益率
		被投资企业平均销售利润率
		被投资企业总资产增长率
		被投资企业研发费用占销售收入比重
管理效应指标	运作的规范性	项目选择的规范性
		资金管理的规范性
		投资管理的规范性
	目标完成程度	子基金投资进度
	可持续经营能力	已投资金的回收情况
		资金募集能力
	风险控制效果	内部控制机制的有效性
		被投资企业审计报告提交情况
	信息公开程度	是否向全社会公开发布年度基金申报指南
		官方网站信息公开质量

五、政府引导基金绩效评价结果运用

政府引导基金绩效评价是为实现基金政策目标、保障资金安全、高效运作服务的。评价本身不是最终目的，通过绩效评价，形成信息的反馈机制，将评价结果融入决策过程，进而调整引导基金的运作，培育更为经济、高效、健康的引导基金，才是绩效评价的最终目标。因此，绩效评价结果的运用是绩效管理的最后一环。

（一）评价结果的运用

1. 调整年度预算安排

政府引导基金的绩效评价是基于科学的方法，对上一年度基金运行过程与结果的客观评价，评价结果将作为下一年度预算安排规模调整的重要依据。财政部门将依据评价报告结果，对长期项目进行中期调整，以最大限度发挥资金效益。此外，有关部门会根据绩效结果实施奖惩，以提高基金整体运行效率。如《山东省省级股权投资引导基金绩效评价管理暂行办法》（以下简称《办法》）规定，年度评价低于60分的，将减少以后年度相关引导基金的预算安排规模，并要求定期整改。同时，高于80分的，可适当增加以后年度预算安排规模。此外，《办法》关注子基金的投资进度，对投资进度超过60%的项目，分级给予一次性奖励，对年内未能实现业务进度目标的子基金，原则上不再给予滚动参股扶持，且一般不再与其基金管理团队进行投资合作。

2. 管理问题诊断与政绩监督

有关部门通过对绩效评价结果的综合分析，衡量各有关部门的政绩水平，发现基金运作中存在的管理问题。主管部门通过反馈机制以加强监管，针对有关问题进行适当的调整，并运用奖惩机制对绩效结果进行反馈，提高项目的管理水平与资源的利用效率。如《办法》规定，引导基金拨付子基金账户超过6个月，子基金管理团队未开展实际投资业务的，引导基金管理机构应约谈子基金管理团队负责人并进行督导；超过1年未开展投资业务的，引导基金无须其他出资人同意，可选择退出。

3. 对失信、失范行为的约束

政府引导基金包含政府、出资人代表、基金管理者、投资对象四个行为主体，形成了多重委托代理关系。行为主体的复杂性凸显了对主体行为监管的重要性。因此，监督与约束各基金管理机构的行为，是绩效评价结果运用的重要方面。《办法》规定，引导基金相关管理机构出现违反基金协议或章程、虚报项目投资额、伪造基金财务状况与经济效益、弄虚作假、恶意挪用资金等失信行为的，经认定后，将列入省级专项资金信用负面清单管理，以约束管理机构的行为。

4. 把握政策引导方向

特定政策目标的实现是引导基金设立的主要目的，因此对政策方向的把握至关重要。基金绩效评价结果通常应包含对政策效果的评价，从而通过分析评价报告，可以对基金当前的引导方向、引导效果有清晰的认识，以保证在方向出现偏差时，有关部门能够及时发现，并做出适当调整，调节支出规模与投向，保证政策效果的实现。

5. 控制内部风险

风险控制是政府引导基金管理的一项重要内容。当前，我国引导基金数量的增加、规模的日益膨胀，对基金管理能力提出了更高的要求。但同时，基金运作的专业化水平低，使得内部风险控制压力上升。为了防范财政风险，有必要将绩效评价结果纳入监控体系，通过对管理能力、资金运行情况与风险控制效果的评价，定期反馈信息，以提高内部风险防范与控制能力。

6. 评价结果的公示

绩效评价结果的公示是评价结果运用范围的延展，指的是在报请本级政府同意后，在一定范围内公布，以增加公共支出的透明度，加强对政府基金管理运作的监督，提高评价结果的利用效果。

（二）我国绩效评价结果应用情况

总体而言，我国各级政府出台的财政支出绩效评价管理办法均强调评价结果的应用，但在实际运用上仍存在许多不足，这一点对政府引导基金而言更是如此。相比于财政支出，引导基金的绩效评价工作才刚起步，体制机制尚不健全，至今尚未出台全国统一的引导基金绩效评价管理办法，因此评价结果的应用极易被忽视。

1. 相关政策规定

在政策方面，如表6.3所示，当前中央与各地方政府出台的公共财政支出管理办法及引导基金管理办法，对绩效评价结果的运用均有详细的规定。相关政策均强调根据评价结果调整预算安排、对资金管理工作进行反馈整改以及建立对项目的奖惩机制，旨在强化评价结果对资金管理与运作的约束、监督与规范作用。就引导基金而言，针对绩效评价工作的具体规定较少，且缺乏国家层面高效力的制度设计，进而对绩效评价结果运用的制度安排更是少之又少，极大削弱了评价结果的价值与利用水平。

表6.3 绩效评估结果应用相关政策规定

文件号	政策文件	内容
鲁财预〔2015〕57号	《山东省省级股权投资引导基金绩效评价管理暂行办法》	1. 按年度评价分值情况相应增减预算安排规模； 2. 对综合评价结果良好的项目予以额外奖励； 3. 根据投资进度予以一次性奖励，对投资业务比例较低的，原则上不给予参股扶持； 4. 对未开展实际投资业务管理机构进行约谈； 5. 将出现失信、失范行为的主体列入负面清单管理
财预〔2005〕86号	《中央部门预算支出绩效考评管理办法》	1. 根据绩效考评结果，及时做出优化调整； 2. 将绩效考评结果作为以后年度编制和安排预算的重要依据； 3. 发现问题提出整改意见，报备财政部，督促落实

续表

文件号	政策文件	内容
京财预〔2012〕272号	《北京市财政支出绩效评价管理暂行办法》	1. 有关部门应将评价结果作为改进预算管理和安排以后年度预算的重要依据； 2. 对评价结果较好的予以表扬、优先支持，未达标的予以通报批评，并责令限期整改； 3. 根据绩效评价结果，改进管理工作； 4. 建立绩效评价信息公开制度
粤财评〔2014〕1号	《广东省财政支持绩效评价试行方案》	1. 根据报告结果对长期项目作中期调整； 2. 对绩效较劣项目进行通报，同类项目下一预算年度不再安排资金； 3. 根据结果判断资金配置合理性，把握政策效益，控制财政风险； 4. 分析诊断单位内部管理问题，实施奖惩机制
浙财绩效字〔2009〕5号	《浙江省财政支出绩效评价实施办法》	1. 逐步建立财政支出绩效激励与约束机制； 2. 绩效评价中发现的问题及时提出，督促整改； 3. 评价过程中发现违法行为，根据有关规定予以处理； 4. 评价结果在一定范围内予以公布

2. 各地评价结果运用情况

在相关政策法规的指导之下，中央与各级地方政府部门结合各地的具体情况，对评价结果进行了不同程度的运用，主要包括：将评价结果与部门预算相结合，作为绩效考核的重要依据；评价结果的上报与监督职能的实现；评价结果在一定范围内的公布等。总体而言，当前国内绩效评价工作处于探索与发展阶段，对评价结果的运用程度仍有较大的提升空间，评价结果的价值与潜能尚未完全发挥，各地也在积极探索建立一套符合地区特点的应用机制。从国内来看，广东、江苏、浙江等地评价结果的应用领先于其他地区，实践经验较为丰富。广东省于2004年建立了广东省财政厅绩效评价处，是国内第一个省级财政支出评价机构，全权负责财政支出的绩效评价工作，凸显了政府对评价工作的重视，有助于提高评价结果的权威性。此外，浙江省在对绩效评价工作进行总结的基础之上，探索建立了一套包括激励机制、反馈机制与公开机制在内的评价结果的高效运用机制。

3. 评价结果运用存在的问题

（1）绩效评价观念有待调整。

各级财政部门对绩效评价工作的重视程度直接影响了评价结果的应用情况。虽然政府出台了相应的文件强调绩效评价结果的运用，但长期以来对资金重分配轻管理的观念根深蒂固。无论是财政部门内部还是资金使用部门均未充分认识到绩效评价对于改善管理效率、提高政策效果的意义，而只是将其等同于审计与财政监督，缺乏对绩效评价的正确认识，以至于对绩效评价结果的重视程度不高，评价结果的公布范围有限，运用流于形式，并未真正落实，从而其约束力与监督职能被大大削弱。

（2）评价结果缺乏约束力。

首先，绩效评价机制的完善与指标体系的科学性是评价结果充分应用的前提。在国内，绩效评价工作虽有所开展，但由于评价工作体系不健全、评价指标与方法不完善、评价工作存在滞后性等原因，使得评价结果并未得到相关部门的重视与有效利用。其次，引导基金绩效评价缺乏统一的政策指导，处于自发状态，缺少法律法规的强制性保障，从而对基金运作的约束力弱，反馈机制难以实现。

（3）配套机制不完善。

当前政府引导基金并未完全实现市场化运作，投资管理机构多为国有企业或政府部门下属事业单位，机构间存在一定的利益关系，绩效评价结果的运用存在一定阻力。同时，我国绩效责任落实、绩效反馈、结果公开、沟通申诉等一系列配套机制仍不完善，导致相关部门的配合程度不高，给人为的操作留下空间。

（三）加强绩效评价结果应用措施

近年来，我国对绩效评价结果应用的重视程度有所提高，中央及各省区市政府出台的财政支出绩效管理办法均涉及评价结果的应用。但从实际情况来看，政策整体实施效果并不显著，多数政策对评价结果的运用并未做出硬性规定，缺乏强制力约束，难以保证应用水平。因此，建立一套操作性强、可监测、可评估的应用机制，对于提高绩效评价应用效果而言具有重要意义。具体而言，主要有以下几点改进措施。

1. 建立绩效评价结果与预算编制结合制度

预算部门在向财政部申报预算建议前，须按要求提交预算绩效说明与预期绩效自评，对预算项目的有效性、绩效目标、指标设计等情况进行说明。财政部门根据提交的绩效评价结果与预算绩效说明，对项目进行绩效审核，审核达标后进入预算编制流程。在预算编制过程中，财政部门根据绩效评价结果，审核预算安排，保障绩效结果的充分应用。

2. 建立报告、共享与公开制度

财政部门应将重点项目的绩效评价情况、相关问题以及评价工作的进展，定期或不定期向上级汇报，为其重大决策提供参考。此外，应将报告结果在有关部门间共享，各部门在职责范围内利用评价结果进行监督、管理，提高预算部门的依法行政水平。最后，相关政策法规应明确规定结果的公开范围与要求，以加强社会公众的监督。

3. 建立整改反馈与绩效激励机制

有关部门与评价单位应将评价结果与问题反馈给被评单位，督

促其落实整改，要求被评价单位以书面形式反馈整改报告。此外，应将基金使用绩效纳入部门绩效的考核范围，以提高各单位对绩效评价的重视程度。

专题 6.1　广东省高州市绩效评价结果应用机制

高州市政府高度重视绩效评价工作的开展，评价工作实现了"一个突破、两个创新"，通过引入第三方评价机制，提高评价结果的科学性与权威性，为评价结果的运用创造条件。

在评价结果运用方面，高州市主要通过三大制度加以实现，提高信息的共享程度。一是报告制度，通过制度设计，明确要求以报告的形式，将各年度报告结果上报市人民政府及上级财政部门，保证监督的有效性。二是通报制度，对绩效评价情况、结果、存在的问题，根据要求在一定范围内通过新闻媒体等形式向社会通报，以加强公众监督，提高公共支出的透明度。三是共享制度，实现绩效评价结果在各部门间的共享，扩大评价结果的使用范围，以最大限度发挥绩效评价的作用，实现过程监督、制度完善、政策调整的目标。

高州市应用机制的特点与优势在于通过制度设计对评价结果的运用方式进行明确规定，可操作性强，且应用情况易于监督。

第三篇
市场化PE FOF投资业务
PRIVATE EQUITY FOF

第七章 市场化 PE FOF 的设立

一、市场化 PE FOF 的设立背景和优势

（一）我国市场化 PE FOF 设立的背景

1. 新经济及股权市场发展提供了良好平台

改革开放以来，中国经济高速增长，新兴经济逐步崛起，与传统产业相比，新经济更多表现为轻资产、高成长的特点，恰好与私募股权基金追求高增长但伴随高风险的特点相匹配。目前，中国私募股权市场规模已跃居亚洲第一，截至 2018 年 8 月底，在中国证券投资基金业协会登记的私募基金管理人超过 2.4 万家、已备案正在运行的私募基金近 7.5 万只、管理基金规模 12.80 万亿元，从业人员 24.60 万人[①]。市场规模逐步增长，为市场化 FOF 的发展提供了良好的基础和平台。

2. 财富配置需求增长的必然要求

快速崛起的中国财富人士和中产阶级催生了财富管理需求，以

---

① 资料源于中国证券投资基金业协会官网。

富有家族及财富人士为代表的散户投资者参与程度逐渐提高，同时以社保基金和保险机构为代表的机构投资者也逐渐加快了在私募股权领域投资的脚步。截至 2016 年，我国已经有 9 个地区人均 GDP 突破 1 万美元，包括北京、天津、上海、浙江、江苏、内蒙古、广东、福建和山东等地，2016 年我国人均 GDP 排名前九省（市、自治区）如图 7.1 所示。收入水平直接决定着居民财富管理的收益目标、期限容忍度、风险承受力及偏好、流动性偏好等关键因素。收入水平越高、资产规模越大，财富配置趋势将呈现从偏安全性转向偏增长性，而股权是最主要的增长性资产类别。由于对长期投资的强劲需求，中国的 PE 市场在未来相当长的时间里仍将继续保持增长。

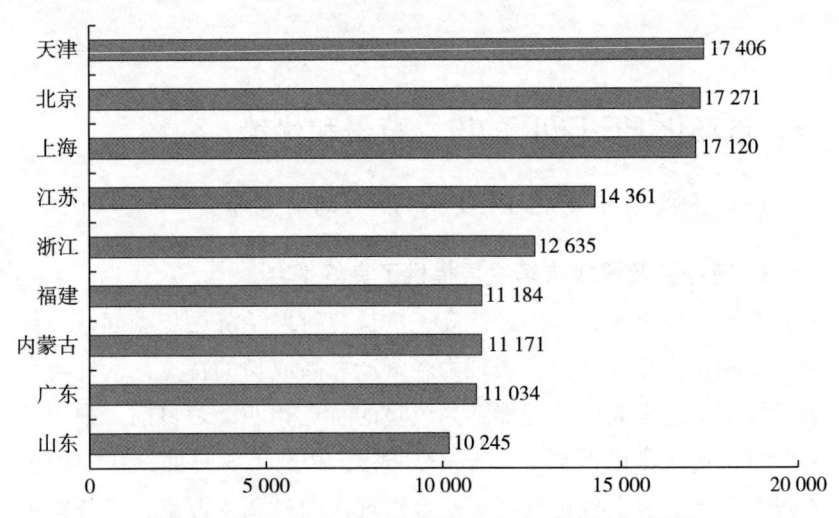

地区	人均GDP
天津	17 406
北京	17 271
上海	17 120
江苏	14 361
浙江	12 635
福建	11 184
内蒙古	11 171
广东	11 034
山东	10 245

图 7.1　2016 年人均 GDP 排名前九省（市、自治区）
资料来源：国家统计局、宜信财富研究。

3. 股权投资退出通道日益通畅

资本市场发达与否对私募股权类资产的收益、期限、风险及流动性等方面有重要影响。目前，我国股票发行审核节奏明显加快，逐步淡化实质性判断，强化信息披露质量的趋势；新三板也发展迅猛，逐步通过做市、分层等手段，加强优质股权资产的流动性；另外，一些主业较为传统的上市公司正在寻求转型升级，对新兴产业有着强烈的并购需求，上市公司纷纷发起设立并购基金并不断通过并购进行市值管理，也为 PE 项目退出开辟了新的渠道。因此，随着退出渠道日益通畅，期限偏长、流动性欠佳的私募股权基金，在中长期内反而具有穿越周期、对抗行为偏差的优势。

4. 不同投资基金业绩差异显著

据凯雷统计分析，在过去 10 ~ 20 年间，股权投资基金的回报远远优于其他资本市场中的金融产品。即使同为股权投资基金类别，不同基金的投资回报也差异巨大，优秀基金的投资回报远高于行业平均水平。在对私募股权基金进行投资和配置时，选出业绩排名前 25% 的基金非常重要。在中国 PE 行业发展的前期，由于竞争较少，良好的市场环境催生了诸多成功投资案例和业绩优秀的基金。未来，随着私募股权市场的进一步成熟以及竞争的加剧，成功和不成功的基金表现差距将大幅扩大，因此对基金管理人的筛选对于 PE 投资者预期回报来说具有关键作用，而这正是市场化 PE FOF 的专长所在。

5. 监管趋严，投资机构面临洗牌

中国 PE 市场即将开始洗牌，投资业绩未达到预期的机构将在竞争中处于劣势，管理能力和投资业绩优异的机构将会进一步集中，在竞争中处于优势地位。2016 年初，中国证券投资基金业协会发布了一系列规范私募基金管理人登记的相关规定，对于私募基金的监管逐步规范和严格，个人投资者参与 PE 基金的门槛进一步提高，PE 机构也将在监管下优胜劣汰。在中国基金业协会登记的机构中，从 2015 年 1 月到 2016 年 8 月，50 亿 ~ 100 亿元管理规模的私募机构从 60 家增长到 160 家，增长 167%；100 亿元以上管理规模的私募机构从 43 家增长到了 140 家，增长 233%。但从相对数值来看，相当数量的 PE 机构管理规模很小，截至 2016 年 8 月底，管理规模在 50 亿元以上的机构有 300 家，占比仅为 1.76%；管理规模在 1 亿元以下的机构有 11 618 家，占比 68%。当前，中国宏观经济增速放缓，资产收益率下降，行业监管趋严，选择好的投资品种越来越难，PE 行业将逐步进入拼业绩、比实力、做品牌的良性竞争阶段，行业巨头将会逐步凸显。市场化 PE FOF 的发展有利于 PE 行业的专业化分工，使行业生态逐步优化，促进行业内的投资机构逐渐优胜劣汰。

6. 市场化基金募集难问题日益凸显

近年来，PE 机构人民币基金发起和募集数量大幅增加，规模较大的私募股权人民币基金已超过百亿元。募资能力往往成为投资机构发展的瓶颈，一些募资能力差的机构往往募资周期较长或规模面临缩减，能够如期募集设立的基金相对较少。市场化 PE FOF 的发展，将会有利于缓解市场化机构募资难的问题，为投资机构提供稳定的募资渠道和合作伙伴。

7. 投资单只基金存在诸多风险

个人投资者和机构投资者在投资单只基金时，往往会遇到一些问题，如风险集中、投资回报不稳定、优秀基金管理人数量有限、投资门槛过高、难以获得有利的交易条款、跟踪及监督不力等。他们通过投资市场化 PE FOF 方式参与股权投资，可以依靠 PE FOF 管理人强大的数据库及与基金管理人保持的良好关系获得中小投资者难以接触的进入优秀 PE 基金的机会，通过 PE FOF 所采用的不同行业、阶段、投资策略有效分散风险，通过 PE FOF 较高的议价能力获得更有竞争力的交易条款，通过 PE FOF 专业跟踪各 PE 基金的投资情况，获得更为稳健的回报。

（二）市场化 PE FOF 的优势

近年来，PE 基金不断壮大，为机构投资者和个人投资者提供了良好的投资渠道。与直接从事创业投资相比，PE FOF 拥有诸多优势。

1. 市场化 PE FOF 的设立，有利于降低投资者寻找基金管理人的成本

受创业投资市场良好投资回报的驱动，更多的资本和基金管理人进入该市场，当基金管理人数量达到一定程度时，投资人选择合适的基金管理人的成本会逐步上升。由于市场化 PE FOF 掌握着大量投资管理机构的数据库，对它们的历史业绩、投资策略、管理团队等较为了解，并对部分管理机构进行过详细尽调，因此由市场化 PE FOF 进行投资，可以减少信息不对称和道德风险，降低交易成本。

2. **市场化 PE FOF 的设立，有利于投资者分散投资风险**

单只私募股权基金往往会投资多个项目，但往往投资方向和管理人较为单一，不能满足部分投资者的要求。与单只基金相比，市场化 PE FOF 的投资对象为多只基金，通过二次投资组合，可以在多个行业、地域、投资阶段、投资策略、基金管理人等方面分散风险，如此双层分散、双层管理，有利于满足投资者稳健投资和长期回报的要求。

3. **市场化 PE FOF 的设立，有利于投资者实现专业管理**

PE 是一个高风险、高收益的行业，一旦投资失败就可能损失所有的本金，而一旦成功则会取得高额的回报。据统计，美国的创业投资基金在 1980—2002 年间年平均收益率达到了 23.5%，远远高于同期的标准普尔 500 指数基金年平均 10.7% 的收益率。由于专业方面的限制，投资者即使拥有 PE 的某一方面知识，但还是缺少专业基金筛选、管理和监控的能力。而市场化 PE FOF 管理机构常常拥有专业的知识、丰富的机构和人脉资源来实现对这些领域的投资。在对 PE 基金进行投资时，专业投资管理团队对基金进行分析及评估，由投资专家从众多基金中挑出绩效好、质量佳的基金作为投资标的，可以为投资者严格把关基金品质。

4. **市场化 PE FOF 的设立，有利于投资者获取投资机会**

基金管理人的历史业绩是市场化 PE FOF 管理机构考察的重要因素，基金的历史业绩一般运用四分位数法进行比较，根据经验数据，排在上四分位数的机构投资业绩要远远超过中位数，而下四分位数的机构则基本是亏损的。但不同投资机构的投资业绩差别是非常大的。业绩优秀的基金，募资速度较快而且往往获得超额认购，但普通的投资者很难获得优秀基金的投资机会。市场化 PE FOF 的管理机构往往与投资管理机构保持长期的合作关系,因此有更快的渠道和机会投资于这些业绩优秀的基金。因此,通过市场化 PE FOF,投资者可增加与优秀投资机构合作的机会。

5. 市场化 PE FOF 的设立,有利于降低投资门槛

PE 基金在募集时一般有最低投资要求,少则 1 000 万元人民币,多则以亿元为单位,有些较大的投资机构甚至不接受个人投资者,仅从机构投资者或原有的长期合作的 LP 中募集。如果投资者要在多只基金中分散投资,那么投资者至少需要几千万元资金,这对于很多个人投资者是难以承受的。市场化 PE FOF 最低投资门槛为 100 万元,在基金募集完毕以后,可以分散投资到多只子基金,能够使投资者在投资多只基金的同时绕开高额门槛。

因此,对于基金的投资者而言,投资 PE FOF 与投资单只基金相比有诸多好处。中国 PE 市场的特点和发展现状决定了在未来相当长的时间内,投资者投资于 PE 基金的最好方式是通过专业 PE FOF 管理团队进行投资和管理。专业的 PE FOF 管理团队通过建立股权基金数据库,跟踪、挑选并投资最优秀的股权投资基金,从而为投资者带来稳健的超额回报。

(三) 国外市场化 PE FOF 的发展情况及趋势

PE FOF 最早发源于美国,第一只 PE FOF 诞生于 20 世纪 70 年代,并随着 PE FOF 市场的发展而迅速扩张,最早主要集中在欧美等资本市场发达的地区。私募股权母基金于 20 世纪 90 年代正式进入亚洲,起初发展十分缓慢,直到 2005 年才迅速兴起,目前已经成为 PE 的主流趋势。根据全球私募股权投资数据库 Preqin 的统计,2006 年全球 PE 基金资产总额的 38% 由 PE FOF 管理,这一比例是第二大资金来源公共养老基金的 2 倍,2008 年受到次贷危机的影响有所减缓,到 2011 年又有所增长。

PE FOF 在发展的最初阶段,主要从事纯粹的一级投资,偶尔进行直接(共同)投资。但近几年来,母基金业务领域不断扩展,越来越多的 PE FOF 踏入全业务领域。所谓全业务领域，是指不仅进行一级投资（Primary Investments）、二级投资（Secondary Investments），还进行直接投资（Direct Ivestments）或共同投资（Co-investment）。

一级投资，是指 PE FOF 投资于新成立的私募股权基金，即与其他资金共同投资于新设立的私募股权子基金。

二级投资，是指 PE FOF 对市场中已有的私募股权基金增资或受让其他股东的股份。

直接投资，是指 PE FOF 直接投资于创业企业，但一般不单独投资创业企业，而是与其他私募股权基金共同投资。

海外 PE 的参与者以机构投资者为主，其中公共养老基金、私人部门养老基金和政府基金的投资占比排名前三。很多国际知名金融机构都有自己的 PE 部门，包括花旗集团、汇丰银行、瑞士联合、巴黎银行、巴克莱银行以及荷兰国际集团、美国国际集团等全球排名靠前的银行和保险公司。PE 部门一般隶属于另类投资部或本金投资部。目前，欧美股权投资领域知名的 PE FOF 主要有汉柏巍（Harbour Vest）、艾德维克（Adveq）、尚高资本（Singular Guff）、合众集团（Partners Group）、磐石基金（Pantheon）、霍斯利·布里奇（Horsley Bridge）、资威（Capital dynamics）等。近年来，这些 PE FOF 随着越来越多地投资于中国的 VC/PE 基金而日益为中国的投资者所熟知。

我国第一只市场化 PE FOF 成立于 2006 年，中国经济的高速发展，孕育了众多高成长的创业企业，吸引了一大批外国投资者到中国寻找投资机会，有的在中国设立办事处，或者通过 PE FOF 的方式进军中国本土创业投资基金。目前，我国市场化 PE FOF 在发展阶段、专业人才储备、数据库积累等方面与国外市场化 PE FOF 还有一定差距，后续需通过交流与合作，不断提升。

（四）市场化 PE FOF 与政府引导基金的联系与区别

市场化 PE FOF 是 PE 行业向专业化细分的产物，除了能为新的基金投资者解决稀缺顶级基金的进入门槛问题外,其核心竞争力体现在基金筛选与调查能力、投资组合与风险管理能力以及基金监控能力等方面。市场化 PE FOF 与政府引导基金之间既存在着密切的联系,也存在较大的差别。

1. 市场化 PE FOF 与政府引导基金的联系

政府引导基金与市场化 PE FOF 一样,正逐渐成为创业投资基金的重要资金来源。市场化 PE FOF 与政府引导基金的共同特点如下:

第一,都是以私募股权子基金作为投资对象。无论是政府引导基金还是市场化 PE FOF,都通常不直接投资于创业项目,而是投资于 PE 子基金。

第二,都通过对多个子基金的组合投资来分散风险和实现多样化投资。无论是政府引导基金还是市场化 PE FOF,通常都会投资于一揽子 PE 子基金,以最大限度地分散投资风险,并实现多样化投资,而不是仅仅投资于某一只 PE 子基金。

2. 市场化 PE FOF 与政府引导基金的区别

由于政府引导基金是一种政策性基金,市场化 PE FOF 的区别还是很明显的,主要表现在以下几个方面:

第一,设立主体不同。政府引导基金一般由政府部门主导设立,带有一定的政策目标,而市场化 PE FOF 一般由商业机构按市场原则设立。

第二,设立目的不同。市场化 PE FOF 作为母基金,是为了获得最大收益并最大限度分散风险而设立,以营利为目的。而政府引导基金是一种政策性基金,一般不以营利为目的,主要通过吸引民间资本放大财政资金,引导社会资本投向本区域重点发展的产业,而且在收益分配上,政府引导基金还往往享有税收返还、让利等优惠政策。

第三,投资原则不同。政府引导基金为了实现其资金引导、放大的功能,一般会规定其投资的子基金的投资领域和投资阶段,以保证它们符合政策要求,同时对子基金投资阶段、投资标的规模、单笔投资规模有一定要求，因此限制较多。而市场化 PE FOF 则没有这样的要求，完全是遵循收益最大化原则进行投资，在控制风险的前提下，可以投资于政策允许的任何领域，以保证投资者获得最大的收益。

第四，管理方式不同。政府引导基金由于其明显的政策性目标，在管理上与市场化 PE FOF 也存在着许多不同。政府引导基金一般由行政性部门或事业性部门负责管理，这些部门一般没有赢利指标的约束，不必过多关注管理收益，对于基金经理较少使用业绩激励措施进行激励，而较多使用行政激励措施（如提升职务等）进行激励。市场化 PE FOF 则是由市场化机构管理，必须通过业绩激励和风险约束等措施，以激励 PE FOF 经理尽职尽责地管理好 PE FOF。

第五，存续期限不同。由于政府引导基金是为了一定的政策目标而设立的，当其政策目标实现后，就没有存在的必要了，因而政府引导基金都有一定的存续期。而市场化 PE FOF 是为商业目标而设立的，既可以规定一定的存续期，又可以不规定存续期，尤其是以公司形式设立的 PE FOF，没有存续期的约束。

第六，寻找标的基金方式不同。市场化 PE FOF 的基金筛选投资标的主要依靠其长年积累的优秀投资管理人资源并与其保持的良好合作关系，获取基金的渠道和研究能力往往是其确立竞争地位的核心能力，其拥有的行业信息知识库和行业标杆数据库资源极少向外界透露。引导基金则往往采用公开招标的方式，对标的基金进行专家评审，知识库和数据库积累方面弱于市场化 PE FOF。

二、市场化 PE FOF 的运作方式

（一）市场化 PE FOF 的组织形式

市场化 PE FOF 的组织形式涉及与基金投资人和基金管理人切身利益相关的一系列法律关系。采取什么样的组织形式和治理结构，在很大程度上影响 PE FOF 的代理成本及最终收益。设计合理

的基金组织形式和治理结构，可以有效地降低代理成本和道德风险。PE 基金的组织形式主要有公司制、有限合伙制和契约制 3 种组织形式。

在 PE 基金较为成熟的市场中，新设立的 PE 基金往往采用有限合伙的组织形式。但在实际操作过程中，以上几种组织形式的界限并不分明，在已建立的基金中往往同时存在。

1. 公司制

公司制 PE FOF 是指由两个以上的单个投资者，共同投资组成的具有独立主体资格的法人形式的企业组织，具体包括有限责任公司和股份有限公司两种形式。目前，采用较多的是有限责任公司形式，在该种组织形式中，股东以其投资额为限对公司承担有限责任，公司以其资产对债务承担有限责任。

在公司制模式中，基金公司既可以自设管理团队，负责母基金的具体投资运作；也可以不设管理团队，而仅设董事会负责重大决策，具体的投资决策和管理委托给独立的资产管理机构。

2. 有限合伙制

有限合伙制的 PE FOF 是指按照有限合伙组织原则设立的 PE FOF。基金的出资人作为 LP 以其认缴的出资额为限对基金承担有限责任。GP 通常是基金的管理人，有时也雇佣外部人管理基金，其需对母基金债务承担无限连带责任。在实践中，基金管理人与 GP 通常两者合一。有限合伙企业通常有固定的存续期限，到期后，除全体投资人一致同意延长期限外，合伙企业必须清算，并将获利分配给投资人。在日常经营中，GP 拥有充分的管理权，LP 应按照合伙协议的约定享有相应的权利并承担相应的义务，但不能干涉 GP 对基金的日常运营。

3. 契约制

契约型基金是依据基金合同设立的基金，基金合同是规定基金当事人权利义务的基本法律文件。在我国，契约型基金主要依据基金管理人、基金托管人所签署的基金合同所设立，投资者自取得基金份额后即成为基金份额的持有人和基金合同的当事人，依法享受权利并承担义务。契约型基金不具有法人资格。

通常认为，契约型基金法律关系是一种信托关系，《私募投资基金监督管理暂行办法》明确规定私募投资基金可以以契约形式设立，这为设立契约型 PE 基金提供了法律基础。

（二）不同组织形式的比较与选择

1. 公司制

主体资格：公司制基金具有独立的法人资格，它可以向银行申请贷款或为其他企业提供担保，公司股东以自己的出资额为限对公司债务承担有限责任，具有一定的风险隔离机制。

优势：公司制基金稳定性较高，股权变动及人员变动不会对基金带来直接的影响；公司制基金组织架构比较完善，法律制度较健全，可以较好地保护投资者的利益。

劣势：公司制基金的最高权力机构为股东会，公司既可以直接对基金进行管理，也可以委托第三方进行管理。但由于股东可以参与决策，所以公司投资决策的效率较为低下，不利于管理人独立运作。另外，公司制基金在运作中应遵循《公司法》，《公司法》比《合伙企业法》对公司的约束更为严格，从而在灵活性方面较合伙企业有一定劣势。

税收：公司制基金在税收方面面临双重征税，一方面，基金作为公司需根据投资收益缴纳 25% 的企业所得税；另一方面，公司股东作为基金的出资人，在取得基金利益分配时需缴纳 20% 的个人所得税，使得出资人的利润空间降低。

2. 有限合伙制

主体资格：目前在实践中采用有限合伙形式的基金较多，虽然有限合伙企业不属于法人，但其可以作为股东在工商管理部门登记，同时可以其名义在银行开设账户、提供担保、申请贷款等。

合伙人：有限合伙企业中主要分为普通合伙人（GP）和有限

合伙人（LP）。LP作为基金的出资人，一般出资比例在90%以上，LP以其在基金的出资额为限承担有限责任。GP一般为基金的管理人，在基金中的出资比例一般为1%，对基金进行日常的经营管理，并对基金债务承担无限连带责任。

组织架构：有限合伙形式的基金一般在组织架构方面会设置合伙人会议、投资决策委员会、投资咨询委员会。合伙人会议是合伙企业的最高决策机构，主要负责合伙人入伙、退伙、份额转让、清算等重大事项决策。投资决策委员会一般设在GP的董事会下，要对涉及基金投资的重大事项做出决策。投资咨询委员会一般由基金LP代表组成，对于涉及基金投资关键人、关联交易等的重大事项进行决策，不参与基金日常运营与决策。

收益分配模式：有限合伙制基金的管理人收益主要有三个方面：一是基金出资人分配的投资收益；二是管理费，基金管理人一般会根据基金认缴或管理规模每年提取1%~2%的管理费；三是收益分成。在母基金中，一般GP和LP的收益分成比例是超额收益的10%与90%（直投基金的GP和LP收益分成比例一般是超额收益的20%与80%），也可以按照阶梯形式计提分成，有的基金为了保障LP的权益还会设置门槛收益率。LP的收益主要来自投资收益，在收益分配顺序上，LP分配要先于GP。

优势：

第一，所有权和管理权分离。基金管理人具有较强的管理能力，但缺少资金，可掌握基金的管理权；LP具有资金实力，但缺少专业的管理经验，可掌握资产的所有权。

第二，激励机制灵活。有限合伙企业的基金管理人，在分配顺序上为最后分配，只有基金收回本金，并赚取超额收益时才可以分配，GP对基金出少量资金，对基金债务承担无限连带责任。这样的安排，可以避免GP的短期行为，防范由于冒进而做出激进的投资决策。

第三，融资结构灵活。有限合伙企业可以约定合伙人出资时间，可以分期出资或者在有项目投资时再进行出资，这样可以发挥资金的时间效益。另外，有限合伙基金也可以定期开放，分期募集，操作上更加灵活。

第四，税收优惠。有限合伙企业形式的基金由于不具有法人资格，所以在收益分配时主要由各合伙人在收益分配完毕后缴纳所得税，基金层面不需要纳税，可避免双重纳税。

劣势：有限合伙制基金在基金缴付时间和比例方面约定比较自由，如后续资金不能及时到位，基金正常运行将受到一定影响。另外，提供给投资者的权利方面相对于公司型基金稍显弱化。由于有限合伙制基金可以有较多差异化的设计，使得基金的管理和分配更加复杂。

3. **契约制**

主体资格：契约型基金一般不具有独立的法人资格，在工商注册中无法以契约基金的名义作为出资人或股东，一般都以管理人名义出现。契约型基金不能以基金的名义提供担保或借贷，一般由基金管理人代持被投资企业的股权，基金管理人可以以自己的名义提供担保或借贷，同时承担相应的义务。

优势：

第一，设立操作简单。契约型基金在设立方面，由于不需要进行工商注册，因而不需要大量动产、不动产和人员投入，运营成本较低，设立较为简便。

第二，避免双重纳税。契约型基金由于不是法人实体，所以不需要在基金层面征税，可以避免双重纳税。

第三，运行独立性。由于契约型基金成立后，由委托人委托管理人进行管理，基金的管理更加独立，不易受委托人的干扰。

第四，募集基金更加灵活。由于有限合伙制基金对投资者有不超过50人的限制，契约型基金的限制是最高不超过200人，所以设立契约型基金有利于扩大募集范围。

劣势：

第一，管理方面的道德风险。由于契约型基金在管理方面委托专门的基金管理人进行管理和运营,但相应的约束机制较弱,所以可能会面临一定的基金管理人的道德风险。

第二,IPO 退出风险。证监会要求在企业 IPO 前须清理拟上市公司的契约型私募基金、资产管理计划股东和信托计划股东,可能会导致股权不明晰,所以可能会有一定的退出风险。

在市场化 PE FOF 的实际运作中,三种组织形式往往同时或者交叉存在,部分母基金为了扩大募集范围、简化募集程序,往往采用契约型基金形式分期募集,在中国基金业协会备案后,再出资到有限合伙的母基金主体中,以有限合伙母基金对外进行投资。

(三) 市场化 PE FOF 的管理架构

1. 市场化 PE FOF 管理公司的组织架构

市场化 PE FOF 根据组织形式的不同采用不同的治理结构,它们往往由 PE FOF 管理机构发起,PE FOF 管理机构可采用公司制或有限合伙制,目前大部分采用公司制,图 7.2 为某市场化 PE FOF 管理机构(公司制)的组织架构。

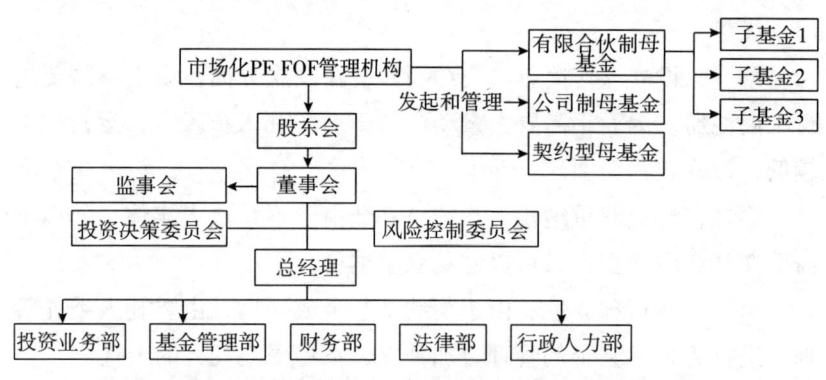

图 7.2 某市场化 PE FOF 管理公司组织架构

资料来源:宜信财富研究。

PE FOF 管理机构负责发起和设立各种类型的母基金,管理公司最高权力机构为股东会,下设董事会、监事会,总经理负责公司全面经营管理,董事会下设投资决策委员会和风险控制委员会,公司日常管理部门分为各业务部门和支持部门。

2. 市场化 PE FOF 管理公司的部门分工

PE FOF 管理公司设投资决策委员会、风险控制委员会，具体业务部门包括投资业务部、基金管理部、法律部、财务部、行政人力部等部门，其职能分工如下：

（1）投资决策委员会，是市场化 PE FOF 管理公司投资决策的最高机构，其对公司的各项投资事务拥有最高决策权。投资决策委员会主要负责决定公司所管理基金的投资计划、投资目标、投资原则、投资策略、收益分配等。

（2）风险控制委员会，是市场化 PE FOF 管理公司非常设机构，主要为投资决策委员会提供关于投资风险控制方面的独立意见，负责对基金投资的风险进行评估和防范，制定 PE FOF 管理公司风险管理和内控制度，保证基金资产的安全等。

（3）总经理，受董事长委托主持公司日常工作，并协助董事长行使下列职权：

- 主持公司的经营管理工作，组织实施董事会决议；
- 拟订公司的经营计划和投资方案；
- 提出聘任或解聘公司职能部门负责人建议；
- 拟订公司基本的管理制度；
- 拟订公司员工薪酬方案和奖惩方案；
- 依法决定公司员工的聘用、升职、加薪、奖惩或辞退等事宜；
- 审批公司日常经营活动中的各项费用支出；
- 董事长授予的其他职权。

（4）投资业务部，负责 PE FOF 投资的业务部门，主要职责包括：

- 负责 PE FOF 投资策略与投资方向的规划；
- 负责 PE FOF 的资金募集、宣传路演等；
- 负责挖掘和筛选优秀的管理机构与投资机会；

- 负责 PE FOF 的立项、尽职调查，制定立项报告、尽职调查报告、投资建议书等；
- 负责投资子基金合伙协议的谈判、子基金的设立。

（5）基金管理部，负责 PE FOF 的日常管理工作，主要职责包括：

- 负责 PE FOF 投后管理，与子基金保持沟通，定期获取季度、年度报告，参加子基金合伙人会议；
- 负责编写 PE FOF 季度、年度报告，定期向投资人进行信息披露；
- 负责对所投资的子基金风险、团队、投资业绩进行监控，并对母基金、子基金业绩定期进行评价；
- 负责对已投资的子基金适时提出退出方案，决策通过后执行退出方案，负责 PE FOF 的收益分配与清算等。

（6）财务部，负责公司财务管理工作的部门，主要职责包括：

- 负责公司会计、出纳工作的管理；
- 对所投资的子基金进行财务监督与审计等；
- 投资项目的前期财务尽调和财务分析等；
- 单只母基金产品的财务核算等。

（7）法律部，可根据公司实际情况设置，也可以委托律师事务所进行法律审核，主要职责如下：

- 公司法律、法规和政策研究；
- 投资谈判、投资进入与退出等全过程中的法律事项安排；
- 公司重大合同的起草、审定等；
- 参与对子基金投资的法律尽调等。

（8）行政人力部，负责管理公司日常行政管理和人力资源管理的部门，其主要职能包括：

- 负责公司日常行政事务的管理；
- 负责公司人力资源招聘、培训、薪酬与考核；
- 制定公司的相关管理制度等。

3. 市场化 PE FOF 管理机构团队的组建

市场化 PE FOF 可通过社会招聘的方式组建专业的管理团队，负责对 PE FOF 进行管理。

（1）管理团队的来源。

管理公司的董事长由董事会选举产生，并提名总经理人选，总经理负责组建管理公司的管理团队，由董事会聘任。

（2）管理团队的组成。

- 公司设总经理 1 名，根据实际需要设置分管副总；
- 投资业务部设部门经理 1 名，投资经理 3~5 名；
- 基金管理部设部门经理 1 名，基金管理人员 3~5 名；
- 投资决策委员会由公司主管投资方面的领导、投资或行业专家组成；
- 风险控制委员会由公司主管投资、风控、财务方面的领导组成；
- 财务部设部门经理 1 名，会计和出纳人员各 1 名；
- 行政人力部设部门经理 1 名，行政、人力各 1 名。

（3）考核与激励。

公司应针对投资业务人员制订详细的激励与考核方案，根据母基金募集、投资、管理、退出等方面对投资经理进行奖励与激励。

4. 优秀市场化 PE FOF 管理机构的核心能力

PE FOF 管理是一个完整的运行体系，优秀的市场化 PE FOF 管理机构应该具备如下核心能力：

（1）强大的数据库能力。优秀的市场化 PE FOF 机构应建立一个包含全面信息的数据库系统，包括母基金产品基本信息、已投资基金组合的信息、子基金管理机构信息、子基金投资项目信息，并定期进行更新，同时对已投资基金的立项、尽职调查、投资决策以及参加子基金合伙人会议的相关情况进行记录，相关文档应在系统中能随时查阅调取，并能够对各类数据进行汇总、筛选、分析。

（2）优秀的投资管理能力。优秀的市场化 PE FOF 管理机构需要拥有专业的行业研究团队,能够把握政策优选行业,结合经济周期及国家产业政策导向,优选投资行业,并进行细分行业、地域、投资阶段的优化配置;能够进行严谨的尽职调查,选择优质合作机构,发掘评估基金接盘机会,分析已投项目风险和获利价值,考量接盘成本,做出综合判断;能够参与优选项目联合投资,联合优秀投资机构,共同投资最有潜力的企业、提高基金整体收益率。

(3) 出众的募资能力。优秀的市场化 PE FOF 管理机构应具有较强的募资能力,建立自己的募资渠道和体系,通过募集富有家族、高净值人群、大中型企业及其他机构等的资金成立 PE FOF;还会根据不同客户的资产状况和风险偏好,量身打造独特的投资组合,并具有中短期资金管理及长期资本运营的能力。

(4) 优秀的产品创新能力。优秀的市场化 PE FOF 管理机构具有较强的产品创新能力,通过产品创新从安全性、收益性和流动性三个维度为投资人量身打造适合的产品,通过产品创新为客户提供增值服务。

(5) 建立科学的基金评价体系。优秀的市场化 PE FOF 管理机构不仅对子基金管理机构的历史业绩做归因分析或者照搬国外的评价体系,还会建立一套完善的子基金筛选评价体系,精挑细选、精准评估新基金,发掘在细分行业独具优势且可持续发展的基金管理团队,通过对尽调子基金的横向、纵向比较优选细分子行业内的子基金管理机构作为合作伙伴,参与其新募集的投资基金。

(6) 建立较强的投后和风控能力。优秀的市场化 PE FOF 管理机构在完成子基金投资后,会做好基金的动态跟踪和调整,以及基金的风控和投后管理,如定期到子基金管理机构进行交流,了解投资进展与业绩,定期为客户编制季度、年度报告等,并对各子基金投资回报、管理团队、出资情况进行跟踪,便于及时识别风险。

(四) 市场化 PE FOF 的募集策略

资金募集是市场化 PE FOF 运作的开始,在这一环节中,PE

FOF 管理机构需要准备募集说明书向投资人寻求募资，在投资人决定出资后，管理人和投资人签订合伙协议，决定双方的管理契约，包括权利义务、收益分配机制等。PE FOF 管理机构募资完成后，才可能将主要精力转向投资，逐步对基金进行投资管理，并为被投子基金提供增值服务。

1. 影响市场化 PE FOF 资金募集的因素

市场化 PE FOF 能否成功募资到位，除了母基金本身设计是否合理、管理团队是否优秀等内部因素外，还受宏观经济环境、资本市场状况等外部因素的影响。

（1）管理团队。PE FOF 管理团队以往的经营业绩是影响资金募集的主要因素。虽然一个管理团队过去有优秀的业绩，并不意味着将来也会取得优秀的业绩，但是投资人总是愿意将资金交给管理团队专业化程度高、具有较好的投资策略与风险控制能力、与知名投资机构保持良好联系、以往投资业绩优良的 PE FOF 管理团队。

（2）宏观经济因素。宏观经济因素也是影响资金募集的重要因素。一方面，宏观经济波动影响资金的供给，在经济繁荣时，社会资金供给充足，PE FOF 很容易募集到资金，而在经济衰退时，社会资金供给迅速减少，募资要困难得多。另一方面，宏观经济波动也会影响创业行为，宏观经济的扩张会导致创业投资企业数量的增加，对创投资本的需求也会增加。

（3）资本市场状况。PE 面临的主要风险是无法收回投资本金。因此，一个可行的退出机制对于私募股权资本的发展是非常重要的。如果首次公开发行市场活跃，更多的 PE 项目能够通过 IPO 的方式退出，获得更高的投资回报，吸引更多的社会资本进入 PE 市场，此时募集资金相对容易得多。

2. 市场化 PE FOF 资金募集的来源与渠道

在国外，市场化 PE FOF 的资金来源众多，包括高净值私人投资者、企业财团、大学基金、慈善基金、保险公司、银行等。相比之下，目前我国市场化 PE FOF 募资渠道还相对较窄，主要包括高净值人群、保险公司、银行、社保基金等。

3. 市场化 PE FOF 资金募集流程

市场化 PE FOF 资金募集流程一般要经过如下几个步骤：

（1）发起筹备。市场化 PE FOF 管理机构需要事先寻找优秀子基金管理机构，并与其建立合作联系，通过了解其正在募集和发行的基金，获取投资份额意向，作为母基金储备基金，并编写母基金募集说明书，对母基金产品进行设计。

（2）募集资金。母基金募集说明书编写完成后，PE FOF 管理机构应通过各方面渠道寻找潜在投资人，并通过向特定对象路演等方式向潜在投资人介绍母基金募集说明书，然后由潜在投资人出具投资意向书。母基金在资金募集过程中，应该严格遵守相关法律法规和监管部门的要求，实现向合格投资者的合法合规募集。

（3）认缴出资。潜在投资人决定认缴出资后，与 PE FOF 管理机构签订认购协议，投资人根据认购协议的约定缴纳出资。

（4）注册成立。当所有资金募集完毕后，PE FOF 管理机构可注册成立 PE FOF，并按照规定确定托管银行和子基金管理机构，签订委托管理协议和银行托管协议。基金成立后，应及时到中国基金业协会进行备案。

4. 市场化 PE FOF 募集说明书

要成功募集一只 PE FOF，首先要准备一份完善的募集说明书。一般募集说明书主要包括以下几个部分：

（1）投资人认购母基金的价值，概括说明投资人认购该母基金后可以带来的收益及存在的风险，以及本母基金的核心优势。

（2）资金募集方案，主要说明母基金的规模、委托管理机构、存续期、单只子基金投资额度、管理费率、预期投资年回报率、收益分配机制、投资类别、投资领域、子基金选择标准、风险控制措施、退出机制，以及基金份额的认购程序和方式等。

（3）基金投资人各方的权利与义务，以及基金运作原则、风险提示等。

(4) 资金托管人情况说明，主要包括基金托管人的条件及潜在托管人，托管人的职责、托管方式等。

(5) 管理人情况说明，主要包括管理团队的构成，团队成员简介及主要业绩。

(6) 相关服务机构说明，即母基金成立以后拟为基金提供法律、会计等服务的机构情况说明。

(7) 相关备查文件，即与母基金设立相关的机构、个人证明文件和证件等。

（五）市场化 PE FOF 的投资方式

市场化 PE FOF 的投资方式如图 7.3 所示，主要包括一级投资、二级投资和直接投资。

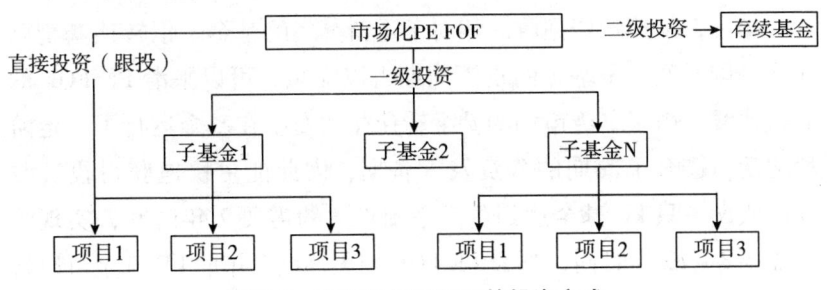

图 7.3 市场化 PE FOF 的投资方式

资料来源：宜信财富研究。

1. 一级投资

一级投资是指市场化 PE FOF 在 PE 基金募资阶段对其进行的投资。市场化 PE FOF 发展初期，主要就是从事 PE 基金的一级投资业务。

在进行一级投资时，由于 PE 基金是新设立的，PE FOF 无法从 PE 基金本身的资产组合、历史业绩等方面进行考察，因此，PE FOF 主要考察的是标的基金管理机构。一般来说，在选择标的基金时，PE FOF 重点考察以下方面：管理团队、投资策略、历史业绩、投资方向、储备项目、投资管理与风控能力、增值服务、基金关键条款等。

2. 二级投资

二级投资是指 PE FOF 在 PE 基金二级市场进行投资，主要分为购买存续 PE 基金份额或后续出资额、购买 PE 基金持有的所投组合公司的股权两种情况。由于 PE 基金的存续期限较长，部分基金的投资人基于流动性或投资策略的考虑，希望提前退出。近年来，PE FOF 二级投资业务的比例不断增加，主要基于以下原因：

第一，价格折扣。由于 PE 基金缺乏流动性，转让方通常希望尽快实现资金回流，因此，二级市场的交易一般都会有一定的价格折扣，使得投资二级市场基金往往比投资一级市场基金能获得更高的收益。Preqin 的研究发现，2000—2005 年，PE 二级市场的平均内部收益率大约比一级市场投资高 20%~30%。

第二，加速投资回收。相对于重新募集的基金，拟转让基金已运作一段时间，子基金的投资周期得以缩短，可以平滑 PE FOF 的收益曲线。由于二级市场的基金转让往往发生在基金运行了一定阶段之后，避开了前期的募资及筹备期，因此能更快地获得投资收益。假设一只 PE 基金达到盈亏平衡点大约需要 7 年时间，实现收益需要 8~12 年时间，那么 PE FOF 购买存续 5 年的 PE 基金可以将实现盈亏平衡点的时间缩短至 2 年，将实现收益的时间缩短至 3~7 年。

第三，投资于已知的资产组合，确定性相对较高。PE FOF 在进行一级市场投资时，子基金尚未进行投资，因此还不知道其投资资产组合状况，只是基于对子基金管理机构的信任。但是 PE FOF 在进行二级市场投资时，所投资的是存续基金，子基金已经进行了一定的投资，因此 PE FOF 能够知道子基金的投资资产组合状况，并且可以更加合理地估计它的价值。

通常，基金份额的转让方式是竞标或协商确定，这对买方提出了较高要求，需要买方非常熟悉市场环境，能及时获取交易机会，迅速准确地对基金份额进行定价并完成交易。

与全球市场相比，人民币的二级市场基金仍处于发展初期，但根据中华股权投资协会（CVCA）的统计，已有约 1/3 的投资人表示有转让基金份额的需求，并且有超过 40% 的管理人所管理的基金中出现过 LP 转让其基金份额的情况。

3. 直接投资

直接投资或共同投资（又称"跟进投资"）是指 PE FOF 直接对公司股权进行投资。在实际操作中，PE FOF 通常和子基金联合投资，由子基金进行领投并管理项目，母基金进行跟投。

在子基金完成一些金额较大的交易时，受制于自身投资集中度的限制或希望加强与投资人关系的考虑，通常会向其基金投资人提供共同投资机会。由于 PE FOF 管理机构可以与子基金就共同投资的项目情况单独沟通管理费和绩效分成方案，甚至无须支付费用或绩效分成，因此可以提升 PE FOF 的整体回报。共同投资机会是各基金投资人非常关注的要素，子基金在选择项目的共同投资人时，会偏向有良好品牌、丰富行业资源、决策迅速的机构作为其共同投资人。通过共同投资项目的合作，也有助于加强母基金与子基金的相互了解。

（五）市场化 PE FOF 的投资策略

市场化 PE FOF 的投资哲学在于寻找并持有优质资产，通过优秀企业的高速增长获得时间上的复利回报。PE FOF 管理机构应基于对宏观经济和相关行业的综合研判和理解，建立自己的投资标准，制定合理的投资策略，并遵循市场导向和分散投资的原则，构建涵盖早期、成长期、成熟期以及并购等各阶段并覆盖各行业的多样化的投资组合。

PE FOF 管理机构在制定投资策略时应遵循三个重要的方法论：一是寻找德才兼备的基金管理公司团队；二是根据投资四分法，投资顶级的基金；三是从行业、阶段、地域、管理人 4 个方面进行科学分散配置。

1. 全面考察子基金管理公司

市场化 PE FOF 应建立多层次、立体化的 PE FOF 投资评估体系和风险管理体系，360 度全面考察子基金管理公司的过去、现在、未来，包括子基金的投资策略、业绩表现、退出渠道资源、团队专业度等方面，精选多只投资标的基金，有效降低和分散投资风险。

2. 按四分法原则投资顶级基金

PE 基金的业绩比较一般采用四分位数法，将所统计的 PE 基金按照收益率从高到低排序，上四分位数基金是指收益率排在前 25% 的 PE 基金。根据历史经验数据，上四分位数基金投资业绩要远远超过中位数基金，而下四分位数基金则基本是亏损的。市场化 PE FOF 投资于业绩顶级的基金，有利于提高收益、控制项目风险。

3. 四分散原则科学配置

市场化 PE FOF 应从行业、地域、阶段、管理人 4 个方面进行科学配置。

（1）投资行业。市场化 PE FOF 在设立时可以设立综合母基金，投资于多个行业，也可以设立针对某一行业的专业母基金。综合母基金应选择较为抗周期的行业，如医疗、消费、TMT 等，在母基金内部配置具有多个投资方向的组合，有利于进一步分散风险。

（2）投资区域。市场化 PE FOF 既可以在全球范围内投资，也可以只投资于某一个洲抑或某个国家。母基金投资策略的制定要紧紧围绕自身利益最大化的目标进行。其在选择投资地域时，应遵循多样化原则，构建合适的区域投资组合，投资到不同的地区，而不只是投资某一限定的区域，通过区域多样化分散风险。

（3）投资阶段。市场化 PE FOF 在构建投资组合时，应针对母基金的运营目标分配各投资阶段的比重，在投资策略上可覆盖天使基金、VC 基金、PE 基金、Pre-IPO 基金、并购基金等处于各个阶段的基金，全面关注所合作私募股权机构的投资阶段。

（4）管理人选择。市场化 PE FOF 在子基金管理人的选择上，应根据母基金投资目标制定稳健与激进相结合的投资策略。例如宜信财富 PE FOF 制定了"白马＋黑马＋斑马"的投资策略，其把母基金中的大部分资金配置给白马基金，其余配置给黑马基金，这样既有稳健的白马配置，又有优秀有冲劲的黑马配置。白马基金的特点是稳健、扎实、有积累；黑马基金冲劲足、历史相对较短，但其基金管理人过去进行风险投资的时间并不短，老兵新传。黑马基金经过几期之后也会变成白马基金，或者成长到中间地带，即成功实现了上市退出，到了"斑马期"，这时母基金就可以继续将资金配置到其他的黑马基金，实现基金配置上的良性循环。

（六）市场化 PE FOF 的运作流程

市场化 PE FOF 的运作流程环节包括基金募集、投资标的获取与筛选、立项评审、尽职调查、预审、投委会评审、商务谈判与投资执行、投后管理、基金退出，如图 7.4 所示。

1. **基金募集**

不同于政府引导基金，市场化 PE FOF 需要进行社会募资，募资渠道主要包括高净值人群、保险公司、银行、社保基金、企业年金、信托基金等。基金募集资金前需要进行募集准备，包括进行标的基金的储备与意向沟通、制作募集说明书、路演等，募集金额确定后，投资人需填写认购意向书，并签订正式合伙协议，协议签订后 PE FOF 管理机构需注册成立母基金，并督促投资人按照协议约定出资。

2. **投资标的获取与筛选**

母基金成立以后，PE FOF 管理机构可通过自有渠道、市场分析、中介机构等获取潜在基金的募资信息，通过分析后，排除明显不符合基金投资范围的项目。对于符合基金投资方向的目标项目，投资团队内部应确定项目的负责人，负责与基金的管理人建立联系，获取关于基金及其管理人的进一步详细资料，并进行内部初审。

```
                              ┌──────────┐
                              │  基金募集  │
                              └────┬─────┘
                                   │
              ┌──未通过──────┐      ▼
                            ┌──────────────┐
                            │投资标的获取与筛选│
                            └──────┬───────┘
                                   │通过
              ┌──未通过──────┐      ▼
                            ┌──────────┐
                            │  立项评审  │
                            └────┬─────┘
                                 │通过
   ┌──────┐                       ▼
   │ 项目库│                  ┌──────────┐
   └──────┘                  │  尽职调查  │
                            └────┬─────┘
              ┌──未通过──────┐    ▼
                            ┌──────┐
                            │ 预审 │
                            └──┬───┘
                               │通过
              ┌──未通过──────┐  ▼
                         ┌──────────┐
                         │ 投委会评审 │
                         └────┬─────┘
                              │通过
                              ▼
                       ┌──────────────┐
                       │商务谈判与投资执行│
                       └──────┬───────┘
                              ▼
                         ┌──────────┐
                         │  投后管理  │
                         └────┬─────┘
                              ▼
                         ┌──────────┐
                         │  基金退出  │
                         └──────────┘
```

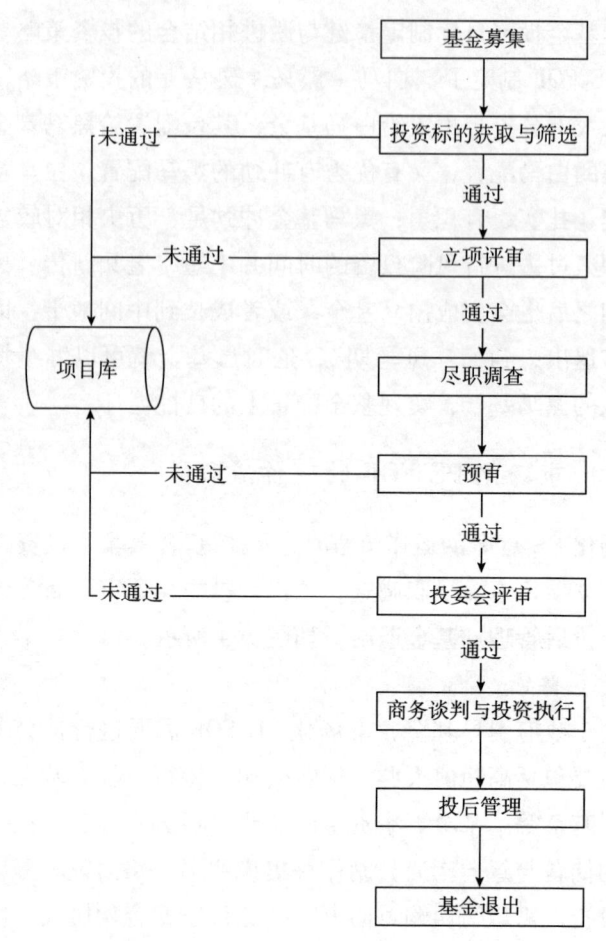

图 7.4 市场化 PE FOF 的运作流程

资料来源：宜信财富研究。

3. 立项评审

对于初步审核通过的子基金，可补充母基金团队对子基金投资策略、团队能力、历史业绩、内部机制的初步评价，编写立项报告提交立项评审。项目立项通常应经过立项委员会/投资委员会的核准确认。

4. 尽职调查

立项评审通过以后，PE FOF 管理机构将组建专业的投资团队对标的基金进行尽职调查，必要时会聘请市场第三方专业机构如会计事务所或律师事务所。尽职调查的内容包括但不限于商业尽职调查、法律尽职调查、财务尽职调查等。

5. 预审

尽职调查报告完成以后，PE FOF 管理机构将组织召开预审会议，预审环节一般由项目组、风控、法务、财务等方面的人员出席，项目组会针对所募集基金的条款和管理人的情况做全面介绍，然后各方同事提出各个方面的潜在风险点和可能的解决办法，并进行综合评估。

6. 投委会评审

预审会通过以后，将进入最终投决会环节。投委会是 PE FOF 管理机构最高的决策组织，通常由 PE FOF 管理机构高管组成。项目组将形成的投资建议书提交投委会，投委会成员听取汇报后，做出是否投资及若投资投资额度的决策，形成投委会决议。

7. 商务谈判与投资执行

投资决策完成后，PE FOF 管理机构与子基金管理机构就合伙协议相关条款进行商务谈判。基金协议确定后，母基金与子基金管理机构以及子基金其他出资人签署包括子基金协议在内的一系列法律文件，由子基金管理机构协调、监督参股子基金履行工商登记手续，FOF 管理机构按照基金协议的约定完成对子基金的实缴出资。

8. 投后管理

投资完成后，PE FOF 管理机构进入投后管理环节，投后管理人员需对子基金的运行进行监控和管理，向子基金定期/不定期地收取报告，参加被投子基金合伙人会议以及开展其他形式的交流，依据协议约定对被投子基金的运营进行监督，如发现有违反约定的行为依法采取措施保障自身权益，等等。另外，PE FOF 管理机构在投后管理阶段还可以为子基金及被投项目提供增值服务，包括向子基金管理机构推荐投资人、投资项目、退出渠道，提供战略规划与经营管理服务，对接资源与中介机构等。

9. 基金退出

PE FOF 的退出机制是指母基金管理机构在其所投资的子基金或企业运营发展到一定阶段时，将其持有的权益资本在市场上变现以收回投资并实现投资收益的过程。母基金到期后还需要进行收益分配和基金清算等工作。

（七）市场化 PE FOF 的风险控制

投资都有风险，风险本身并不可怕，可怕的是不懂得如何规避风险。市场化 PE FOF 通常可以采取如下措施主动控制和管理风险：

1. 通过严格筛选排除风险

一方面，通过严格的筛选来事先排除风险，可以减少人为因素导致的风险。市场化 PE FOF 在选择投资对象时，既要考察管理团队的能力、素质和投资业绩情况，更要考察管理团队的合作历史，稳定且业绩优秀的管理团队才是最理想的投资对象。而此时，个人感情往往影响投资经理的判断，因此，市场化 PE FOF 管理公司在筛选投资对象时应排除人为因素的影响，通过制定严格的、规范化的筛选流程排除项目风险。

另一方面，通过规范的筛选程序，可以层层过滤风险。市场化 PE FOF 在选择投资对象时，会利用其广泛的业务网络（包括投资机构、投资银行、律师、会计师、投资顾问等）获取有关子基金的信息，从众多管理团队中选择符合自己标准的管理团队，然后经过深入的尽职调查，并经投委会审查后，才能实施投资。只有经过以上多次调查、分析、评估与审查后，才能较好地克服项目筛选过程中由于信息不对称可能带来的逆向选择问题。

2. 通过参与决策和全方位、全过程监控管理风险

由于市场化 PE FOF 属于一种 PE 基金，没有强制性的信息披露约束机制，难以较好地解决信息不对称的问题。因此，市场化 PE FOF 通常采用派驻观察员或投委会成员的方式，对子基金关键人事变化、关联交易等重大事项进行决策，对子基金运营的全过程

进行监控，为子基金提供增值服务，以达到风险控制的目的。

3. 通过适度组合投资分散风险

市场化 PE FOF 与普通 PE 基金或创业投资基金的主要区别就在于市场化 PE FOF 具有双重分散风险功能。根据组合投资原理，当投资组合的资产类别达到一定数量后，就可以很好地分散风险。

市场化 PE FOF 在设计投资组合时，一定要遵循"适度组合投资"的原则，一方面，对单一子基金投资比例和投资金额不宜太高，以保证母基金可以投资多只子基金，起到分散风险的作用；另一方面，投资子基金的数量也不是越多越好，子基金数量过多，监控难度增大，反而不利于风险控制。

第八章 市场化 PE FOF 的投资业务流程

一、项目筛选阶段投资业务流程

（一）市场化 PE FOF 的投资策略

结合 PE FOF 的设立目的，PE FOF 管理机构应为 PE FOF 制定完整的投资策略，作为基金整体投资方向的指引，解决基金"怎么投"的问题。进行市场化运作的 PE FOF，在策略制定及子基金选择时，应坚持投资人利益最大化为首要目的，实现风险与收益的平衡。PE FOF 应制定与自身能力相符的投资策略，使基金获得并保持竞争优势，并实现可持续发展。

总体来说，基金投资策略的制定应主要基于 4 个方面的判断，即管理人的优势和资源、子基金供给、投资人的风险偏好、市场竞争情况。基金的投资策略可以包括投资阶段策略、区域策略、行业策略、币种策略、投资类型策略等多个维度，每一个维度都包括不同类别的种类选择。

PE FOF 管理机构在对内外部情况进行分析后，确定 PE FOF 每一维度的具体选择，明确子基金的准入标准及投资规模偏好，在此基础上构建合理、平衡的投资组合，实现基金资产的优化配置。有能力平行管理多个母基金投资组合的母基金管理机构，也可以配置和构建具备不同风险特征的投资组合，以吸引不同风险偏好的投资人。母基金投资策略制定思路如图 8.1 所示。

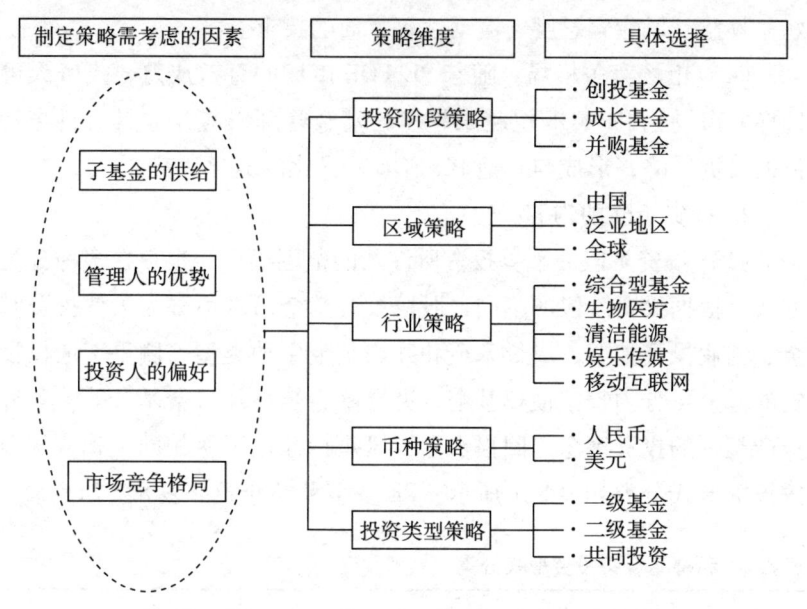

制定策略需考虑的因素	策略维度	具体选择
子基金的供给	投资阶段策略	·创投基金 ·成长基金 ·并购基金
管理人的优势	区域策略	·中国 ·泛亚地区 ·全球
投资人的偏好	行业策略	·综合型基金 ·生物医疗 ·清洁能源 ·娱乐传媒 ·移动互联网
市场竞争格局	币种策略	·人民币 ·美元
	投资类型策略	·一级基金 ·二级基金 ·共同投资

图 8.1　母基金投资策略制定思路

资料来源：宜信财富研究。

1. 制定投资策略需考虑的因素

（1）子基金的供给。近年来，国内 PE 基金在募集数量和募资金额方面均在不断增加。市场化 PE FOF 在制定投资策略时，应充分考虑当时私募股权市场的现状及未来趋势，确保市场上有充足子基金可供选择投资。

（2）管理人的优势。基金管理人持续价值创造的能力和经验是吸引投资人的重要因素，因此，基金投资策略的制定应充分利用市场化 PE FOF 管理机构过往投资经验、行业资源、专业知识等方面的优势。

（3）投资人的偏好。国内市场上 PE FOF 的投资人包括政府引导基金、大型企业/金融机构、高净值个人等，各类别投资人的投资目的和风险偏好也不同，有的希望进入未能实现直接投资的领域，有的更注重长期稳定的回报，也有的希望通过母基金的形式配置较高风险类别的投资产品。因此，市场化 PE FOF 制定投资策略时需考虑主要潜在募资对象的需求，明确主要募资对象在投资偏好、收益、风险容忍度、流动性等方面的要求。

（4）市场竞争格局。随着 PE FOF 市场的日益成熟，投资人可选择的市场化 PE FOF 也越来越多，基金管理人应建立具有自身特色的投资策略，形成与其他 PE FOF 差异化的竞争优势。

2. 投资策略的内容

（1）投资阶段。私募投资所涉及的范围很广，也存在多种分类方式。根据投资阶段的不同，股权投资基金通常可分为天使投资基金、创业投资基金、成长基金和并购基金 4 种类型，侧重于债权投资的基金可分为直接债权基金、夹层基金、特殊机会基金等。各种资产类别的投资理念、回报水平、风险特征也不尽相同。私募基金按投资形式分类如表 8.1 所示，PE 基金种类介绍如表 8.2 所示。

表 8.1　私募基金按投资形式分类

股权类 （Private Equity）	债权类 （Private Debt）
天使基金 创业投资基金 成长基金 并购基金	直接债权基金 夹层基金 特殊机会投资基金（不良资产基金）

资料来源：宜信财富研究。

表 8.2　PE 基金种类介绍

基金名称	说明
天使基金	主要投资处于种子期、初创期的企业，旨在为企业的创始人提供原始资金。与创业投资基金所投的企业相比，天使基金所面对的企业更为早期，其商业模式尚在摸索中，团队也未完成搭建

续表

基金名称	说明
创业投资基金	将主要投资于处于初创期至成长初期或者所处产业已进入成长初期但尚不具备成熟发展模式的未上市企业
成长基金	主要投资于已经具备成型的商业模型和较好的客户群体，同时具备正现金流的企业。成长基金通过向企业提供资金支持，协助企业增加新的生产设备或者采取兼并收购的方式来扩大规模，帮助企业继续做大做强
并购基金	主要投资于成熟且具有稳定现金流并呈现出稳定增长趋势的企业，通过控股企业提升企业的内在价值，并为基金带来投资收益。并购投资可以包括杠杆收购（Leveraged buyout，LBO，指融资过程中利用较高的债权融资比例进行收购）和管理层收购（Management Buyout，MBO，指公司的管理层利用信贷等融资或股权交易收购本公司的行为），完成杠杆收购后，公司的控制权或所有权通常会发生明显改变。

资料来源：宜信财富研究。

若市场化 PE FOF 同时投资于不同的资产类别，需关注不同资产类别所产生的协同效应。通常，天使基金、创业投资基金、成长基金和并购基金涵盖了企业发展的各个阶段，在宏观分析、筛选流程、决策流程、机制建设、子基金沟通评价方面也有很多相似之处。很多基金管理人在发展到一定阶段后，会布局全产业链投资模式，但总体仍专注于某一个或者两个阶段投资机构。与此相比，不良资产、夹层基金、债权基金等基金类型所需的管理技能各异，这些资产类别的跨度对基金管理人来说难以产生协同效应。

由于市场化 PE FOF 的期限本身就较长，所以建立一个涉及不同阶段且有协同效应的基金组合，可以有效分散风险。因此，市场上大部分 PE FOF 会利用这种协同效应，配置处于不同投资阶段的子基金。

从市场上投资机构的偏好来看，股权投资依然侧重于天使基金、创业投资基金、成长基金和并购基金4种资产类别，预计它们依旧会占据私募基金募集市场的主导地位。

（2）投资区域。从投资区域角度来看子基金，除以中国为主的基金外，还有全球性基金、新兴市场基金、以中国为主的亚洲基金等。在选择投资区域时，市场化 PE FOF 总体应涵盖相对较广的地域，从而分散投资风险。总体来说，母基金管理机构应选择熟悉的区域作为其区域策略的重点区域，以便尽快准确地找到合适的投资标的。

目前，人民币市场化 PE FOF 的投资范围，大都以中国内地为主。从全球范围来看，市场上正在募集的基金中，以美国为目标区域的基金最多，其次是欧洲和亚洲。2018 年第二季度全球募集 PE 基金的区域分类如图 8.2 所示。

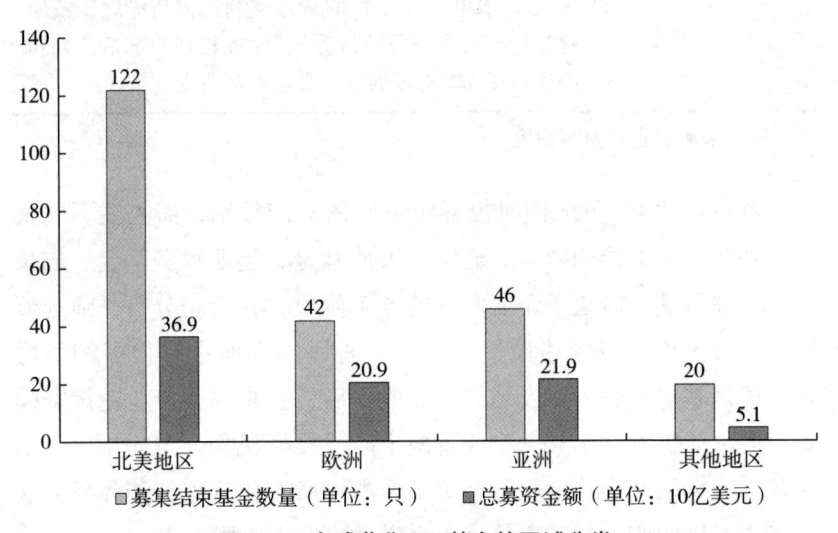

图 8.2　全球募集 PE 基金的区域分类

（3）投资行业。从近年来 PE 市场的募资情况来看，大部分活跃的基金管理人并没有特定的行业重点，大多数 PE 基金仍以综合性基金为主。随着新兴产业的蓬勃发展，互联网、电信及增值业务、信息技术、生物技术/健康医疗及金融业一直是近年来各投资机构的主要投资领域。因此，部分在特定行业深耕多年的基金管理人也开始募集如生物医疗、清洁能源、娱乐传媒、移动互联网等行业的基金，以满足不同投资人的需求。

市场化 PE FOF 在制定投资策略时，应明确整体的行业侧重点，以便在向投资人募资时阐述明确的基金价值定位，也为 PE FOF 的管理团队组建和专业化管理奠定基础。同时，若市场化 PE FOF 的行业策略设定过窄，可能面临子基金选择范围不足的情况。因此，市场化 PE FOF 在行业选择时，应以具有广阔市场空间及持续增长潜力的行业为主，结合投资人的需要和行业周期性，建立相对多元化的行业组合。

（4）币种策略。从子基金的投资币种来看，市场化 PE FOF 可以分为美元 PE FOF 和人民币 PE FOF 两大类。即使子基金最终都以中国地区为主要投资方向，美元基金和人民币基金在基金募资策略和投资标的选择上也存在很大差异。因此，币种策略是设立市场化 PE FOF 需要考虑的首要因素，在选择币种时，应重点考虑 PE FOF 募资和子基金市场机会两方面因素。

美元市场化 PE FOF 的投资者主要以境外的养老基金/捐赠基金、银行/保险公司等金融机构、主权基金、家族办公室及大型企业为主。这些基金管理机构地处境外，虽然非常有兴趣配置人民币资产，但由于团队规模限制，在大中华地区尚未建立办公室或投资机构，难以直接接触到众多的本地投资机会。人民币市场化 PE FOF 的投资人起步较晚，目前仍以政府引导基金、高净值个人为主，近年来资产规模迅速增长。

从投资者风格来看，美元 PE FOF 以机构投资者为主，这类投资者大都参与过基金投资，对管理机构的尽职调查相对严格，特别是养老基金等机构，对于管理机构的社会责任和内部治理都会有严格的要求，因此其内部投资的决策流程也相对较长。相比之下，人民币 PE FOF 投资者的投资经验相对较少，基金管理机构与不同类别投资者在募资时沟通的重点也有所不同。

从子基金的角度来看,由于 PE 基金起源于欧美地区,大部分美元基金管理机构成立时间较久,拥有相对完整的历史业绩、内部机制,基金报告和与投资人的沟通制度也相对完善和透明。人民币基金由于项目选择范围和退出途径的拓宽,近年来发展迅速,2016年,84.5% 的新募资基金为人民币基金。PE FOF 可选择的新基金众多,资产管理规模也逐步扩大,但人民币基金自 2006 年兴起至今仅有十几年时间,与美元基金相比,具有长期历史业绩的团队较少,各类基金的内部机制也正在不断完善中,机遇与挑战并存。私募股权基金新募集资金情况如图 8.3 所示。

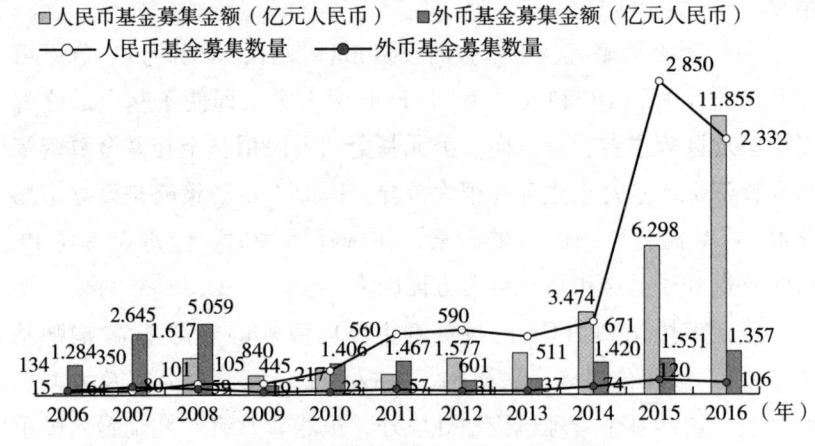

图 8.3 私募股权基金新募集资金情况

资料来源:普华永道,宜信财富研究。

(5) 投资类型。从 PE FOF 投资范围的类型来看,大致可以分为一级市场投资、二级市场投资和共同投资三类,这也是国际上母基金业务的通行做法。国际上大型的综合母基金通常会兼顾上述三种投资类型。

3. 资产配置策略

相对于单一项目或单一基金的投资,市场化 PE FOF 的优势是通过专业筛选帮助投资者构建合理的投资组合,实现优化配置。从前面的投资策略分析可以看出，基金投资面临地域、行业、阶段、方法等方面的众多选择，此时，PE FOF 管理机构的资产配置能力尤为关键。一个优质的资产配置策略需结合市场环境、标的基金管理机构自身情况和投资者需求，对不同策略进行分析后做出，既能分散风险，又有管理人的独特亮点。

从 PE 基金管理人的历史业绩来看，市场上的 PE 基金大致可以分为白马基金和黑马基金两类。所谓白马基金，是指基金管理团队曾共同运作管理过的基金，具备较长期的历史业绩，这类基金运作成熟，业绩表现也相对稳健，比如市场上大家常常听到的 KKR、黑石、IDG、经纬等。

与此相对应的，是进行首次募资或历史业绩较短的黑马基金。这类 PE 基金管理机构的合伙人可能过往就职于成熟基金，个人已有完整的投资业绩，或来自企业，有丰富的管理经验，但团队整体作为独立基金管理人进行运作的时间较短，未来能否延续过往的优秀业绩不确定性较大。此类团队作为基金的"创业者"，往往冲劲更足，也有机会取得更好的成绩。

从目前市场上的母基金整体策略选择来看，市场化 PE FOF 在管理人背景的策略选择上，往往会采用白马基金与黑马基金相结合的策略，构建包含不同策略及不同风格管理人的投资组合。特别是在中国市场，每年都有大量的新锐基金管理人出现，从这些新锐基金管理人中，母基金管理人通过敏锐的洞察力，甄别出有持续发展潜力的基金管理团队，也是母基金管理人专业投资能力的重要体现。

除管理人的历史业绩外，市场化 PE FOF 在制定资产配置策略时，还应建立对子基金的投资金额标准，避免过度分散投资或过度集中投资。投资金额标准的制定应主要考虑以下因素：

（1）项目的管理成本。基金投资过程中，从项目初筛、尽职调查到投后管理都需要 PE FOF 管理机构投入大量人力和资源。因此，母基金单笔投资规模不宜过小，以确保回报高于项目的管理成本和

（2）集中度。市场化 PE FOF 应尽量避免业绩过于依赖单一子基金管理人或单一行业而产生的集中度风险。

（3）子基金的募资规模。通常，PE 基金管理人会非常重视其主要投资人，在共同投资机会的分享、信息沟通及时性、未来基金额度的分配上，都会向主要投资人倾斜。母基金管理机构应结合自身情况，考虑在与子基金合作中的角色定位。

需要注意的是，资产配置策略的制定也是一个动态管理的过程。市场 PE FOF 管理机构需根据宏观经济等市场情况，定期对过往组合的策略进行分析回顾，实现风险与收益的平衡。

4. 独立专户

成熟的市场化 PE FOF 管理机构可以根据投资者不同的风险偏好，配置和构建具备不同风险特征的投资组合，以满足拥有不同风险承受水平的客户群的需求。对于资金规模大的机构投资者，母基金管理机构可以通过为投资者设立独立账户，实行定制化配置。投资者通过独立账户进行投资，在满足风险偏好匹配的同时，也可以实现在支付合理费用的基础上，更好地参与投资决策，更具灵活性。

从国际市场上来看，汉柏巍、合众集团、亚当街（Adam Street）等成熟的母基金管理机构，均会根据投资者不同的需求，设立不同投资方向或风险偏好的独立账户。

5. 投资限制

PE FOF 在合伙协议中，通常会对投资方向进行明确说明。同时，出于风险控制的角度，PE FOF 的合伙协议中还会规定一些投资限制，进一步明确 PE FOF 的投资范围。母基金常见的投资限制包括：

（1）资产类别限制。PE FOF 不得在二级市场上买卖上市股票，但出售投资组合公司股票及对上市公司股权的战略投资（包括但不限于参与上市公司定向增发和配售、上市公司的私有化投资）不在此限。PE FOF 不得直接投资不动产，也不得投资以房地产为主业的实体。

（2）闲置资金的用途限制。PE FOF 可将待投资、待分配及费用备付的现金资产以存放银行、购买国债、金融债券、货币市场基金及其他符合法律法规规定的类固定收益类理财产品及其他符合法律、法规规定的安全方式（"现金管理"）进行管理。

（3）担保限制。PE FOF 不得为投资组合公司以外的第三方提供担保。

（4）投资工具限制。出于法律、税务、监管或其他因素考虑，或者为使 PE FOF 的投资更为可行、便利，母基金管理机构可独自决定设立由 PE FOF 及投资合作方（如有）共同出资的以一项或若干项特定投资为目的的投资工具，以实施 PE FOF 的投资策略。但是，PE FOF 管理人不应仅因投资工具的设立或运营而导致 PE FOF 承担更多支付给管理人的管理费或收益分成。

6. 案例分析：全球领先母基金的投资策略

（1）阿尔卑斯投资合伙有限公司。

公司介绍：阿尔卑斯投资合伙有限公司（以下简称"阿尔卑斯公司"）是一家总部位于荷兰的综合性金融机构，公司已成立近 20 年，还在纽约、香港及印第安纳波利斯设有办公室，有 150 多名员工，其中有 70 余名为专业人士。凭借丰富的市场经验和庞大的资产管理规模，阿尔卑斯公司已在全球领域建立起庞大的关系网络，积累了对市场的深刻理解，能够为客户提供私募股权领域全方位的解决方案。

投资人分布：公司的投资者以养老基金为主，占比 98.5%，保险公司及其他机构占比 1.5%。

投资组合：阿尔卑斯公司已与全球超过 300 家 GP 建立联系，并已建立了一个平衡的多元化投资组合。2015 年，阿尔卑斯公司的资产管理规模达到 390 亿欧元，以一级市场基金投资为主，共计 259 亿欧元，占比 66.4%；二级市场基金投资共计 71 亿欧元，占比 18.2%；共同投资共计 54 亿欧元，占比 13.8%；夹层投资共计 4 亿欧元，占比 1%；其他投资共计 1 亿欧元。

基金投资组合：2015年，阿尔卑斯公司向38个基金管理人（GP）进行了投资，主要以欧洲和美国的管理人为主，在新投资的基金中，16个管理人为已经建立合作关系的基金管理人，22个管理人为首次合作的基金管理人。截至2015年12月31日阿尔卑斯公司的基金投资组合概况如表8.3所示。

表8.3 基金投资组合概况（截至2015年12月31日）

分类	承诺资金占比	GP个数	基金个数
全球大型并购	33%	23	68
欧洲中型市场	15%	54	91
美国中型市场	20%	73	120
欧美以外市场	12%	70	123
创业投资	10%	64	132
清洁能源投资	2%	14	16
夹层投资	4%	16	25
其他投资	5%	12	14
合计	100%	326	589

资料来源：宜信财富研究。

二级市场基金投资：2015年，阿尔卑斯公司完成11个二级市场基金交易，承诺投资11.95亿欧元，基金种类以并购基金及夹层基金为主。截至2015年12月31日，阿尔卑斯公司二级市场基金投资组合概况如表8.4所示。

表8.4 阿尔卑斯公司二级市场基金投资组合概况（截至2015年12月31日）

有良好业绩的年份	投资类别	承诺投资金额（百万欧元）	已投资金额（百万欧元）
2000—2002年	并购基金	519	512
2003—2005年	并购基金	994	949

第八章 市场化PE FOF的投资业务流程

续表

有良好业绩的年份	投资类别	承诺投资金额（百万欧元）	已投资金额（百万欧元）
2006—2008 年	并购基金	2 147	2 049
2009—2011 年	并购基金	1 806	1 742
2012—2015 年	并购基金	2 991	2 492
2002—2015 年	夹层基金	417	398
2003—2015 年	其他并购基金	154	133
合计		9 029	8 275

数据来源：宜信财富研究

共同投资：2015 年，阿尔卑斯公司共完成 4.41 亿欧元的共同投资，包括 23 个新项目，投资共约 4 亿欧元，以及 4 200 万欧元的追加投资，大部分项目位于美国和欧洲，仅有 1 个项目位于东南亚。整体投资组合的行业分布以消费、工业、信息技术及医疗行业为主。截至 2015 年 12 月 31 日，阿尔卑斯公司共同投资组合概况如表 8.5 所示。

表8.5 共同投资组合概况（截至 2015 年 12 月 31 日）

有良好业绩年份	投资类别	投资金额（百万欧元）
2000—2002 年	并购基金及创投	759
2003—2005 年	并购基金	925
2006—2008 年	并购基金	2 443
2009—2010 年	并购基金	1 245
2011—2013 年	并购基金	950
2013—2015 年	并购基金	404
2010—2015 年	清洁能源投资	21
2002—2015 年	其他并购共同投资	184
合计		6 930

资料来源：宜信财富研究。

(2) 合众集团。

公司介绍：合众集团成立于1996年，总部位于瑞士，管理的资产规模超过460亿欧元。公司在全球18个办公室拥有超过800名员工、700个客户，并在瑞士证券交易所上市（证券代码：PGHN）。

在过去的十多年里，合众集团与全球超过400个GP建立了深入广泛的合作关系。在其投资组合中，合众集团拥有超过200个投资顾问委员会席位，与GP建立了非常紧密的合作关系。基于广泛的GP网络和庞大的基金市场数据积累，合众集团也是二级市场基金份额转让和直接投资的活跃参与者，目前已参与了上百个直接投资项目。

投资人类别：合众集团的投资者以公众养老基金及企业养老基金为主，分别占投资者类别的33%及27%，保险公司占比14%，高净值个人占11%，主权基金及捐赠基金占8%，剩余7%主要为家族办公室、银行等机构投资者。

投资组合分布：截至2015年12月31日，从投资策略来看，公司整体投资组合仍以PE为主，占比60%，除此之外，基础设施投资占11%，私募债权投资占12%，房地产投资占17%。按地区来看，整个组合的地区分布以欧洲为主，公司24%的投资位于英国，20%的投资位于德国和奥地利，瑞士占15%，欧洲其他地区占12%，北美占15%，南美占2%，中东地区在亚洲的部分占8%，澳大利亚占4%。

2015年，合众集团新增投资涉及一级市场基金投资、二级市场基金投资及项目投资（包括股权及债券）三大主要类别，占比分别为20%、22%及58%。从2015年新增项目的投资地区来看，合众集团仍以欧美地区作为其地区策略的重点，新增组合中北美占46%，欧洲占37%，亚洲及其他新兴市场占17%。

(3) 磐石基金。

基金介绍：磐石基金是一家发源于欧洲的资产管理机构，成立于1982年，现已拥有超过36年的历史。磐石基金资产管理规模超过340亿美元，在全球拥有超过210名员工和380个客户，也是最早进入中国的境外大型机构投资者之一。

投资组合分布：在一级市场基金投资层面，磐石基金募集31只母基金，累计承诺投资206亿美元，占整体管理资产规模的60%，持有超过340个顾问委员会席位，间接参股12 000家公司。正是由于对PE基金市场的长期深耕研究，公司内部已形成8 000个基金管理人的数据库。

在二级市场基金层面，磐石基金承诺投资超过102亿美元，占整体资产管理规模的30%，1988—2016年底，先后募集了5只二级市场基金，完成337笔交易。

在共同投资层面，磐石基金共同承诺投资金额达19亿美元，1997—2016年底，已完成105个项目的共同投资，与100个基金管理人进行过合作。

除此之外，磐石基金还参与基建和不动产投资，承诺投资金额超过30亿美元。

（二）投资标的获取、筛选和立项前调研

1. 项目搜寻方式

在完成PE FOF投资策略的制定后，基金的投资团队应根据其投资战略的规划，在相关市场上搜寻符合PE FOF投资主题的子基金。随着国内私募股权市场的不断完善，PE FOF在获取项目渠道的来源方面也越来越多元化。基金项目的搜寻渠道可以大致分为以下3种渠道：

（1）管理人自有渠道。基金管理人可以根据其合伙人资深的行业网络和资源优势，基于过往的合作经验和市场信息，与私募基金建立投资合作关系。PE FOF的投资更多是对于"人"和"团队"的投资，近年来，一些团队脱离原有机构，成立自己的基金品牌，独立募集资金。管理人基于过往合作的关系网络，与相互了解的子基金或团队合作，可以有效降低投资的不确定性，增强PE FOF投资回报的稳定性。

(2) 市场分析。

PE FOF 管理人根据基金策略所确定的投资偏好，对该地区活跃的 PE 基金市场进行分析，系统性地挖掘投资机会，确定子基金的短名单。目前，国内外市场上均有众多活跃的专注于股权投资行业的市场资讯机构，定期会对市场上的活跃机构进行统计，这也可以作为 PE FOF 管理人获取新项目来源的渠道。

例如，行业杂志《国际私募股权杂志》(PEI) 每年会根据机构过去 5 年的募资规模，列出全球前 300 家股权投资机构。根据 PEI 2016 年发布的报告，全球最大的 300 家 PE 机构在过去的 5 年共募集 1.24 万亿美元，黑石、KKR、华平为过去 5 年的募资大赢家，总共募集 1 238.7 亿美元。前 50 家机构的平均净回报为 14.9%。从地理位置上来看，69% 的投资机构位于美国，位于欧洲和亚洲的机构分别占 16% 及 11%。随着中国 PE 基金的日益活跃，不少大中华地区的基金也榜上有名。由于并购基金的规模较大，该榜单中上榜的基金管理人以并购基金为主。表 8.6 为 PEI 发布的 2016 年全球前 20 家 PE 机构数据。

表 8.6　2016 年全球前 20 家 PE 机构

排名	管理人	过去 5 年募资规模（百万美元）	总部
1	黑石集团（The Blackstone Group）	59 987	纽约（美国）
2	科尔伯格-克拉维斯-罗伯茨（KKR）	35 249	纽约（美国）
3	华平投资（Warburg Pincus）	28 630	纽约（美国）
4	安宏资本（Advent International）	27 010	波士顿（美国）
5	凯雷集团（The Carlyle Group）	25 678	华盛顿（美国）
6	阿波罗全球管理公司（Apollo Global Management）	24 131	纽约（美国）

续表

排名	管理人	过去5年募资规模（百万美元）	总部
7	CVC资本合伙公司（CVC Capital Partners）	23 464	伦敦（英国）
8	恩凯投资（EnCap Investments）	21 128	休斯敦（美国）
9	德太投资（TPG）	20 709	沃思堡（美国）
10	殷拓集团（EQT Partners）	18 524	斯德哥尔摩（瑞典）
11	贝恩资本（Bain Capital）	17 565	波士顿（美国）
12	路博迈集团（Neuberger Berman Group）	14 479	纽约（美国）
13	锐盛管理（Ares Management）	13 590	洛杉矶（美国）
14	托马布拉沃（Thoma Bravo）	12 323	芝加哥（美国）
15	立合斯顿（Riverstone Holdings）	12 006	纽约（美国）
16	维斯塔股权合伙公司（Vista Equity Partners）	11 995	奥斯汀（美国）
17	银湖（Silver Lake）	11 150	硅谷（美国）
18	赫尔曼-弗里德曼（Hellman & Friedman）	10 900	旧金山（美国）
19	泛大西洋投资（General Atlantic）	10 709	纽约（美国）
20	中桥资本（Centerbridge Capital Partners）	10 663	纽约（美国）

资料来源：PEI300，2016；宜信财富研究。

除PEI外，《福布斯》每年也会评选出全球最佳创业投资人，在2016年发布的榜单中，前十名红杉资本占据3个席位，其次纪源资本（GGV）、IDG、戴盛资本（DCM）各2人，甘剑平、林欣禾、朱啸虎、徐小平等也位列其中。

自 2016 年开始，中国母基金联盟每年均推出 PE 基金（包括 PE FOF）排名的候选名单，该名单以中国母基金联盟成员单位推荐和各投资机构自荐的形式，形成初步的候选名单，在此基础上，经再次筛选形成最终的候选名单。由于中国母基金联盟单位包括多家国家级的母基金和领先的市场化母基金成员单位，在科技部火炬中心对评选过程的全程监督参与下，本排名成为中国 PE 基金行业中，具有举足轻重地位的国家级排名。中国母基金联盟 2016 年中国 PE 基金评选项如下：

- 中国政府引导基金［Top（前）20 家机构］；
- 中国市场化母基金（Top20 家机构）；
- 中国天使投资基金（Top20 家机构）；
- 中国创业投资基金（Top30 家机构）；
- 中国私募股权（PE）投资基金（Top30 家机构）；
- 中国最具影响力母基金（Top10 家机构，含政府引导基金）；
- 中国最活跃母基金（Top10 家机构，含政府引导基金）；
- 中国双创基金（Top10 家机构）；
- 中国最具知名度基金（Top10 家机构）；
- 中国最活跃基金（Top10 家机构）；
- 中国最受母基金青睐投资机构（Top10 家机构）；
- 中国最受母基金青睐创始合伙人（Top50 人）。

中国私募股权市场上也有不少信息服务平台机构及行业组织，致力于为各类机构提供专业的信息、数据、研究和咨询服务，每年均会定期举办投资峰会等不同类别的主题会议及活动，便于投资机构相互交流，实现资源对接，并举办相关的评选活动，PE FOF 可以从这些评选活动中，尽快获取市场上优质活跃基金的信息。

（3）中介机构推荐。

由于部分 PE 基金规模有限，难以面向全球的投资者进行募资，这类基金通常会聘请募资代理，并向其支付部分募资费用。募资代理长期与各类投资者保持密切联系，熟悉各家投资机构的偏好，能提高募资的成功率。特别对于首次募资的基金而言，良好市场声誉的募资代理能迅速协助他们对接市场上成熟的潜在投资者，加快募资速度。

从国际市场来看，有超过36%的创投基金和52%的成长基金采用募资代理进行募资。优质的募资代理所做的工作不仅仅是协助投资者与PE FOF建立联系，还包括协助PE FOF及与子基金沟通中的各项工作，例如，基于募资代理对市场的了解，为子基金制定最佳的投资策略，建立准确的市场定位；协助子基金对其历史业绩进行前期系统整理；组织与投资者的路演安排及材料发送；安排落实PE FOF所需进行的相关访谈；跟进PE FOF的反馈信息等，从而推进投资进度，明确时间安排，以便顺利高效地完成交割。

2. 初步接触

PE FOF管理人在通过不同渠道获取到潜在基金的募资信息后，将根据投资策略进行初步分析，排除明显不符合PE FOF投资范围的标的基金。对于符合PE FOF投资方向的目标，投资团队内部应确定项目的负责人，与该基金的管理人建立联系，获取关于基金及其管理人的进一步详细资料。

为保护双方的利益，PE FOF取得书面材料之前，目标基金往往会要求签订保密协议，明确PE FOF需要对所提供的相关资料承担保密义务。

PE FOF对子基金进行初步了解的资料应包括管理人背景、投资策略、团队介绍过往业绩介绍以及本期基金的募集计划和基金架构等。这些资料将有助于PE FOF从整体上了解基金及其管理人的能力，并与团队本身已掌握的部分信息进行交叉检查，从而确定是否符合PE FOF的投资方向，以及是否进一步跟进。

根据初步接触的情况，投资团队应对目标基金的整体情况进行梳理，整理初步的项目信息表，用于内部讨论及向上汇报。项目初步信息表模板如表8.7所示。

表 8.7　项目初步信息表模板

投资机会概述			
简要说明基金概况、优势等			
基金介绍			
名称		基金规模	
期限		募资期限	
收益分配		管理人	
投资策略			
管理人概况			
优势			
历史业绩			
团队介绍			
合作情况			
出资时间			
初步接触建议			

资料来源：宜信财富研究。

3. 项目信息管理

基于团队初步接触所掌握的项目基本信息，PE FOF 内部应新建立 PE 基金管理人数据库，并制定规范的项目库管理办法，目的是方便团队系统、全面地维护与子基金相关的信息，逐步形成自身的市场信息资源库。

完整的 PE 基金管理人数据库应以项目初步信息表为基础，包含 PE FOF 可以获取到的关于 PE 基金管理人的全部信息。因此，数据库应根据项目成熟程度和项目前期工作进展情况，逐步补充相关内容。

PE 基金管理人数据库可以参考以下维度建立：

（1）PE 基金管理人的基本信息，包括基金管理人名称、联系方式、项目来源、联络时间等。

（2）拟募资基金的相关信息，主要包括基金名称、募资时间、募资金额、募资进度、潜在投资者、最小投资金额、基金期限、管理费、收益分配等条款。

（3）过往业绩，包括基金和项目两个层面。基金层面包括过往基金的成立时间、投资策略、基金规模、已投资情况、已退出情况、估值情况、回报情况；项目层面包括项目名称、行业、地区、投资时间、投资金额、已退出金额、最新估值和退出进展等。

（4）团队，包括团队规模、组织架构、主要成员过往经历、过往合作情况、团队离职情况等。

（5）投资策略，包括子基金的地区策略、行业策略、阶段策略、增值服务策略、单一项目投资金额/占比、基金项目储备等。

（6）内部治理，包括子基金的投资流程、决策流程、激励约束机制、团队发展计划等。

（7）基金分析，包括 PE FOF 管理人对子基金管理人过往业绩、投资策略、治理机制、投资风险等方面的分析。

（8）投资方案，包括拟投资金额、出资主体、拟沟通条款等。

PE 基金管理人数据库中的相关信息需要做到精简、准确，在项目团队完成信息录入后，团队内部应建立数据库信息的审核机制，并确保相关信息将根据子基金最新情况不断更新完善。

4. 立项前筛选

通常，PE FOF 可以根据 PE 基金管理人项目信息库的要求，制作标准化的尽职调查问卷，要求目标基金的管理人进行填写，以便规范准确地获取项目的相关信息，同时也可以节省项目团队资料整理的时间。

在获取目标的相关信息后，PE FOF 根据其投资策略和评价标准，从中筛选出可成为潜在投资对象的子基金。与后文的详细尽职调查不同，立项前初步尽职调查主要是为了让团队能初步判断项目投资的可行性和风险关注点。因此，PE FOF 所采用的形式是以与目标基金的合伙人交流讨论所得到的信息，以及子基金管理人所提供的募集说明书等书面材料为基础，以在投资团队内部进行分析和讨论为主，暂不涉及大规模的外部访谈、出差考察，或聘请中介机构参与，以避免产生大量的尽职调查费用。

从整体来看，PE FOF 的投资项目的筛选可以按照一个自上而下的筛选思路进行，依次对目标基金的战略定位、规模、历史业绩、团队、机制、交易条款进行分析，最终确定潜在项目的短名单，以便开展详细的尽职调查工作。目标基金筛选流程如图 8.4 所示。

考察目标基金的战略定位

限定基金规模

评估团队能力

内部治理的考察

交易条款协商

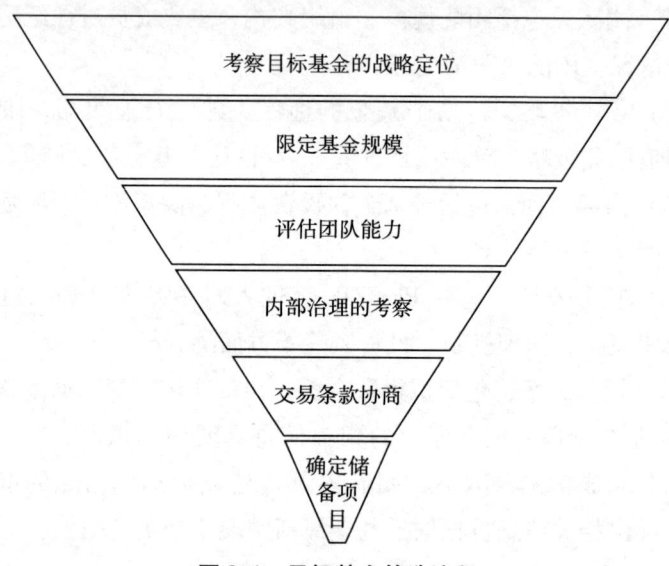

确定储备项目

图 8.4　目标基金筛选流程

资料来源：宜信财富研究。

（1）考察目标基金的战略定位。结合 PE FOF 的战略定位，对目标基金的币种（美元/人民币）、区域（中国/亚洲/全球）、资产类别（天使/创投/成长/并购）进行初筛，确保目标基金属于 PE FOF 的投资范围。

（2）限定基金规模。由于 PE FOF 本身的规模有限，PE FOF 管理人应结合投资策略制定中对子基金投资金额的范围标准，以及此次募集基金的总规模和 PE FOF 管理人希望在与子基金合作中所发挥的作用，确定是否能够参与新募资基金的投资，避免过度分散投资或过度集中投资。

（3）评估团队能力。团队能力对基金业绩表现有直接的影响，根据统计，历史业绩排名后50%基金的GP将来表现优异的可能性较低，而历史业绩排名前25%的基金有65%的概率在下一只基金表现优于行业平均水平，可见基金的业绩表现通常具有一定的"黏性"。在初步尽调时，评估团队能力可以从团队成员的过往经历、代表项目、过往基金的投资业绩、项目储备等方面进行，并结合项目团队已掌握的相关资料进行交叉检查。此外，还需要特别关注的是团队过往业绩的延续性，是否持续活跃在目标区域的投资市场中，以及与本期基金投资策略的一致性。基金管理人不同基金间业绩的关系如图8.5所示。

GP管理的下一只基金回报排名
■排名最后25%　■排名50%~75%　■排名25%~50%
□排名前25%

GP管理的上一只基金业绩排名	排名前25%	排名25%~50%	排名50%~75%	排名最后25%
排名最后25%	8	16	22	38
排名50%~75%	23	24	28	31
排名25%~50%	33	31	28	16
排名前25%	36	29	22	15

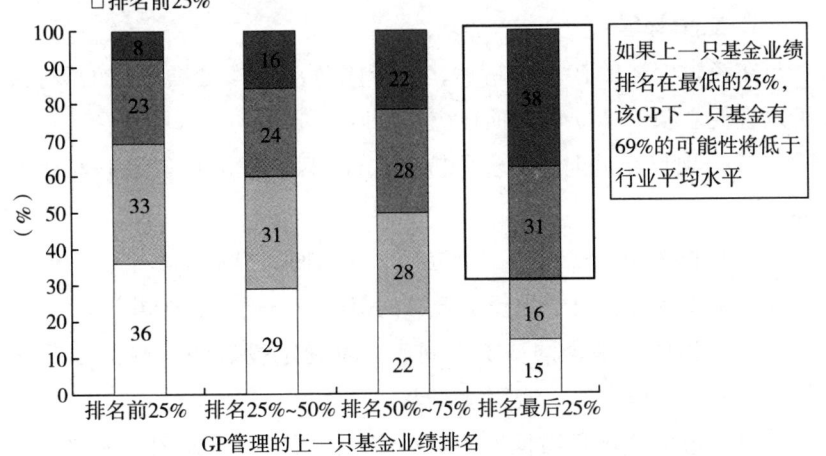

如果上一只基金业绩排名在最低的25%，该GP下一只基金有69%的可能性将低于行业平均水平

图8.5　基金管理人不同基金间业绩的关系（全球VC基金）
资料来源：Preqin，宜信财富研究，2016年。

（4）内部治理的考察。内部治理的考察内容主要包括基金投资及决策流程、管理人成立至今团队成员特别是高管是否发生过重大变化，团队高管成员是否能专注于本期基金的投资、团队的跟投计划、激励约束机制、投资流程、风险管理机制等。

（5）交易条款协商。基金的主要交易条款，如基金期限、管理费、出资方式、收益分配、利益冲突/关联交易等，应基本符合相应产品类别的市场惯例。受募资环境的影响，主流投资机构在投资谈判时，往往可以得到比其他投资者更加优惠的条款。虽然正式的协议谈判往往会在全面尽职调查后进行，但在初步尽调阶段，PE FOF 可以根据自身需求，向基金管理人就《有限合伙协议》之外的需求进行充分沟通，如信息披露、优惠条款、共同投资优先权等，确保在条款方面不会形成交割障碍。

经过在上述 5 个方面对基金的层层筛选，PE FOF 的项目团队应初步确定目标基金是否可以满足投资标准，并基于初步分析明确在下一步深入尽职调查中需要进一步确认的主要议题或关注的风险点。

（三）投资立项

1. 立项管理

在经过上述的初步分析后，投资团队对于拟继续跟进的项目，可以进行立项。拟立项的项目应符合以下要求：

（1）项目经过上述初步分析，符合 PE FOF 的投资策略和评价标准。

（2）投资团队已与子基金进行深入沟通，投资其基金已获得管理人的初步认可，对于拟投资金额的范围双方已有初步共识。

（3）根据子基金的募资时间表，可确定投资团队内部的时间表、下一步工作方案、费用预算等。

（4）已完成项目数据库中基本信息的录入，以及团队内部立项所需提交的报告。

项目团队提交完整的立项报告及相关内部备查文件，并进行内部讨论。根据 PE FOF 的内部管理流程，项目立项通常应经过母基金的立项委员会或投资委员会的讨论。

拟对某项目进行立项时，应同时确定该项目的负责人及其团队成员。项目的负责人将按照内部投资管理规定，负责下一步深度尽职调查、投资谈判等各项工作的组织实施。

若项目的立项未获得批准，项目团队可以根据表决意见及项目的实际情况，进行补充说明后再次申请，或放弃跟进。

2. **立项报告模板（如表8.8所示）**

立项报告主要是基于前期初步调研所获取信息的整理（可参照表8.7项目初步信息表模板），结合团队对子基金与PE FOF投资策略的契合度分析、基金优势分析、风险关注点分析，以及项目的投资方案建议，形成具体的立项建议及下一步工作方案。

表8.8 项目立项报告模板

投资机会概述			
简要说明基金概况、优势等			
基金介绍			
名称		基金规模	
期限		募资安排	
收益分配		管理人	
项目来源			
投资策略			
管理人概况			
历史业绩			
团队介绍			
合作情况			
出资安排			
初步评价			
基金优势			
风险关注点			
与母基金投资策略的契合度			
投资方案			

续表

立项建议	
下一步工作安排	
申请时间	
项目团队	
表决结果	
表决时间	
表决地点	
表决形式	
参会人员	
表决结果	
备注	

资料来源：宜信财富研究。

项目立项报告及其表决情况应根据 PE FOF 档案管理的相关规定，在完成表决后，及时予以存档。

二、商务谈判阶段投资业务流程

（一）尽职调查

1. 尽职调查概述

尽职调查（Due Diligence，简称 DD），已被广泛应用于各行各业和多种情景下，特别是用于核查目标公司或者标的项目的实际情况，以便评估目标公司或者标的项目的价值和风险。在金融领域，其通常是指金融机构通过各种方法、工具和技术对目标企业进行调研，掌握企业或者项目的战略、财务、人事、法务、运营等方面的状况，以便综合评估、全面考量、辅助评估和定价，为后续投资决策提供依据。

在我国金融行业，尽职调查一词最早出现于1999年3月中国证监会发布的《关于上市公司配股工作有关问题的通知（证监发〔1999〕12号）》中，该通知规定，证券公司在报送申报材料前应做好尽职调查工作，对公开募集文件的真实性、准确性、完整性进行核查，并编制《证券公司承销配股尽职调查报告》。正因如此，尽职调查开始成为我国的金融机构在投资决策中广泛应用的方法和工具。

尽职调查的重要功能之一是通过充分调查识别企业的风险，这恰恰是主动防范风险的前提和条件，通过发现目标企业和项目的显性及隐性的风险因素及其存在的领域，深入分析其产生的原因，试图找到监控、解决或防范这些风险的方法，为最终的决策提供依据。另一层面是锦上添花的功能，通过专业和全面的尽职调查还能帮助企业在商业运营和企业治理方面，发现自身在生产、经营和管理等方面的不足，为目标企业或项目完善管理水平、提升经营业绩带来促进作用。

对于PE FOF而言，投资标的通常为新募集的PE基金或者PE基金二手转让份额。对于经过初步筛选的备选基金，PE FOF管理机构在与PE机构达成初步投资意向后，还需对该PE基金进行更为全面深入的尽职调查和专业评估，调查和评估结果将会成为影响PE FOF是否投资、如何投资以及投资多少的重要因素之一。

此过程一般依赖PE FOF管理机构自己组建的专业投资团队，必要时会聘请市场第三方专业机构如会计师事务所或律师事务所。尽职调查和评估的内容包括但不限于商业尽职调查、法律尽职调查和财务尽职调查等。

2. 尽职调查原则

尽职调查，通常会有一定的时间、人力和成本作为约束条件，因此，为了高效取得需要调查事项的事实证据，PE FOF 尽职调查应遵循以下原则：

（1）专业性原则。由于 PE 投资有别于高流动性、高透明性的二级市场投资，是低流动性、高风险、时限长、低透明度的投资活动，因此对于 PE FOF 尽职调查的专业性要求非常高。

在实际操作过程中，调查的内容不仅繁多而且透明度非常低，很多信息要靠深度挖掘和后续分析处理。所以在对私募股权新募资基金以及基金管理机构的调查和判断的过程中，尽职调查团队的专业能力、丰富经验甚至是常年积累的行业直觉都将起到非常重要的作用。

因此，调查小组成员应具有较广泛的专业背景，除了 PE FOF 投资团队成员以外，还应当包括中后台的风险控制、法务及操作风险部门的人员，必要情况下还需要外聘第三方包括律师、会计师、行业专家等，形成不同专业之间的优势互补。

（2）审慎性原则。审慎性原则是指在尽职调查的过程中，调查人员要保持认知上的谨慎性以及标准及原则的持续严谨。由于 PE 基金在募资、投资和退出等各个环节中，存在着大量的不确定性因素，所以要求 PE FOF 的尽职调查人员在开展尽职调查过程中需要始终保持审慎的态度，充分评估潜在的风险和损失，设置较高的安全系数，客观、公允及审慎地评估目标基金。

（3）客观性原则。客观性原则又称实事求是原则，要求尽职调查人员对于目标子基金提供的信息或者尽调过程中挖掘到的信息以及尽调人员形成的个人判断，都需形成合法合规及合理的书面依据作为佐证，针对尽职调查的方式、方法及过程形成详细记录。针对一些无法取得直接书面佐证依据的重要信息，需要借助会计师事务所、律师事务所、估值机构、基金登记机构、基金业协会、银行、排名机构等客观公允的第三方给予证明和确认，从而保证尽职调查的结论能够翔实公允且客观无偏地反映目标基金管理人的投资水平和过往投资业绩。

(4) 全面与重点结合原则。尽职调查的全面性，是指调查过程需要涵盖目标基金的募集条款、管理人治理结构及机制、过往业绩、被投项目、行业地位及市场形势等全方位的信息。当然，为了提高效率、节约成本，尽职调查需要在一定范围内保持灵活性，一方面针对不同地区、不同投资策略、不同行业、不同治理结构、不同投资风格的管理机构，关注的重点应当有所差异；另一方面，也要纵向地看这个机构在历史上的团队、风格、策略和业绩是否保持了连贯性，横向上应当在行业中寻找可比的标杆或参照（Benchmark），对于存在的异常点需重点关注、深入挖掘、全面核实。

3. **尽职调查方法**

FOF 针对子基金及其管理机构开展尽职调查的方法是多种多样的，常规方法通常包括查阅、深度访谈、实地调查、向同行或中介寻求咨询意见等。另外，还有很多个性化的方法，比如人物关系图谱法和案例分析法等。

（1）查阅。查阅是最基本且被广泛运用的方式，PE FOF 一般由风控、法务人员来完成此环节。查阅的主要渠道如表 8.9 所示。

表 8.9 查阅要件列表

由目标基金主动提供的相关资料	• 过往基金业绩材料； • 过往基金的 LP 年度/季度报告； • 近一年的审计报告； • 合伙人简历； • 基金法律架构； • 合伙协议等
通过基金业协会系统获取的材料	• 高管从业资格； • GP/管理公司私募管理人资质； • 基金备案情况； • 以往基金备案情况等

续表

通过工商税务查询系统获取的材料	• GP/管理公司的营业执照、组织机构代码和税务登记证等工商注册情况； • 股东情况； • 基金实体注册情况（如是有限合伙企业）； • 合伙人/股东变更情况等
通过媒体、互联网及其他可靠渠道搜集相关资料	• 机构投资风格相关文章、合伙人专访及动态； • 行业排名展现该机构市场地位； • 以往投资项目发展走势； • 行业风向及热点等

资料来源：宜信财富研究。

（2）深度访谈。在尽职调查中，调查人员需要对子基金的合伙人、募资业务、投资业务、投后业务、财务、法务等多部门的核心人员进行访谈，从而进一步掌握目标机构及目标基金全面翔实的情况，并通过向不同角色的人员提问，获得多维度的答案，一方面能够进一步核实相关资料信息的准确性，另一方面能验证该机构各角色人员理念上、文化上和业务操作执行层面上是否有较统一的认识。

当然，由于机构内部有精细的专业分工，因此访谈也会根据面对的不同对象设计出有不同侧重点的问题，例如，管理层比较适合回答涉及机构理念、投资哲学及投资策略、激励机制、行业观点等问题。而涉及业务执行操作层面的细节问题，则比较适合找相应人员回答。

在深度访谈的过程中，现场见面访谈是最理想的方式，通过电话会议进行沟通会有遗漏掉很多辅助信息的缺点，例如，无法捕捉到被访谈人员的面部表情、肢体语言、穿衣风格、谈吐特征等非语言性细节，这些细节一定程度上是判断其所述内容真实性的依据，而且可据此进一步判断其核心合伙人性格特征、表达习惯、逻辑特征、投资风格、投资哲学等，便于与其他调查手段交叉对比，综合运用。

(3) 实地调查。PE FOF 的调查人员到目标机构的主要办公场所进行实地调查，包括对该机构办公室所在区块定位、办公环境、装修风格、团队情况及人员工作状态等有一个清晰直观的认识，便于与其他调查手段获取的材料综合汇总。

除此之外，还应对该机构以往投资项目和较明确的拟投项目进行实地调查。对以往投资项目进行实地调查，一方面可以对该投资项目目前业务流程、设备情况、技术水平等方面有直观清晰的认识；另一方面，更重要的是，可以对高管进行访谈，对该投资项目商业模式、经营现状、融资历史有深入了解，并了解所调查目标机构在与该投资项目的过往接触中，是否在投后提供战略、人力、金融安排等方面的增值服务，如何提供，贡献度有多少等。该投资项目是所调查目标机构以往投资组合的组成部分，通过预判该投资项目未来的发展情况，可以为所调查目标机构以往基金历史业绩提供佐证，并作为评估子基金及管理人的重要评价依据之一。

(4) 行业咨询。PE FOF 还可以利用常年在行业内积累的人脉和资源，进行行业内的意见征询和参考。例如，与其他同业 PE FOF、相熟识的 PE 机构、中介机构包括会计师事务所、律师事务所、托管机构、份额登记机构、三方智库、排名机构等，甚至是监管机构例如证监会、基金业协会等积极沟通，并参考其专业意见，从而使尽职调查的结论更加全面和准确。

(5) 人物关系图谱法。目前，越来越多的私募股权管理机构的合伙人纷纷单飞，新成立机构并无以往业绩可参考的情况下，可以通过深入调查并描绘核心合伙人的人物关系图谱，对合伙人的职业轨迹和能力圈子有更清晰的认识，对以往投资业绩和出色项目做出更明确的划分。同时，研究其多年在不同机构的投资履历，可以总结出该管理人的投资风格和投资逻辑，这些都可作为对以往业绩评价的有力依据。

(6) 案例分析法。案例分析法，针对 PE 机构以往投资案例中的优秀项目或者失败项目（如有），做全面深入的拆解和分析，进一步分析管理人在这个项目中投前判断、投后增值服务及退出安排等环节的风格、逻辑和贡献度，从而把握管理人的投资策略和竞争优势，为评估工作进一步提供依据。

4. 尽职调查要点

PE FOF 的投资标的包括新募资的 PE 基金和转让的二级市场份额，根据 PE FOF 具体的不同策略，二者比重有所差异。

通常情况下，PE FOF 会有部分比重进行直接投资，即直接对未上市的公司股权进行投资。在实际操作中，PE 基金通常会由于各种原因向 PE FOF 推介看好的项目，而 PE FOF 一般采用一种消极管理的策略，依赖该 PE 机构的尽职调查和投资判断与其联合投资，投后管理也参与不多。

因此，针对这 3 类不同投资标的，尽职调查关注要点也应是各有侧重的。其中 PE FOF 对直接投资部分更倾向于消极投资，对项目的尽调评估和估值定价更多依赖第一投资人。本书着重介绍 PE FOF 配置比重较大的前两类。

（1）针对新募资子基金的尽调要点（见表 8.10）。

表 8.10　新募集的 PE 基金尽调要点

机构一般情况	• 机构发展历史； • 机构性质； • 股东结构； • 私募管理人资质； • 组织架构等
募资情况	• 以往募资历史、主要 LP 类型及构成； • 新募资基金潜在 LP 及其过往投资经验、案例和业绩，其可能提供给子基金的潜在资源； • 是否存在合法合规和利益冲突的情况； • 募资进展、募资时间计划、打款计划； • GP 出资比例

续表

投资情况	• 子基金管理人投资策略，关注行业，投资阶段，配置比例； • 对行业及热点的判断和看法； • 投决流程及投决机制，即投资决策委员会成员设置，投票机制； • 关键人设置； • 投资顾问委员会设置（LPAC），即席位、权益、会议设置； • 项目获取渠道； • 拟投储备项目（Pipeline），即目前储备项目的情况和质量、项目获取来源、项目筛选标准、单笔投资额度范围、目前项目所处阶段等； • 管理多只基金时，项目分配，潜在利益冲突如何解决； • 老基金对新基金是否有某些投资限制等； • 投资策略是否持续稳定； • 基金投资条款：重点关注管理人和投资人的利益是否通过基金协议得到统一，重要条款例如管理费、门槛收益率（Hurdle rate）、分红比例、回购机制等制度
投后增值	• 着重考察基金管理人是否为已投企业提供全面持续深入的投后增值服务： • 是否能够帮助所投企业匹配合适高管、挖掘关键岗位候选人； • 是否为所投企业提供后续融资方面的帮助，例如筛选后续轮次投资机构、条款谈判、上市或并购计划安排等； • 是否在关键时点帮助所投企业做出战略层面的正确决策； • 是否能在行业资源、行业人脉对接方面提供帮助
投资业绩	• 着重考察过往基金管理经验、投资纪律和投资业绩； • 以往基金退出情况，如退出方式、退出金额等； • 项目层面和基金层面的回报情况，如回报倍数/IRR； • 估值基础； • 被投公司具体表现等； • 实际业绩是否与宣称的投资策略保持一致，是否存在风格漂移；

续表

	• 选择同期基金业绩对标标准，做横向比较，衡量真正由于管理人的投资能力和退出能力对业绩做出贡献的部分； • 过往优秀/失败案例详细分析
管理团队	• 了解管理团队的构成、职业轨迹、合作渊源、团队分工情况； • 考察管理人是否具有团队稳定性，了解过往团队更迭情况； • 考察管理人是否设置了合理的激励机制，晋升机制和传承机制等； • 新募资基金是否设置了合理的关键人； • 考察管理人是否拥有充足的投资行业资源
制度建设	• 风险控制制度； • 财务管理制度； • 争议解决制度； • 工商及监管部门相关配合制度

资料来源：宜信财富研究。

对子基金管理人的尽职调查，主要是资料搜集和事实核查的工作，基于这些素材要进一步做出以下判断——考察评估子基金的投资能力、市场资源以及利益分配机制，这些是影响最终投资收益的重要因素。

评估投资能力：子基金管理人团队是否属于行业前四分位，是否具有优秀的历史业绩，对优秀业绩进行拆解——是因为市场原因还是真正体现了子基金管理人的投资能力，投资策略是否与管理团队声称的保持一致，是否存在风格漂移；新募资基金的投资策略是否与以往擅长的一致，是否具备判断投资企业潜力和行业发展趋势的能力，是否具有优秀的谈判能力以取得优越投资条款和估值，是否具有把握合时投资时机的能力。

评估市场资源：子基金管理人是否具有广泛有效的项目获取渠

道，是否具有深厚的行业资源及人脉，对于特定行业是否具有独特的政府或市场关系和资源，是否具有人力和行业等方面资源以便为所投企业提供投后增值服务，是否具有广泛市场资源以便项目顺利退出。

考察利益分配机制：子基金管理人是否有与基金投资者在共享利益的同时共担风险，是否承诺较大比例的跟投，是否在基金管理费等费率方面合理设置，是否有合理的基金分红比例设置，基金是否有较好的团队激励机制和稳定机制，是否有合理的关键人设置，是否存在潜在利益冲突。

（2）子基金二级市场份额尽职调查要点。私募股权二级市场通常是指从市场上已有的 LP 或者 GP 手中购买相应的私募股权权益（即基金份额）和（或）后续出资额，或者从 GP 手中购买 PE 基金中部分或所有的投资组合。

PE 是一项流动性低、投资时限长的投资活动，私募股权二级市场的主要内在价值在于极大地提高了 PE 的流动性。私募股权二级市场的交易对卖方和买方都极具价值。无论卖方是 LP 还是 GP，转让既有基金的份额有可能出于 LP 对后续出资存在困难，所以转让二级市场份额能缓解 GP 或 LP 的资金压力；对 GP 而言，出让既有基金的份额也可以达到主动管理和调整资产组合的目的；另外，转让既有份额也是处置尾盘基金的一种方式。

对于 PE FOF 而言，通过二级市场进行投资具有以下特殊价值：（1）优化资产组合 J 曲线——提前获得现金回流，缩短基金退出期限。（2）有效降低风险，清楚确定地看到基金已投项目，缩短时间，减小不确定性。（3）优化组合与收益，进入更多在优质年份成立的基金，更全面分散风险；市场流动性差，价格不透明带来打折进入机会，当然这就是对 PE FOF 管理人的投资水平的重要检验——通过进一步挖掘信息，提高双方信息对称程度，对存续项目进行判断，运用合理的估值技术，从而挖掘到价值被低估的机会。（4）PE FOF 通过投资二级市场份额与优秀 GP 建立合作关系。

近年来,海外市场因金融危机、监管规则变化,以及机构调整投资组合需求,私募股权二级市场交易持续升温。

国内 PE 二级市场存在巨大的潜在交易机会。2006 年至 2015 年,市场累计存量人民币 PE 基金约 3 万元亿人民币;中国经济持续震荡下行压力加大,投资人流动性问题显现,迫于资金紧张需尽快转让 PE 基金份额的 LP 持续出现,基金打款违约事件屡屡发生。按 2%的转让需求保守估计,市场潜在转让空间约 568 亿元;2010 年以前成立的基金陆续进入清算期,存量规模达 1.2 万亿元,尾盘交易空间呈现。

综上,在对二级市场转让机会进行尽调的时候,除了与对新募资基金尽调时相同的关注点之外,还是对 PE FOF 管理人投资能力的综合考验:PE FOF 管理人的投资广度——覆盖和执行尽职调查的 GP 和基金的个数;深度——对 GP 的了解程度,基金的估值是否符合市场价值;行业观察——PE FOF 管理人是否长期重点关注互联网、医疗、文化产业以及教育产业等热点领域,对这些行业是否有真正的洞见和判断。在操作层面,除了可以借鉴针对新募资基金的尽调方法之外,针对二级市场份额还需要特别留意以下风险:(1)转让份额存在估值判断误差;(2)转让份额产生的深层原因,如基金扩募时合伙人团队意见不一,基金内部决策扩募方案时未获得全体合伙人通过;(3)基金份额或投资组合转让的工商层面障碍,注册所在地的工商要求和流程不同带来的不确定性。

针对以上风险点,PE FOF 在尽调时应有针对性地进行尽职调查环节的补充:

针对存在估值判断误差的风险,尽调时应该在内部组成专职估值团队,采用市场对比法、收益法、资产基础法等多种估值方法进行综合全面的估值;同时,可借助外部专业私募股权二级市场咨询机构或者会计事务所等审计机构对投资标的予以估值;联合业内有丰富投资经验的 PE FOF 一同对投资标的进行价值评估;另外,还可以聘请行业内协会、专家等为投资标的价值评估建言献策。

针对扩募方案在基金内部决策时未获得全体合伙人通过的情况，PE FOF 在尽调时应加深与目标基金 GP 的各位核心合伙人深度沟通，设计公允可行的方案；在选择标的时，尽量选择 LP 数量较少、LP 份额较为集中的基金，有利于辅助 GP 做对 LP 的说服工作。

针对二级市场份额转让，工商要求和流程因时因地而变化。在尽调时应做到多方信息沟通，排查风险；对潜在目标基金注册地工商方面的政策进行持续长期的搜集和跟踪，为转让工作排除政策障碍；多多总结和利用 PE FOF 以往转让二级市场份额的成功经验，形成标准化流程。

（3）尽职调查流程的标准化。对各要点进行尽职调查应用不同的方法和工具包，形成一定基本模板和步骤，便于形成标准化的尽职调查流程。尽职调查标准化流程如表 8.11 所示。

表 8.11　尽职调查标准化流程

业绩表格	PE FOF 尽调团队通常会邀请 PE 基金管理人填写一张标准的数据化表格，主要包括管理团队每个人的历史业绩，基金的历史业绩，基金的组织结构、激励政策等。表格中必须包括基金管理人全部的历史案例，以便于 PE FOF 对潜在子基金进行综合判断
数据验证	在业绩表格的基础上，PE FOF 尽职调查团队应对这些数据、业绩、事实进行验证，以确保业绩的真实性
外部访谈	PE FOF 尽调团队通常会进行多方的外部访谈，除了访谈管理团队本身之外，还要去访谈他们过去已经投资过的企业，行业里的合作伙伴过往的 LP 等，以形成对潜在子基金综合全面的评价

资料来源：宜信财富研究。

5. 尽职调查结论

综合以上的数据、访谈和调研，最后从多方面评价基金管理人，看其是否属于德才兼备的管理人，是否能进入投资四分法 TOP 序列，是否符合 PE FOF 的配置策略，最后给出尽职调查的判断。

这步骤是"多维评价",也是尽调标准化流程的最后一环。

(二) 投资评审和投资决策

1. 投资评审流程

PE FOF 投资评审流程一般分为以下 4 个环节:

(1) 立项环节。项目组需要依据初步搜集及 PE 机构提供的信息,在 PE FOF 业务部门内部进行立项申请,对是否值得深入尽调做出判断。

(2) 内审环节。如果立项通过,就进入上述的尽职调查环节,借助尽职调查多种方法和工具形成尽调报告。随后在投资业务部门召开内审会议,长期奋战在一线的业务人员会从不同角度提出问题、意见和评价,最后由业务部门高管组成的评审会给出评审结果。

(3) 预审环节。组织召开预审会议,预审环节一般由项目组、风控、法务、财务等方面的人员出席,项目组会针对该新募资基金的条款和管理人的情况做全面呈现,然后各方同事提出各方面的潜在风险点和可能解决办法,综合评估该基金。

(4) 投决环节。如果预审通过,就进入最终投决会环节,投资决策委员会是最高的决策机构。综合听取各方同事意见之后,做出是否投资、投资多少的决策,形成投资决策委员会决议表等文件。

2. 投资决策依据

PE FOF 的投资决策过程是一个科学与艺术并存的决策过程,既有广泛的数据采集和精确的定量分析,也有多头难辨的信源和边界模棱的定性评价,还要结合 PE FOF 自身策略和配置情况,综合考量,平衡各方,做出最终决策。

投资决策依据有以下几种:

(1) 尽职调查的结果。尽职调查的内容包括:所调查基金的具体要素,例如募集规模、存续年限、费率、投资策略等方面;管理人的情况,包括管理团队履历及稳定性、过往业绩、储备项目、投后增值、管理机制等方面。通过尽职调查得出此 PE 基金管理人在行业的相对序列，是否是第一梯队、是否具有优秀的投资能力、市场资源和合理的利益分配机制。

（2）行业参考访谈。通过行业参考访谈可以得到市场上不同类型的机构对所考察基金管理人的评价，这种评价和口碑往往是经年累月形成的，往往是通过集中尽职调查无法得到的，可以从侧面了解到该基金管理人的风格，多方面验证过往业绩。

行业参考访谈的信源是多种多样的，例如市场上同类型的 PE FOF，该基金管理人过往的 LP，潜在 LP，该基金管理人投资过的项目，基金管理人的同行业机构，基金管理人前合作伙伴等。

当然，针对多元的信源得到的消息，PE FOF 管理人也要综合对照判断，多维验证，以此作为尽职调查的重要补充。

（3）与 PE FOF 策略契合度及实操匹配性。PE FOF 有不同的配置策略，在不同阶段、不同行业、不同地域、不同类型管理人（黑马、白马或斑马）等方面为了实现分散化及独特策略，有不同比例的配置安排。所以 PE FOF 做投资决策时，投资标的与自身的契合度也是十分关键的考虑因素。

实操方面，需要综合考虑财务收益、出资安排、备案监管等方面。项目组在尽调之后就可制作财务模型，做财务预测以及不同的情景假设和压力测试，算出不同情景下的标的基金层面、PE FOF 层面的预期收益率，PE FOF 层面的管理费，基金备案时间预期，监管部门政策风向等。此环节需要综合参照法务、风控和操作风险等多部门的意见。

（4）其他依据。不同类型的管理人，有不同侧重的考核依据。例如，针对天使机构，重点考察其管理人在募资、投资及退出等环节是否形成体系化打法，风险控制、财务管理、法律事务管理等内部治理机制是否成熟，是否有稳定自洽的投资逻辑，是否有合理的组织架构设置等。

针对新成立的机构，尤其要考察管理团队的稳定性和持续性，是否具有良性的激励机制和合理的分配机制，是否有可验证、可追溯的历史业绩，是否设置了合理的关键人，团队规模是否足以支撑业务开展尤其是能否支撑团队声称的投资策略等。

针对成熟机构，重点关注其是否能继续保持先进性，是否在规模不断扩大的同时保持高收益，是否在策略方面有所迁移，管理团队是否仍保持进取心，是否形成了具有传承性的机制和文化，合伙人是否对投资业务保持敏感性等。

3. 投资决策模型

根据以上不同渠道搜集的事实依据和消息来源，建立投资决策模型，是投资决策的最终落地工具。表8.13是投资决策模型中的各个指标，各个指标基于以上依据通过 PE FOF 管理团队判断形成最终定性结论，可通过制作模型等相关技术，使得每项结论形成标准分，然后赋予每项指标不同的权重，形成最终的得分。

当然，这是一个标准化的定量决策模型，各指标的权重可视 PE FOF 具体策略和偏好灵活处理，故这里只是给出每项指标及其释义。投资决策模型重点指标如表8.12所示。

表8.12 投资决策模型重点指标

大类	评价指标	评价内容
合规运作	机构运作的合法合规	公司或公司成员有无重大损害投资者利益的违法违规行为； 备案情况； 私募管理人资质取得情况
管理团队	管理团队投资经验	管理团队在所负责领域所积累的投资行业经验
	管理团队过往业绩表现	管理团队过往投资收益情况
	管理团队的互补性	管理团队成员在行业背景、专业领域、优势资源等方面的互补性

续表

大类	评价指标	评价内容
	管理团队的稳定性	管理团队的人员变动情况，以及机构为保持管理团队稳定性采取的措施
	管理团队的资源协调能力	管理团队在各类资源方面的协调能力，包括政府资源、市场资源、人力资源等
	管理团队的募资能力	管理团队在资金募集上的能力
公司治理	组织架构	公司组织架构的完整性及其与公司自身发展的结合、对应人员安排的合理性等
	公司规章制度的完整性	公司是否具有完备的规章制度以约束成员行为并促进业务增长
	培训体系	公司是否能够为员工提供培训
	人员流动性	公司整体的人员流动性是否合理
基金管理	在管基金规模	目前在管基金的规模
	已实现的投资收益	目前已退出的项目实现的投资收益
	在管项目的收益预期	已投资尚未推出的项目预期的投资收益情况
	未投资金收益预期	尚未投资部分资金在未来可能的收益预期
	投资团队发掘项目能力	投资团队在获取项目方面的资源及渠道
	投资团队项目分析能力	投资团队在进行项目评估方面的能力
	投资决策效率	基金决策链情况及决策周期
	投资组合的互补性	基金构建的投资组合在上下游、产业整合等方面的互补性
	投后管理体系	机构是否具备完善的风险管理体系及风险应对机制

续表

大类	评价指标	评价内容
品牌及其他	品牌效应	基金在行业内的知名度
	社会责任体现	基金在社会责任方面承担的程度，对创新创业方面的布局及对双创的支持

资料来源：宜信财富研究。

这是一个科学与艺术并存的决策过程，既有广泛的数据采集和精确的定量分析，也有复杂难辨的信源和边界模棱的定性评价，还要结合 FOF 自身策略和配置情况。所以尽职调查是一个动态的过程，在此过程中基金的项目可能有新的后续融资或者新的退出情况，尤其可能出现负面情况例如合伙人变动等，这些都应该及时纳入尽调结果和评价体系中。

4. 投资决策机制

投资决策委员会是投资决策的最高权力机构。在前面几轮投资决策流程中，项目组会根据风控、法务、财务等多个部门的意见和问题，做进一步的细化和解答。流程到达投资决策委员会时，投资决策委员更多从 PE FOF 整体战略层面及就前述流程中未解决事宜提出意见和建议，最终通过投票得出投决结果，形成投委会决议表作为书面形式的要件。

一般情况下，投资决议结果一般分为通过、有条件通过、二次审议和否决 4 种。

有条件通过的项目通常在内核上没有问题，是值得投资的，但是需要达到某些特定前提条件，PE FOF 才会实缴出资。例如，该子基金的管理公司尚未取得私募管理人资质，且预计在未来短期内会取得，所以 PE FOF 会通过投资决议，但是要求该子基金在特定时间内拿到资质才会实缴出资。

二次审议的项目通常是存在待解决的问题，所以须通过二次审议来审查待解决问题是否能得到妥善解决，以便达到能投资的程度。

(三) 商务谈判和投资执行

投资决策之后，下一步为 PE FOF 管理人与子基金管理人就基金协议和基金条款进行商务谈判。基金协议确定后，PE FOF 管理人与子基金管理机构以及基金其他出资人签署包括基金协议在内的相关法律文件，由子基金管理机构协调、监督参股创投企业履行工商登记手续，PE FOF 管理人按照基金协议的约定完成对子基金的实缴出资。

1. 谈判要点

PE FOF 与子基金的谈判主要涉及基金协议条款的谈判，主要目的是为 PE FOF 作为 LP 争取更多的权利，重要条款如表 8.13 所示。

表 8.13　PE FOF 与子基金谈判重点条款

重要条款	涉及内容
合伙费用条款	• 正常情况下，合伙企业应承担合伙企业的成立、运营活动及解散过程中产生的成本、费用和负债（"合伙费用"），包括但不限于组建费用、管理费、投资委员会投资过程中产生的费用、法律/会计和审计/评估及其他第三方顾问费用、合伙人会议/咨询委员会相关费用、合伙企业清算/解散发生的费用等； • 应关注合伙费用包含的范围，是否超出一定范围，潜在损害 LP 权益； • 可与子基金谈判，制定合伙费用的额度上限；事前控制损害 LP 权益的风险
管理费条款	• 执行事务合伙人 GP 及其指定的有资质的关联方负责对合伙企业事务进行执行和管理，合伙企业应在存续期内向 GP 或其指定的关联方支付管理费； • 应重点关注基金管理人是 GP 还是其指定的有资质的关联方来负责对企业事务进行执行和管理，这直接决定了是哪个实体收取管理费； • 应重点关注管理费的收取费率，投资期和退出期是否设置不同费率，计提基数是基金总规模还是未退出规模；计提起点是基金成立日还是首次交割日；

续表

重要条款	涉及内容
	• 应重点关注管理费计提频率，是一年一提，还是半年一提，是自然年还是财年，是期初计提还是期末计提； • 非完整计费周期的时间段管理费的计算方式； • 应重点关注管理费覆盖的范围是否合理，是否有部分费用不合理地划归到合伙企业承担的部分，其应包括管理团队的薪酬（工资、奖金和福利等费用），与合伙企业、GP相关的办公场所租金、物业管理费等，GP的日常运营费用，因对经过GP投资决策机构立项但最终未决定投资的目标公司的投资、持有、运营、出售而发生的法律咨询、审计、评估及其他第三方费用，以及所有合理的差旅费、接待费等； • 有的PE FOF希望在管理费上得到优惠，可视情况与子基金进行相关谈判
出资及资金托管条款	• 认缴出资条款一般会对全体合伙人的认缴出资总额的额度即基金规模做出清晰说明； • 应关注此条款是否对LP进行了不同类别的划分，例如针对个人和机构投资者，认缴出资额是否起点不同； • 应关注有关发出交付出资通知书的时间的约定，以及GP是否与LP按照统一到账日期根据各自认缴比例交付，防止GP只是象征性认缴出资而未实缴的现象发生； • 应关注托管银行的选取，托管费率，以及托管费用承担方等要素； • 应关注逾期缴付出资问题，如逾期缴款的惩罚措施，是否有豁免条款，PE FOF应当尽量与子基金谈判，获得一定程度的预期豁免，以便给PE FOF自身资金运作留出空间
GP条款	• 应关注GP执行合伙企业事务的范围是否合理，是否覆盖了关键事项和责任； • 一般情况下，GP权利、义务包括：负责执行合伙企业事务，对合伙企业的财产进行投资、管理、运用、处置和回收并接受其他LP的监督，召集和主持合伙人大会，筛选投资项目，组织投委会委员召开投资决策会，执行对投资项目的投资，管理投资项目，为合伙企业利益合理

续表

重要条款	涉及内容
	处置合伙企业的财产，聘任合伙人以外的人担任合伙企业的经营管理人员等
GP关键人士条款	• 应关注是否设置关键人条款； • 应重点关注关键人设置是否涵盖子基金高管团队主要合伙人，是否有高管团队不稳定的潜在风险信号； • 应关注关键人事件的触发条件，以及后续处理机制； • 关键人士更换的原则
LP条款	• 应关注有关有限责任及入伙的陈述； • 应关注LP转让财产份额的条件和流程； • LP退伙、除名触发条件
合伙企业管理的条款	• 应关注有限合伙治理机制，包括合伙人大会表决的事项，合伙人大会召开机制； • 应重点关注投委会相关约定，即是否明确投委会组成、表决事项、投决机制； • 应重点关注咨询委员会相关约定，即咨询委员会构成、具体职责权限、咨询委员会会议召开原则、委员更替原则等； • PE FOF一般情况下愿意争取咨询委员会席位，一定程度上保证更多的知情权和投票权
对外投资条款	• 应关注有限合伙投资方向； • 应重点关注对单个项目首次投资额限制； • 投资限制相关约定中，应关注非经咨询委员会表决通过的特殊限制事项； • 应关注投资机会分配相关约定，特别是在管理人有多只平行基金的情况下； • 关联交易相关约定，包括投资团队成员投资的项目及其曾经管理或正在管理的其他基金已投资的项目进行投资或收购的情况，对关联基金所投资项目或与GP的关联基金共同投资的项目，本合伙企业是否为该次投资的领投方；

续表

重要条款	涉及内容
	• 应重点关注循环投资相关约定，允许循环投资的金额的时限和总额限制是否合理，符合行业惯例； • 过桥融资相关约定，是否设置了过桥融资的上限； • 循环投资相关约定
收益分配条款	• 是否设置了优先门槛收益率； • 是否设置了分级超额收益分配及触发条件； • 收益分配及亏损分配原则是否合理； • 分配时间的约定是否合理； • 非投资收入的分配约定是否合理； • 非现金分配方案是否合理； • 是否设置了合理的回拨机制，针对不同类别的LP触发条件是否一致； • 亏损承担及风险约束相关约定是否明确
后续募集条款	• 后续募集的时限和条件，新增合伙人是否贴息及贴息计算方式，管理费是否追补等
违约责任条款	• 对违约责任的认定； • 对逾期交付出资的LP的违约责任的追究处置，常见追补费用及支付延期付款的利息，暂停对违约合伙人收益分配程序，启动仲裁程序等； • 对GP违约责任的认定及追究措施
信息披露相关条款	• 季报/年报披露周期是否符合监管要求， • 重大信息披露规则是否合理等
特殊LP（SLP）条款	• 是否设置特殊有限合伙人（SLP），SLP是否和其他LP有相同的权利、义务
平行投资条款	• 如经GP判断认为因法律、税务或监管等因素某些投资者不能成为或继续担任本合伙企业的LP或未满足其他投资者的投资要求，GP可以在本合伙企业之外设立一个或多个投资工具吸纳该等投资者成为该等投资工具的LP、

续表

重要条款	涉及内容
	股东或类似权益持有人，并促使该等投资工具与本合伙企业共同投资本合伙企业的投资项目（该等投资工具称为"平行投资工具"）； • 应重点关注，所有平行投资工具的组织文件中载明的经济和法律条款应与本合伙企业的相应条款实质相同，并且所有平行投资工具应由 GP 或其关联人士控制，并由管理公司或其关联人士管理； • 应重点关注投资机会的分配在平行投资工具和本合伙企业之间是否一致； • 应重点关注收益分配机制是否一致； • 应关注税务处理的区别； • 应关注平行投资工具和本合伙企业的 GP 及 LP 权益约定是否一致，平行投资工具的存在是否有损害本合伙企业 LP 权益的潜在风险

资料来源：宜信财富研究。

除以上条款之外，还需要考虑的因素包括：是否给 LP 提供跟投机会，缴款节奏及额度，管理费优惠，基金实体注册地偏好，税收安排与优惠，退出方式安排、平行基金融资安排等。同时，还需重点关注：子基金对投资项目及组合的交易定价，对企业控制权，是否有董事席位，投资工具的种类、组合以及资本结构等，适当情况下可作为谈判筹码。

谈判参与者通常涉及 PE FOF 与子基金两方律师，以及 PE FOF 项目组。针对重大项目，在必要情况下，PE FOF 及子基金都会聘请外部律师事务所，组成各自律师团，所以会有双方多位律师参加谈判。

谈判结果通常在多轮商讨之后形成。子基金法务会根据具体条款在多家 LP 之间协调，若形成一致意见，子基金会修改合伙协议（LPA）。若给予该 PE FOF 独特的权益和双方之间特殊的约定，在不涉及其他 LP 权益情况下，双方可在 LPA 之外签订补充协议。

2. 投资执行

经过初步筛选子基金，对潜在合作子基金进行尽职调查，做出投资决策，条款谈判达成共识之后，下面就该进入投资执行的阶段了。投资执行阶段主要包括双方签约、PE FOF 内部设计投资结构和基金要素、PE FOF 投资实体的注册和设立、PE FOF 募集、PE FOF 备案、根据子基金招款进行缴款出资等环节。

根据条款谈判达成的共识，双方进入签约环节，双方签署一系列法律文件，一般包括：有限合伙协议（LPA）、认购协议和补充协议（如有）。有限合伙协议是子基金与各个 LP 在多轮谈判中达成的终版协议，对 GP 与 LP 的权利与义务做出了清晰划定和说明。认购协议通常对 LP 认缴出资环节的各个要素做出清晰呈现，包括认缴出资金额、LP 类型、有限合伙设立登记及需要提交的文件类型等，根据目前监管要求，通常会有对投资人背景信息和风险承受能力的调查问卷作为附件。

三、投后管理和退出

（一）日常管理

投后管理是 PE FOF 运作流程中的重要环节，也是 PE"募、投、管、退"四个组成部分之一。投后管理的时间节点主要为对标的基金或企业尽调完成并实施投资之后、项目最终退出之前的阶段。投后管理工作质量的高低直接关系到所投项目的运营发展情况及最后是否能够顺利退出，优秀的投后管理能力能够降低项目的潜在投资风险，最终实现保值增值的目的。因此，PE FOF 投后管理对于母基金的整体运作表现具有十分重要的意义。

随着 PE FOF 行业的进一步发展壮大，投后管理及其所包含的增值服务也变得越来越为人们所重视。PE FOF 对被投资子基金或企业开展投后管理，主要是为了了解投资标的的运营状况，及时跟踪监控 PE FOF 的投资风险，最大限度地保障 PE FOF 及其投资人的利益。

1. 日常管理的主要内容

PE FOF 对被投子基金或企业的投后管理工作主要包括 3 个方面：定期/不定期报告的获取；参加投资标的的会议以及开展其他形式的交流沟通；依据协议约定对被投子基金或企业的运营进行监督，如发现有违反约定的行为依法采取措施保障自身权益。由于 PE FOF 对被投子基金和被投企业的日常管理工作理念基本一致，且 PE FOF 的主要投资标的为私募股权基金，故以下我们以讨论 PE FOF 对被投子基金的日常管理为重点，PE FOF 对被投企业的日常管理与此类似。

（1）定期/不定期报告的获取。

根据有限合伙协议的约定，被投子基金通常需要在每季度或每半年或每年结束之后的一定时间内，向 PE FOF 管理人提供完整的上一季度/半年/年的信息披露报告，使得 PE FOF 管理人能够及时跟踪投资标的的运营发展情况。

被投子基金的信息披露报告内容通常包括：①被投子基金的基本情况，即基金规模、存续期限、人员构成、目前已投项目总数、已投规模及其他一些基本条款等。②被投子基金的投资组合及企业发展情况，通常需具体罗列出已投资企业名称、投资时点、投资成本及截至本报告统计周期最后一天的公允价值等。依据有限合伙协议，有些被投子基金会对每一个投资项目都进行详细介绍，主要包括公司主营业务、所属行业、经营情况、近几年的财务状况、融资情况、投资亮点、基金的投资轮次、股权占比、其他投资方介绍、后续投资计划及项目退出计划等，此外还有的子基金会对正在投资、尚未完成交割的项目也进行介绍。③被投子基金的资金使用情况和财务数据，依据不同基金订立的有限合伙协议，资金使用情况和财务数据的披露程度会有较大不同，甚至有些子基金并不会在每季度/半年度的报告中披露财务数据，只会介绍截至该统计时点，基金的认缴出资额、实缴出资额、投资项目金额、提取管理费、项目分红或基金分红等数据。有些信息披露较全面的子基金则会在每季度/半年度的报告中放上资产负债表、利润表、现金流量表等详细财务信息。④其他需说明的情况，尤其是被投子基金的一些重大变动事项等，这一点也是依据不同基金的有限合伙协议而各不相同。如在此次统计时段内，被投子基金管理人中有较高层级的合伙人离职或加入，通常也需要在信息披露报告中向LP进行呈现。

此外，根据有限合伙协议，有的被投子基金将财务数据从信息披露报告中独立出来，根据一定的频率定期向PE FOF管理人提供未经审计的财务报告。每一个完整会计年度结束之后的一定期限内，被投子基金还需向PE FOF管理人提供上一年度的年度审计报告，由独立审计机构对合伙企业的财务报表进行审计。子基金年度审计报告通常是和子基金的年度信息披露报告一起提供。PE FOF管理人通过被投子基金的年度审计报告了解被投子基金在过去一年的资金使用情况和财务状况，可对子基金的资产价值进行合理评估，同时对资金流转起到跟踪和监督的作用。

另外，PE FOF作为被投子基金的机构LP，PE FOF管理人除了向被投子基金获取定期报告之外，根据有限合伙协议，也有权因其他事由向子基金获取不定期报告或其他信息，如自行或委托代理人查阅被投子基金的会计账簿等。

PE FOF管理人在取得被投子基金的报告后，应当对被投子基金提交的投资信息及财务数据进行分析研究，结合国家政策、行业趋势、市场格局等因素，与被投子基金的历史资料进行分析对比，及时发现被投子基金出现的问题，并要求子基金做出解释以及相应的解决和应对办法，最终形成投资分析报告。

（2）参加被投子基金会议以及开展其他形式的交流。

根据有限合伙协议的约定，被投子基金通常每年召开一次合伙人会议。年度合伙人会议由被投子基金的管理来进行召集，由PE FOF管理人代表PE FOF作为LP列席会议。其内容主要是子基金管理人与各LP进行面对面沟通，向LP进行年度汇报，主要包括子基金在过去一年的运营情况以及未来的动向等。同时，也提供给 PE FOF 等其他 LP 一个双向互动的渠道，使他们能够认识子基金团队新入职员工、与子基金进行答疑解惑的沟通以及与被投子基金建立更紧密的合作关系。PE FOF 作为出资金额较大、资源优势较为明显的机构 LP，通常也能在参与被投子基金的会议过程中，针对子基金遇到的一些困难提供帮助和建议。

除了每年定期的合伙人会议之外，根据有限合伙协议，被投子基金管理人也可召开临时合伙人会议，通常由会议召集人提前十五日向全体合伙人发出会议通知。临时合伙人会议的召开通常是由于某项事宜需要 LP 进行表决，与被投子基金的运营发展紧密相连，因此重要性并不亚于每年的合伙人会议。被投子基金的诸多重大事项变动如是否延长合伙企业的期限、是否同意将 GP 持有的合伙权益转让给其他非关联方、是否决定将子基金提前解散或清算等，都需经临时合伙人会议表决通过后方可执行。PE FOF 作为持有份额较大的 LP，在临时合伙人会议中拥有较多的话语权，地位举足轻重，很多 PE FOF 还是其所投资的子基金的咨询委员会成员，能够在一些关键事项上对子基金的发展走向起到一定的引导作用，而非听之任之，以此保障 PE FOF 投资人的利益。

除了会议形式以外，PE FOF 管理人还应采取电话、邮件、定期走访等方式与被投子基金保持日常的沟通，以确保信息的畅通。在子基金提出投后支持的需求时，PE FOF 则应及时响应。如当被投子基金所投企业准备上市或退出时，PE FOF 管理人应协助提供 LP 的相关材料、配合工商变更等事宜。由于 PE FOF 的双重身份——不仅是子基金的 LP，同时自身也是一个基金主体，PE FOF 管理人也应确保 PE FOF 整体运营良好、合规，从而不会对子基金的投资业务及日常运营等造成不良影响。如 PE FOF 应参照子基金的标准，及时在基金业协会进行基金管理人登记和管理基金的备案、备案更新，并确保满足证监会对子基金所投企业上市退出时的投资人穿透核查要求等。

PE FOF 管理人通过与被投子基金开展多种形式的交流，在获取报告的基础上直接参与到被投子基金的运营发展中，对子基金的动态做到及时知晓，减少信息不对称，同时对子基金的发展方向进行监控。

（3）依据协议约定对被投子基金的运营进行监督，如发现有违反约定的行为依法采取措施保障自身权益。

根据有限合伙协议，PE FOF 作为被投子基金的出资人应对子基金的运营发展进行监督，如发现子基金管理人有违反基金协议约定的地方，应及时予以纠正，情节严重的，应按照基金协议和法律法规的要求进行处理。

由于 PE FOF 与被投子基金之间存在信息不对称，从而有可能导致 PE FOF 在投资前以及投资的过程中，被投子基金出现逆向选择的问题，在 PE FOF 实施了投资行为后，这种信息不对称又可能导致被投子基金出现道德风险。这些道德风险主要表现为：①资本滥用：被投子基金可能将投资人的资金用于其他地方，而非事先约定的投资领域；②不当投资：被投子基金在得到投资后，没有进行合理地规划或节制使用资金，没有慎重考虑及验证其投资规模是否合理、所投项目是否最优以及是否符合原先制定的投资策略等问题；③财务造假：被投子基金在获得投资后，运营过程中可能隐瞒子基金遇到的财务问题，并制造虚假财务信息，向 PE FOF 及其他 LP 提供虚假的财务报表；④职务消费：被投子基金可能挪用投资人资金进行不必要的职务消费，如大举宴客、租用高档写字楼、购买豪华轿车等；⑤消极怠工：被投子基金在获得投资之后，有可能出现不积极寻找投资标的、不主动学习新的业务技能、不努力改善现有业绩水平等不思进取、消极怠工的现象；⑥未经合伙人表决同意的其他擅自处理的事项，如转让或者处分合伙企业的知识产权和其他财产权利、以合伙企业名义为他人提供担保、聘任合伙人以外的人担任合伙企业的经营管理人员等。

以上问题都是子基金在运营过程中可能出现的风险，会对 PE FOF 及其投资人的权益造成极大损害。因此，PE FOF 管理人应当督促被投子基金建立和完善各项投资、财务、内控等管理制度，以确保子基金募、投、管、退的各个环节均有制度可依且合法合规，降低被投子基金在运营过程中的随意性和暗箱操作的可能性。

根据有限合伙协议，PE FOF 管理人虽然不得执行合伙事务，但应当承担起对被投子基金管理人的监督职责。当被投子基金的管理人怠于行使权利时，应当督促其行使权利；当 PE FOF 利益受到侵害时，应当向被投子基金的管理人主张自身的权利、要求其改正并赔偿，必要时可提起诉讼。

举例来说，某私募股权子基金的有限合伙协议中涉及 PE FOF 管理人日常管理的报告获取、参加合伙人会议条款如表 8.14 所示。

表 8.14　某私募股权子基金的有限合伙协议中涉及 FOF 日常管理的主要约定

审计
合伙企业应于每一会计年度结束之后，由独立审计机构对合伙企业的财务报表进行审计。首轮募集完成日之后，审计机构由 GP 从具有较高声誉的会计师事务所中选聘。当合计持有合伙企业 51% 以上实缴出资额的 LP 提议更换审计机构时，GP 应召集合伙人会议，按合伙人会议决议办理审计机构更换事宜。
财务报告
一、首轮募集完成日之后第一个完整会计年度结束时起，GP 应在会计年度结束后 90 日内以信件、传真、电子邮件或其他方式向 LP 提交经审计的下列财务报表（"年度财务报表"），并在每半年结束后的 45 日内提交未经审计的财务报表（"半年度财务报表"）： （1）资产负债表； （2）损益表； （3）现金流量表（仅年度报表适用）； （4）各合伙人在本合伙企业中的资本账户余额及在报告期间的变化。 二、GP 除了向本合伙企业提交财务报表以外，还应提交关于本合伙企业的投资项目季报，包括： （1）本合伙企业在该季度内完成的新的投资项目； （2）本合伙企业的所有投资项目的概况。

续表

合伙人会议
一、年度会议 (1) 合伙企业每年召开一次合伙人年度会议（"年度会议"），由 GP 召集并主持，经合计持有 50% 以上实缴出资额的 LP 出席方为有效召开； (2) 年度会议的内容为 GP 向 LP 进行年度报告。GP 应汇报本合伙企业在过往年度的投资业绩，并与各 LP 进行充分沟通。LP 可在合伙人年度会议上，就合伙事务执行等问题向 GP 提问，在不违反适用法律的规定以及本协议约定的前提下，GP 应最大限度回答 LP 所提问题。年度会议不讨论合伙企业潜在投资项目，且 LP 不应通过年度会议对合伙企业的管理及经营活动施加控制。召开合伙人年度会议的费用将作为合伙企业自身开销。 二、临时会议 (1) 经 GP 提议或经合计持有 50% 以上实缴出资额的 LP 提议，合伙企业应召开合伙人临时会议（"临时会议"，与年度会议统称"合伙人会议"）。 (2) 合伙人会议可以讨论和决议的事项包括： ①本合伙企业的合并、分立或组织形式的变更事宜； ②GP 的除名及接纳新的 GP； ③经 GP 提议，讨论更换管理公司事宜； ④法律法规规定或本协议约定需要由合伙人会议讨论和决议的相关事项。

资料来源：宜信财富研究。

PE FOF 作为被投子基金中出资较大的 LP 时，还可能成为子基金咨询委员会成员，对子基金的运营管理提供重要的指导意见。表 8.15 为某私募股权子基金的有限合伙协议中关于咨询委员会的相关约定。

表 8.15　某私募股权子基金的有限合伙协议中咨询委员会相关约定

咨询委员会的组成
GP 将在首次交割日后尽快组建咨询委员会，作为本合伙企业的咨询机构，其成员由 GP 邀请 LP 的代表担任。GP 可任命一位咨询委员会会议召集人，会议召集人无表决权，负责组织召开及主持咨询委员会会议。

续表

咨询委员会的职能和运行机制

一、咨询委员会的职能包括：
(1) 就本协议约定由咨询委员会讨论的或 GP 提请咨询委员会讨论的存在潜在利益冲突的投资事项进行讨论并向 GP 提供建议；
(2) 讨论合伙企业超过本协议约定的投资限制的投资事项；
(3) 根据前述约定讨论投资期的提前终止情形；
(4) 在 GP 根据前述约定征询咨询委员会意见的情况下，讨论合伙企业的延期事项；
(5) 根据前述约定讨论 GP 对没有上市价格或公开交易价格的证券的估值事项；
(6) 根据前述约定讨论管理人的更换及继续委任事项；
(7) 根据前述约定讨论 GP 或其关联方、任何关联基金与合伙企业的关联交易事项；
(8) 就其他本协议约定应由咨询委员会评议之事项或 GP 征询咨询委员会意见的事项进行评议并给出同意或指导性意见。
二、对于咨询委员会所议事项，有表决权的成员一人一票，会议决议由参与会议的有表决权的成员过半数通过方可做出。
三、咨询委员会会议根据需要可随时安排召开。咨询委员会由 GP 召集，会议通知期为 5 个工作日，但咨询委员会成员参与会议即可视为其放弃任何关于通知期的要求。
四、咨询委员会会议可以采取现场会议、电话会议或通信表决方式进行。过半数有表决权成员参与的会议方为有效会议。咨询委员会亦可不召开会议，而是经全体成员出具书面同意文件而做出其职权范围内的决定。
五、对于本协议约定应经咨询委员会同意的事项，未经咨询委员会同意，GP 不得从事；对于其他事项，咨询委员会所提出意见及建议，GP 应予以慎重考虑，但并无义务依咨询委员会之意见行事。尽管有前述约定，咨询委员会及其成员在任何意义上均不应被视为参与合伙事务的管理及执行，其在任何情况下均不应以合伙企业之名义开展活动或进行可能对合伙企业构成约束力的行为。咨询委员会的相关工作规则将根据合伙企业登记部门和监管部门的意见及相关法律法规的要求适当制定。

资料来源：宜信财富研究。

2. 日常管理原则

PE FOF 对被投子基金的投后日常管理应当遵循以下几个原则：

（1）持续性原则。投后管理工作需保持持续性、连贯性，当某投资标的已完成投资实施环节，PE FOF 管理人即需对该投资标的开展投后管理工作，其间持续跟进项目的发展进程，直至该投资项目成功退出或投资终结。

（2）全方位原则。PE FOF 管理人必须全方位监控投资项目的进展情况，包括子基金经营管理、团队稳定性、财务状况等，以及可能会对投资业绩产生影响的全球经济形势、国家政策环境、PE 行业动向、市场竞争格局情况等。

（3）谨慎性原则。对于可能会对投资业务产生负面影响的任何风险因素，PE FOF 管理人均需予以高度重视并认真分析研究，针对所存在的问题尽早采取有效的解决或防护措施，以确保最大限度地降低投资风险。

（4）及时性原则。首先，PE FOF 管理人需按照投后管理的相关规定对投资标的及时开展各项投后管理、检查、监督工作；其次，当 FOF 管理人在投后管理的过程中发现问题，需及时与投资标的进行沟通，视问题程度及时给予预警提示并采取相应措施。

（5）真实性原则。PE FOF 管理人在进行投后管理的过程中，需将投资标的的所有运营发展情况进行如实记录并留档保存，以确保投后管理工作的真实性和连贯性，也有利于后续投后人员有据可查、开展分析研究。

（6）互相监督原则。PE FOF 的投后管理人员在对投资标的的运营发展状况进行检查、记录时，必须保证有两名或以上的人员同时在场，进行共同检查、相互监督，并在检查文件上做到两人或以上人员签字，检查结果方可视为有效。

（二）联合投资

1. PE FOF 的联合投资概述

PE FOF 主要有三大类型的投资：一级市场投资、二级市场投资和直接投资，简称"PSD"组合。直接投资业务是指 PE FOF 直接对项目公司进行投资，而非通过投资于私募股权基金的形式参与项目公司的投资。虽然直接投资业务不是 PE FOF 的优势所在，但 PE FOF 基于获得更大的投资收益、缩短现金流周期和降低费率等因素，可充分利用其所投资子基金的便利对子基金所投项目进行选择性的跟进投资。因此，跟投是 PE FOF 进行直接投资的主要投资方式。

在实际操作中，PE FOF 经常与其所投子基金对优质项目进行联合投资，而 PE FOF 在这些投资中扮演跟投的角色，让子基金作为领投方来管理这些投资。在联合投资前，PE FOF 通常是从子基金那里获取尽调报告，但在必要的情况下，也会同子基金管理人一起对项目进行实地考察。在联合投资实际执行中，PE FOF 投资额度通常较小，且可能不参与投资谈判，只是跟随领投方进行投资，享有与领投方相同的投资价格及投资后的权利，并承担与其相同的义务。

在国外，联合投资能力的高低是反映 PE FOF 管理人投资管理水平的一项重要指标，并对提高 PE FOF 回报率、缩短其现金流周期以及帮助 PE FOF 更深入了解子基金管理人的投资水平都具有重要的意义。

2. PE FOF 联合投资的条件

首先，PE FOF 想要获得联合投资的机会，需在投资子基金的投资协议中事先明确 PE FOF 的跟投权。跟投权主要包括跟投额度、跟投价格、跟投方式以及跟投后享有的权利等。拥有跟投权对 PE FOF 来说是比较有利的，因为 PE FOF 可以利用跟投权比较容易地获得一些优秀项目的直接投资权利。

举例来说，某私募股权子基金的有限合伙协议中关于联合投资的约定如下：在本合伙企业存续期内，GP 可自主决定向其他投资载体（包括但不限于关联投资载体）提供与本合伙企业一起向被投资企业进行投资的机会（"联合投资"），联合投资金额的大小、有关时机及其他条件均由 GP 自行决定。除本协议关于投资限制的约定外，对于任何涉及本合伙企业的投资项目的联合投资机会，GP有权自行决策并对联合投资总额进行分配。可以看出，联合投资主要由子基金管理人主导，PE FOF 管理人要获取跟投权需事先与子基金管理人共同协商决定。

其次，联合投资应符合 PE FOF 自身基金协议、投资策略、PE FOF 直投项目评判标准等。

一般来说，PE FOF 在有限合伙协议中需明确投资到私募股权子基金中的比例，剩余部分才可用于直接投资等其他投资方式，这部分比例通常较小，要求 PE FOF 管理人更加谨慎地筛选联合投资标的。

此外，有限合伙协议中通常还会约定 PE FOF 的投资行业、领域等限制，即无论是投资于子基金还是直接投资于项目，均需在限定的投资范围内，不能单纯地因为觉得项目优秀而进行投资。PE FOF 对于直投项目也会有一套具有针对性的投资标准，除了投资规模有所限制以外，有些 PE FOF 还会考虑拟投项目所处阶段、投资风险等因素，PE FOF 虽然是作为跟投方，仍需对投资企业进行全面判断，以确保联合投资的项目符合自身的投资布局及投资要求。

3. PE FOF 联合投资的策略

PE FOF 通过在恰当的时机选择联合投资于优秀项目，可以达到减少信息不对称、缩短投资周期、提高投资收益率等效果。通常，PE FOF 选择联合投资的项目符合以下三种情况：

（1）拟进行联合投资的项目，能较好地补足 PE FOF 现有投资组合的短板。这种情况下，采取联合投资的方式比投资于子基金从而间接地投资该项目，能更加有效地完善 PE FOF 的投资组合。如已投资项目中包括某一产业链上游和下游的企业，但缺少中间环节的企业，通过直接投资该企业能够提高该产业链上所有企业的成长性。

（2）拟进行联合投资的项目，能与 PE FOF 的已投资项目组合形成较好的协同效应。这种情况下，PE FOF 已投项目本身构成了投后增值服务的重要组成部分，通过直接投资某一优秀的协同项目，能够对该项目发展起到极大的推动和辅助作用，在较短时间内提升企业价值，达到事半功倍的效果。

（3）拟进行联合投资的项目，可以预期在较短时间内退出并获得可观收益。PE FOF 投资子基金的周期通常较长，现金回流较慢，直接投资项目可以缩短 PE FOF 投资的现金流周期，减少资金压力，同时项目获得的可观收益也能够直接体现到 PE FOF 的收益水平上。

（三）对子基金和企业的增值服务

结合上文我们知道，PE FOF 的投资对象包括 PE（子）基金和企业。专业的 PE FOF 不仅能够对子基金和企业提供资金支持，同时也在子基金运营和被投企业成长过程中发挥不可替代的作用。PE FOF 在贯穿整个投资过程中所提供的除资金投入以外的一切附加服务我们都可看作增值服务。

PE FOF 管理人拥有广泛的社会资源、丰富的管理经验、娴熟的资本市场运作能力，对于提高被投子基金的赢利能力、被投子基金管理团队的运营管理能力、被投项目的价值成长等各方面均有十分重要的意义。总的来说，PE FOF 管理人对被投子基金和企业的增值服务是一个价值提升的过程，其目的是帮助被投子基金和企业获得更好的发展进而实现较高回报的顺利退出，提高 PE FOF 自身投资人的收益水平。

PE FOF 管理人提供的增值服务在面向被投子基金和企业时有所不同，面对子基金提供的增值服务主要包括：募资过程中帮助被投子基金构建更优化的 LP 组合，投资过程中向子基金管理人推荐好的投资项目，运营过程中提供行业政策、战略布局等信息支持，退出过程中提供项目退出建议、中介资源对接帮助等；面对被投企业提供的增值服务与普通私募股权基金为企业提供的服务类似，主要包括后续融资服务、战略规划与经营管理服务、业务开拓支持服务。

1. 为被投子基金提供的增值服务

（1）募资过程中帮助被投子基金构建更优化的 LP 组合。PE FOF 管理人由于本身也是基金管理人，会接触到很多的 LP 资源，且对于 PE 行业也比普通投资者有着更加深刻的理解和认识。因此在被投子基金的募资过程中，PE FOF 首先作为出资人参与其中，是子基金稳定且理性的资金来源，其次可以根据子基金的策略、偏好，以及基于子基金现有的投资者构成特点，向其推荐合适的新投资者。

如某些市场化 PE FOF 会与一些政府引导基金、保险资金等类型的出资人进行交流，如果这些出资人的投资策略恰好比较契合 PE FOF 所投子基金的投资策略，如投资方向是政策鼓励支持的新兴科技行业，PE FOF 则可以推荐给相应的子基金管理人，帮助该子基金解决部分融资难题。对于子基金而言，直接接触到这类投资者并不容易，对于政府引导基金等 LP 而言，也同样苦于找不到合适的投资标的，而市场化 PE FOF 则正好可起到牵线搭桥的作用。

此外，现在越来越多的市场化 PE 基金正在开展私募股权二级市场业务，即某只基金的原份额持有人因某些原因决定退伙并将其持有的基金份额转让给其他合格投资者所产生的业务。由于存在信息不对称的风险，基金转让方和受让方往往对基金份额的价值做出了不同的评估，使得交易难以达成，或达成效率较低。而 PE FOF 在给子基金推荐合适的二级市场份额受让方时，凭借自己在 PE 行业的深厚积淀，针对交易结构的设计可以提供十分专业的意见。另外，由于 PE FOF 本身也有出资，某种程度上为子基金起到了一定的背书作用，增加了新投资者的信任度，对于撮合交易能起到很大帮助。

（2）投资过程中向子基金管理人推荐好的投资项目。一方面，PE FOF 管理人拥有 PE 行业内的较多资源，是被投子基金获取项目信息的一个重要渠道。首先，PE FOF 管理团队有着多年的 PE 经验，在行业内积累了大量人脉资源，可从其他 PE FOF、子基金、已投项目、投资者、中介机构等多种渠道获得项目信息。其次，PE FOF 在业务开展过程中会接触以及合作大量的子基金，对不同子基金的投资策略和投资风格十分了解，从而推荐项目时也能更加有的放矢，帮助子基金大大降低项目筛选成本，提高项目投资成功率。

另一方面，PE FOF 管理人自身也拥有较强的投研能力和资本运作能力，对于项目的判断非常专业。在整个 PE 行业产业链上，PE FOF 一端连接行业内的众多子基金，另一端连接投资者，拥有 LP 和 GP 的双重身份，PE FOF 管理人在行业分析、投资交易、投后管理、退出计划等方面都有着丰富的研究和实操经验，甚至很多市场化 PE FOF 管理团队之前都拥有丰富的直投经验，对投资项目的价值评估能提供专业的参考意见。

（3）运营过程中提供行业政策、战略布局等信息支持。PE FOF 在投资过程中需要对宏观政策、行业资讯等方面信息进行追踪研究，以对投资起到支撑作用，从而本身就具有较为扎实的投研能力，可作为子基金获取信息和进行研究的一个辅助。因为 PE FOF 在整个产业链中站在比子基金更高的高度，从而对整个 PE 行业有更全面和广泛的认识，往往也能提供给子基金不同角度的参考意见。此外，由于 PE FOF 掌握着大量的子基金数据及信息，对于私募股权市场非常了解，经常受到政府部门或监管机构的邀请，参与行业标准制定、政策讨论，因而对于整个行业的政策走向和发展形势也较子基金有更强的感知力，这些信息对于被投子基金未来的整体发展方向将起到非常关键的指导作用。

（4）退出过程中提供项目退出建议、中介资源对接帮助。PE FOF 通过投资子基金能够比直接投资辐射到更多的项目，这就使得 PE FOF 拥有非常广泛而丰富的项目信息库，且相比单只基金，PE FOF 的项目信息库跨越了更多行业、地域、阶段。子基金通常会针对项目的退出方式提前做好规划，主要基于自身对市场、行业环境和项目发展情况的判断，而 PE FOF 可借助自己的项目信息库，将拟退出的项目与历史退出项目的情况进行比对分析，提出强有力的数据支撑，给子基金的项目退出提供非常重要的补充建议。

此外，PE FOF 深耕行业多年，在行业内拥有广泛的券商、会计师事务所、律师事务所等中介资源，且对不同的中介机构运作特点十分了解，在有项目退出的时候可以有针对性地推荐给子基金管理人，尤其是对于成立时间不久或业务模式相对单一的子基金而言，这样的资源对接与业务支持就显得更为重要。

2. 对被投企业提供的增值服务

（1）后续融资服务。目前来说，提供后续融资服务是 PE FOF 为被投企业提供的最为重要的增值服务内容之一。处于早期阶段的被投企业资金实力较弱，急需后续融资以进一步扩大业务规模，处于中后期的企业虽规模已逐步壮大，但在如今激烈的创业竞争环境下，也需要投资者的持续资金支持来扩大市场份额、巩固市场地位等。即使是即将上市或投资者以其他方式退出的企业，也可能因战略布局考虑等引进新的投资者。PE FOF 对所投企业的战略规划、经营状况、市场及行业态势等有着细致而全面的把握，同时拥有行业内的众多资源，因此能够有效地将企业的后续融资需求与其他投资者的投资需求进行匹配与对接，其中包括其他的 PE 母/子基金、银行、大型企业集团等战略投资者。从历史案例来看，拥有较为有名的 PE FOF 和子基金的投资背书，对于被投企业降低后续融资难度大有帮助。

（2）战略规划与经营管理服务。相比被投企业，PE 基金机构尤其是具有更高视角的大型 PE FOF 往往对政策环境、企业所处行业、市场格局的理解更加深刻，并且基于横向比较其他被投企业积累了丰富经验，对被投企业的发展有十分重要的借鉴意义。PE FOF 协同子基金在向企业提供战略规划与经营管理服务时，将优化所投企业经营战略规划的制定、执行与调整，帮助引入优秀的职业经理人，进一步提升公司的规范化管理。

（3）业务开拓支持服务。PE FOF 不仅能够帮助被投企业注入丰富的发展资源和先进的经营理念，同时还能通过帮助其开拓业务，提升企业的整体市场竞争力，从而提高其赢利水平。被投企业通常只能关注到自己所处的行业，而 PE FOF 则在其他行业及领域有着更广泛的资源和人脉，能够帮助被投企业在产业链上下游取得更多的合作和开拓空间，大大增强企业的实力。同时，PE FOF 已投的众多企业间可以产生较强的协同效应，达到事半功倍的效果。业务开拓方面，PE FOF 能够提供开拓企业销售渠道、引入供应商和战略合作伙伴、拓展国际市场等方面的支持。品牌建设方面，PE FOF 能够提供包括企业市场定位分析、品牌设计与推广等方面的支持与服务。

(四) 投资退出

PE FOF 的退出机制是指 PE FOF 机构在其所投资的子基金或企业运营发展到一定阶段时，将其持有的权益资本在市场上变现以收回投资并实现投资收益的过程。PE FOF 投资的目的是获得收益，而收益则是通过从所投资子基金或项目中退出来实现。

鉴于 PE FOF 既投资子基金也投资项目，但投资子基金占据 PE FOF 投资业务的较大比重，且投资项目的退出机制也与其他 PE 机构类似，故我们接下来主要集中讨论 PE FOF 从所投子基金中退出的情形。

1. 退出时机的选择

PE FOF 的退出时机选择受客观因素和主观因素的双重影响，总结来看，一般受到三方面因素的影响：宏观因素，被投子基金因素，PE FOF 自身因素。

（1）宏观因素。无论是 PE FOF 还是所投子基金的运营发展都离不开宏观经济及政策环境等大背景的影响，如国内外宏观经济景气状况、资本市场的活跃度及成熟度、PE 行业发展趋势以及特定产业的相关政策法规等。

良好的宏观经济环境能在一定程度上保障创业企业的发展壮大与持续融资，从而影响 PE 基金以及 PE FOF 所持有的企业权益的估值水平。一般来说，宏观经济处于向上循环周期阶段时，积极的宏观环境能够给予创业企业良好的成长环境，促进企业经营持续扩张，有利于提高企业的整体估值水平。同时，对整体经济向好的预期、外部资金的充裕、投资者信心增强也都对创业企业获得后续融资和较高估值有所帮助。

另外，资本市场活跃度和成熟度的提高也使得 PE FOF 和子基金有更多的退出渠道选择，这些都可以促使 PE FOF 以较高的效率实现投资退出。如在 2014 年国内 IPO 关闸时期，各 PE 基金通过 IPO 退出受阻，只能转而寻求登陆境外资本市场或采取并购等方式退出，而 2015 年上半年国内 IPO 市场异常活跃，"牛市"行情的出现又吸引众多企业选择在此阶段上市融资。

PE 行业及其他特定产业的政策变动也会对 PE FOF 的退出产生较大影响。在当前政策鼓励创新创业的大环境下，创业企业获得了良好的生长环境，同时私募股权机构也得以快速发展，某些地区还颁布了针对 PE 的相关优惠政策，如税收优惠等，不仅极大地提高了 PE FOF 的投资热情，同时也有利于提高 PE FOF 的收益水平。其他特定产业的政策变动则会影响到 PE FOF 投资标的的估值水平，如许多 PE FOF 按行业不同可划分为 TMT 行业 PE FOF、医疗行业 PE FOF 等，它们分别主要投资于专注 TMT 行业或医疗行业的私募股权子基金，政策层面对这些产业的大力扶持和倾斜将引导更多的优秀资源注入这些行业的标的企业，从而提高标的企业的价值水平，也就提高了 PE FOF 所持有的子基金份额的价值水平。

（2）被投子基金因素。PE 子基金作为 PE FOF 的投资标的，其运营发展直接影响到 PE FOF 的最后退出结果，因此，掌握子基金的动态情况而择机退出也十分关键。

被投子基金的以下几点要素对于 PE FOF 退出时点的选择较为重要：子基金管理团队情况，子基金运营状况，以及子基金财务状况等。

同投资机构在筛选项目时非常看重企业创始人相似，PE FOF

机构在选择子基金时，对于管理团队也非常关注。一支优秀的管理团队能够带领子基金取得较好成绩，一支相对稳定的管理团队也更加能够获得市场与投资者的信任，从而有更好的投资机会。当随着所投子基金的发展，管理团队素质不足以支撑所投项目的持续壮大时，PE FOF 要么应督促子基金调整完善管理团队结构，要么就应当考虑退出。

另外，子基金的运营状况也会影响 PE FOF 管理人对于退出时点的选择。可以预见，一个高效、稳健且各方面合规经营的子基金能够给 PE FOF 创造更高的回报，而一个运营管理混乱的子基金则会对 PE FOF 的权益造成较大损害，PE FOF 管理人应选择及时止损，尽早退出。

最后，子基金的财务状况也是影响 PE FOF 管理人选择退出时机的重要因素。虽然从短期来看，子基金的财务报表并不能说明子基金的实际价值，但也能够从一定程度上看出子基金的资本运作水平。从长期来看，子基金赢利水平的高低则直接影响了 PE FOF 的退出收益，因此，如果子基金的财务状况持续表现不佳，对于 PE FOF 来说即应尽早退出以控制损失。

（3）PE FOF 自身因素。PE FOF 管理人是 PE FOF 退出活动的实际执行者，在退出时机的选择方面起到主导作用。PE FOF 管理人有可能因为 PE FOF 自身的某些因素而选择提前退出。

首先，PE FOF 管理人通常会针对自己的投资组合事先制订好退出计划，以符合自身对于投资收益的预期。优秀的投资业绩有助于 PE FOF 募集新的基金、吸引其他优秀的投资标的并提高自身的声誉。但与此同时，PE FOF 管理人同时也要兼顾流动性和收益性，以选择合适的退出时点进行平衡。

其次，当 PE FOF 因外部环境恶化导致筹资困难或因经营状况不佳等导致现金流紧张时，首要考虑的就是尽快退出一些项目，以收回部分现金，维持公司的正常经营。

最后，如果 PE FOF 发现了其他更好的投资机会，由于短期内其管理的资金供给一般是相对固定的，则 PE FOF 管理人可能会改变原先制订的退出计划，选择从现有的投资组合中实现部分或全部退出，以获得资金投入到新的投资机会中。

2. 退出方式的选择

在我国，PE 基金的退出模式大致分为 IPO、并购、股权转让、回购和清算等 5 种方式。PE FOF 既投资子基金也投资项目，直接投资项目的 PE FOF 退出方式与一般的 PE 基金一致；而投资子基金的 PE FOF 退出有两种方式，第一种是随着所投子基金的退出而实现退出，第二种是在子基金退出之前将其原有的基金份额转让给其他投资者，也可以实现退出。

（1）PE 基金的退出方式。

①IPO，即首次公开发行股票。企业一旦上市，其股票可在二级市场进行交易，PE 基金根据对该企业股票价值的评估，选择恰当的时机将所持有的公司股票部分或全部卖出，从而完成资本回收并实现投资收益。

目前来看，IPO 是 PE 基金最为理想的退出渠道，因为对投资机构而言，经过上市退出所拥有的一、二级市场价差可以帮助投资者获得较高的投资回报，同时也可以借助公开市场提升机构的知名度；对企业而言，IPO 不仅可以提高企业知名度从而提升企业的整体价值，也能获得二级市场后续融资的便利性。

但 IPO 退出方式也有一些缺点：首先，IPO 退出的时间成本和资金成本相对较高，3~5 年的准备及排队时间和动辄百万元的上市费用是很常见的；其次，IPO 的退出门槛较高，登陆国内资本市场的条件相较国外更加严苛，对企业的赢利能力有较高要求，满足该要求的仅有少数非常优秀的企业；最后，IPO 的形势受宏观环境的影响较大，发行政策变化、宏观经济波动等因素对企业是否能够顺利登陆资本市场均有较大影响，从而加大了投资回报的不确定性。

②并购（M&A），即兼并和收购的简称。兼并是指由第三方实

力较强的公司与被投公司合并组成新的公司，由实力较强的公司占主导地位。收购是指第三方公司通过有关市场购买目标公司的股份或者购买目标公司的产权从而达到控制目标公司的目标。企业并购通常出于自身长期发展战略目的。

对于 PE 基金而言，并购退出方式拥有时间和资金压力较小、门槛较低、操作灵活、资金回收较快等优势。采取此方式，私募股权机构只需和市场中的一家或几家企业进行沟通协商，即可一次性全部退出，尽管估值可能低于 IPO，但通常会比后者更快地实现退出且在时机的选择上具有更大弹性，减少了投资机构的流动性压力。此外，并购退出并不会像 IPO 一样容易受到宏观环境的影响，由于企业发起并购通常出于战略目的，故能够相对隔离外界干扰，保证退出过程的顺利与退出收益的稳定。

并购退出方式的弊端在于：寻找战略协同的并购标的可能需要一定的时间，市场上合适的匹配者相对较少，并且需双方对并购条款达成一致方可发起并购，虽然操作空间较大，但也增加了更多的人为不确定性因素。

③股权转让（Trade Sale），是指 PE 机构将所持有的被投企业股权转让给其他投资者的行为。当投资机构采取股权转让的方式退出时，退出收益的高低与所其选择的退出时机有非常大的关系。在企业发展的上升期，投资机构应尽量避免退出，直到判断企业已发展到某个阶段的高点之后，再进行股权转让。

股权转让的优点在于操作简便自由、退出成本较低。股权转让的缺点在于判断企业的发展状况从而选择最佳的退出时机对于投资机构而言存在一定的难度，且合适的股权受让方可能难以找到，双方对于股权定价又缺少相对统一的衡量标准，故需双方协商决定，从而可能拉长退出流程。

④回购，通常指被投企业发展到一定阶段后，如果 PE 机构尚未通过 IPO、并购等方式顺利退出，则被投企业的管理层从投资机构的手中重新购回企业股份，以使得投资者完成退出的行为。回购

通常会在投资机构与该企业的投资合同中事先予以约定，是投资机构保障自身权益的一种做法。但是，在原有的投资者准备退出时，如果引入新的投资者可能会给企业带来新的磨合期甚至丧失企业控制权的问题。

回购退出方式的优点是风险较低、流程较短，由于回购交易条款通常已经是事先约定好的，且是发生在企业内部的，所以会极大地提高交易效率，同时减少退出过程中的不确定性。回购退出方式的缺点是收益率相对较低，在企业发展状况不佳或者发展背离了投资机构最初的投资目标时，投资机构通过回购的方式从企业中抽身，故选择回购方式退出通常是PE机构的无奈之举。

⑤清算，通常是PE机构在投资失败时采取的退出方式，即企业发展状况不佳，价值出现较大贬损，对投资者已经造成了投资损失且后续基本无法改善时，唯有通过对企业进行破产清算来帮助投资机构回收部分的投资成本。在PE基金的几种退出方式中，清算退出是投资机构最不希望看到的情况，只有在企业长期经营不善且确实无力回天时才会采用。在采用清算退出方式时，PE基金通常面临的结果是投资资金的部分亏损，只有在极少数情况下可以收回全部的投资成本。PE基金选择清算退出的时点十分重要，若认定企业的发展只会持续走弱，则应当尽早启动清算以最大限度地减少投资损失。

（2）PE FOF直接投资退出方式。当PE FOF直接投资于企业时，其退出方式即与上述PE基金的5种退出方式相类似。需要指出的是，有些PE FOF直接投资于项目往往是采取跟随所投子基金管理人投资的做法，作为跟投方通常不主动制订项目退出方案，而由所投子基金来主导退出。但目前市场上出现了越来越多的PE FOF采取"子基金+直投"的投资策略，且直投的比重正在上升，在这种情况下，PE FOF管理人需综合考虑自身的投资布局、现金流管理、项目特点、宏观环境等主客观因素以确定项目退出方案。

PE FOF投资子基金时，其退出顺利与否与子基金退出顺利与否紧密相关。子基金的退出方式通常是由子基金管理人结合实际情况从前面讨论的 5 种方式中进行选择的，PE FOF 管理人也会参与讨论，对项目的退出方案提出自己的专业意见或建议。当某一子基金的全部投资标的均实现退出时，则该子基金完全退出，投资该子基金的 PE FOF 也实现了退出。但如果该子基金的投资组合只是部分完成了退出，则 PE FOF 持有的子基金份额并未完全变现，也只能算部分退出。

除去伴随子基金的退出而实现退出的情形，PE FOF 自身还有两种退出方式：清算和股权转让。

在 PE FOF 的存续期内，PE FOF 所投子基金均实现了退出，此种情况是最理想的情况，有限合伙可提前终止并清算，从而实现退出。PE FOF 还有另一种清算的情形是，当 PE FOF 的存续期满且不可再延期，尚有子基金没有退出时，必须将基金财产进行清算，从而实现退出。前者是积极的清算退出，后者是消极的清算退出。

股权转让是 PE FOF 的另一种退出方式。在存续期内，PE FOF 管理人出于现金流压力或者发现了更好的投资标的等原因，决定在子基金退出前终止对其的投资，则需要通过股权转让的方式提前退出。PE FOF 意欲转让的其持有的 PE 子基金份额即为我们通常所说的私募股权二级市场份额。子基金份额的新受让方可以是子基金的原有其他投资者，也可以是新加入的合格投资者。PE FOF 作为子基金的 LP 转让其合伙企业份额应符合子基金的有限合伙协议相关规定。

PE FOF 通过股权转让的方式提前退出，相比清算的方式退出主动性更强，不用只单纯作为子基金的 LP 等待退出，时间更具灵活性，不用等到存续期满或所有子基金完成项目退出。同时，采取股权转让的方式也让 PE FOF 管理人对于 PE FOF 收益水平的操作空间更大，PE FOF 可根据所投子基金的运营状况来决定是否继续投资，若 PE FOF 管理人判断子基金已发展充分，价值得到了最大体现，此时选择股权转让来退出可使 PE FOF 的收益最大化，同时，若子基金的经营状况不佳且发展背离 PE FOF 的投资目标，PE FOF 管理人则应做出及时转让基金份额、尽早止损的选择。

股权转让退出方式的缺点在于：首先，私募股权二级市场在中国尚处于发展初期，涉足二级市场的投资者仍是少数，故寻找合适的基金份额受让方存在一定困难；其次，市场上仍缺乏较为成熟的交易定价模型，使得份额转让方与受让方在设计交易架构时需要较长时间的磨合与沟通，无形中增加了交易成本；最后，PE FOF 管理人对子基金发展的判断可能会出现偏差，因而有可能因为提前退出而错失良好的投资机会，股权转让最佳退出时点的选择还受到宏观经济、政策等诸多因素的影响，从而增加了 PE FOF 退出收益的不确定性。

表 8.16 为某 PE 子基金的有限合伙协议中关于 LP 份额转让的约定，作为 LP 的 PE FOF 在进行股权转让时必须遵循此约定。

表 8.16　某 PE 子基金的有限合伙协议中关于 LP 份额转让的约定

LP 份额转让
1. 除依照本协议之明确规定进行的转让，LP 不应以其他任何方式转让其在有限合伙当中的任何权益，包括但不限于出资、获益及接受分配的权利。不符合本协议规定之权益转让，可能导致 GP 认定该转让方为违约合伙人并使其承担违约责任。
2. LP 未经 GP 事先书面同意，LP 不得将其持有的全部或部分有限合伙权益转让给他人。但当 LP 提供能够证明其继续参与有限合伙极有可能违法的法律意见且该法律意见令 GP 满意时，GP 不应拒绝。
3. LP 转让权益的条件：（1）转让方和/或受让方应承担本次转让引起的有限合伙及 GP 所发生的所有费用；（2）LP 应提前至少 30 天向 GP 发出转让请求或书面通知；（3）拟议中的受让方应签署本协议并向 GP 提交适宜的其他文件、证件及信息；（4）该转让不会违反任何法律法规，也不会增加有限合伙商业及运作上的限制。若 GP 认为拟议中的转让事宜符合有限合伙的最大利益，则可以放弃上述一项或数项条件。
4. LP 对其关联人之外的人士转让有限合伙权益的，GP 享有第一顺序优先受让权，其他 LP 享有第二顺序优先受让权。
5. 有限合伙权益的受让人应同意承继转让权益的 LP 之后续出资义务。

资料来源：宜信财富研究。

(五) PE FOF 的收益分配和清算

1. PE FOF 的收益分配

当 PE FOF 实现投资退出时,需将投资收益在 PE FOF 的合伙人之间进行分配,收益分配方案通常在 PE FOF 的有限合伙协议中进行了约定,按照相关条款执行即可。根据市场上的惯常做法,PE FOF 的 LP 与 PE FOF 管理人之间的收益分成通常采取以下 3 种方式:

(1) 按基金出资比例进行分配,先收回全部本金,再进行收益分配。许多 PE 基金要求先收回所有的投资本金,即每一笔退出的资金第一步先按照合伙人的出资比例分配给全体合伙人,直到所有合伙人的投资成本已全部覆盖。在此之后退出的资金刨去基金费用,再在全体合伙人(包括 LP)之间按照比例进行分配,即进行投资盈利分配。采用此种分配方式需考察整只基金的运营情况,而非以单个项目为分配节点。

超额收益分配也有几种处理方式,在实际操作中,许多 PE FOF 的有限合伙协议中约定了 LP 的门槛收益率,即在返还全体合伙人的投资本金之后,仅向 LP 进行优先收益分配,直至 LP 的投资年化收益率达到该门槛收益率,才向 PE FOF 管理人进行超额收益分配。显然,这种分配方式使得 PE FOF 管理人的收益更大程度上与 LP 的利益绑定,有利于保护 PE FOF 之 LP 的利益。表 8.17 为某典型 PE FOF 的有限合伙协议中关于收益分配的约定。

(2) 按单个项目分配,预留整个母基金的风险准备金。PE FOF 管理人将获得的每一笔退出资金按照单个项目来进行分配,同时将每个项目中 PE FOF 管理人的部分收益分红先不予分配,而是作为风险准备金留存起来,以备其他项目出现亏损时启用。预留准备金通常占管理分红的 40%~50%,也就是说,当母基金所投的某个子基金或者企业退出时,PE FOF 管理人会将该投资标的属于 PE FOF 管理人的退出收益分成的 40%~50% 作为风险准备金留存起来，在母基金续存期满时进行整体核算，对其他亏损项目进行差额补偿。

表 8.17　某典型 PE FOF 的有限合伙协议中关于收益分配的约定

收益分配与亏损分担的原则

1. 对于有限合伙取得的项目投资收益，GP 将根据本协议的约定获得收益分成。
2. 有限合伙投资收益以外的收益，按照本协议的相关约定在合伙人之间分配。
3. 有限合伙的亏损由所有合伙人根据认缴出资额按比例分担

取得现金收入时的分配

1. 有限合伙经营期间取得的现金收入不得用于再投资，应于取得之时按照本协议约定进行分配，但有限合伙因投资中止或终止等原因取得的投资组合退回的投资款项不在此列。
2. 来源于某一投资组合的可分配现金应在所有参与该投资组合的合伙人之间按以下顺序进行分配。

第一步：截至分配时点，返还合伙人之累计实缴出资额直至各合伙人均收回其累计实缴出资额。

第二步：支付各 LP 优先回报，如在完成第一步返还合伙人的累计实缴出资额之后仍有余额，则应 100% 向各 LP 进行分配（该项分配称为"优先回报"），直至各 LP 之实缴出资额均实现 8% 的年度收益率（单利）（按照从实缴出资到账之日起算到各次分配时点为止）。

第三步：弥补 GP 回报至达到上述第二步所述之优先回报÷90%×10% 的金额。

第四步：按 80∶20 分配，即以上分配之后的余额的 80% 按照各自的实缴出资比例归于各实际出资的 LP，20% 归于 GP。

　　如果处置某投资组合所得的可分配现金不足以全额支付以上第一步或第二步中全部合伙人的对应部分，则在所有合伙人之间按各自实缴出资比例进行分配。

　　有限合伙从所有投资项目中取得的现金或其他形式收入，除另有约定外，应尽快分配，最晚不应迟于该等收款项发生之会计年度结束之后的九十（90）个工作日

资料来源：宜信财富研究。

（3）核算单个项目成本，按单个项目分配。除上述两种分配方式以外，还有些私募股权基金的收益分成是根据单个项目的成本核算来进行的，而不考虑 PE FOF 整体的经营状况。在某投资项目有了退出资金后，即按照合伙人的出资比例在全部合伙人之间进行分配，不过在此过程中，会扣除每一位合伙人应承担的该项目的管理费用等基金成本，剩余部分即为该项目的投资收益分成。这种分配方式下，项目之间的收益分配是完全隔离的，一个项目的超额收益并不会用以补偿其他项目的亏损。

以上 3 种 PE FOF 之 LP 与 PE FOF 管理人之间利益分成的方式，PE FOF 管理人在实际操作过程中可根据自身侧重的因素加以选择，如需顾及基金整体运营的稳健性，应当按照基金出资比例来进行分配，要满足 LP 对于短期分红的期望，则应当按照单个项目来进行分配。

2. PE FOF 的清算

从大多数 PE FOF 的有限合伙协议来看，通常情况下，当下列情形之一发生时，有限合伙企业应被终止并清算：

（1）GP 提议并经合计持有实缴出资总额 2/3 以上的合伙人表决通过；

（2）有限合伙企业的经营期限已满，且根据 PE FOF 的有限合伙协议约定不能进行延长；

（3）LP 一方或数方严重违约，使得 GP 认定该有限合伙企业无法继续经营；

（4）有限合伙企业被吊销营业执照、责令关闭或者被撤销；

（5）有限合伙所有投资基金及企业均已退出，其债务已全部清偿，并且剩余财产均已被分配给各合伙人；

（6）出现《合伙企业法》及有限合伙协议规定的其他解散原因。

清算人通常由 PE FOF 全体合伙人担任，也可经由全体合伙人过半数同意，在上述有限合伙企业终止清算的事由发生后的一定时间内（通常为 15 日）指定一个或数个合伙人，或者委托第三方，担任 PE FOF 的有限合伙企业清算人。

在确定有限合伙企业的清算人以后，所有有限合伙未变现的资产由清算人负责管理，但如清算人并非 PE FOF 之 GP，则 GP 有义务帮助清算人对未变现资产进行变现，清算期内有限合伙不再向 GP 支付任何管理费或其他费用。

清算人的主要职责包括：

（1）清理有限合伙企业财产，编制资产负债表和财产清单；

（2）处理有限合伙企业与清算相关的未完结事务；

（3）清缴有限合伙企业所欠税款；

（4）清理有限合伙企业的债权、债务；

（5）处理有限合伙企业清偿债务后的剩余财产；

（6）代表有限合伙企业参加诉讼或者仲裁活动；

（7）清算结束后，负责编制有限合伙企业清算报告，并经由全体合伙人签字、盖章，在约定时间内向企业登记机关报送清算报告，办理有限合伙企业的注销登记手续。

清算期通常为一年，清算期结束时未能变现的非货币资产按照 FOF 有限合伙协议中非现金分配约定的相关分配原则进行分配。在有限合伙企业到期或终止从而进入清算时，清算人在清理完毕有限合伙企业的财产之后，通常按照以下顺序进行清偿及分配：

（1）支付清算费用；

（2）支付职工工资、社会保险费用和法定补偿金（若适用）；

（3）缴纳所欠税款（若适用）；

（4）清偿有限合伙企业债务；

（5）清偿上述（1）、（2）、（3）、（4）之后的剩余财产根据有限合伙协议约定的收入分配原则和程序在所有合伙人之间进行分配。

需要指出的是，清算人在执行上述第（4）项时，应与债权人协商确定清偿方式。如果出现有限合伙企业的财产不足以清偿有限合伙债务的情形，则应由 PE FOF 的 GP 向债权人承担无限连带清偿责任。

参考文献

1. 诺亚研究. 通过政府引导基金度过经济结构转型期[EB/OL]. http://www.noahgroup.com/n/1977, 2010 – 09 – 03.
2. 德邦证券. 德邦证券私募股权投资的新变化之七：政府引导基金FOF[EB/OL]. http://finance.sina.com.cn/money/fund/20130702/175915991422.shtml, 2013 – 07 – 02.
3. 文新三. 财政专项资金绩效评价研究[M]. 北京：经济科学出版社, 2014.
4. 赵岗. 中国股权投资基金运营新略[M]. 北京：中国发展出版社, 2014.
5. 陈平凡. 企业私募投资基金操作实务法务、财务与流程[M]. 北京：法律出版社, 2012.
6. 卢千里. 财政支出绩效评价主体和评价指标设置新探[J]. 企业经济, 2007（06）.
7. 刘健钧. 借鉴国际经验 发展我国创业投资引导基金[J]. 中国金融, 2007（21）.
8. 焦军利. 关于国内外创业风险投资引导基金的比较分析报告[J]. 科技情报开发与经济, 2007（34）.
9. 黄曼远, 孟艳, 许文, 财政部财政科学研究所课题组, 贾康. 欧洲投资基金管理运作模式及对我国政府创业投资引导基金的借鉴[J]. 经济研究参考, 2015（07）.
10. 王在全. 政府引导基金发展浅析[J]. 高校理论战线, 2013（03）.

11. 谭中明，朱忠伟．我国政府创业投资引导基金实践模式比较与改进策略[J]．地方财政研究，2013（11）．

12. 萧端，熊婧．政府创业引导基金运作模式借鉴——以以色列YOZMA基金为例[J]．南方经济，2014（07）．

13. 江薇薇．我国政府引导基金发展模式研究[J]．西部论坛，2012，22（01）．

14. 石琳，田增瑞．创业投资引导基金的绩效评价研究[J]．企业活力，2012（09）．

15. 何小锋，胡渊．金融机构投资私募股权"基金的基金"——基于案例的研究[J]．改革与战略，2008，24（12）．

16. 孙力强，倪正东．中国创业投资机构募集资金影响因素分析[J]．研究与发展管理，2008（03）．

17. 刘健钧，王力军，孔杰．正确认识有限合伙的作用——关于私人股权与创业投资基金组织形式的思考[J]．中国科技投资，2008（08）．

18. 吴灵犀．中国PE投资尽职调查研究[D]．北京大学，2008．

19. 李庭婷．政府引导基金在私募股权投资领域的运作案例研究[D]．西南财经大学，2014．

20. 何礼科．私募股权基金投资决策与运作管理研究[D]．南昌大学，2014．

21. 李双梅．公司并购中尽职调查问题研究[D]．中国社会科学院研究生院，2012．

22. 严俊哲．项目评审专家库的建设及专家管理研究[D]．武汉理工大学，2013．

23. 李文浩．基于财务尽职调查的新三板项目风险管理研究[D]．苏州大学，2015．

24. 李莉．创投引导基金绩效评估研究[D]．贵州财经大学，2015．

25. 梁娟，孔刘柳．创业投资引导基金绩效管理模式探析[J]．科技管理研究，2011，31（12）．

26. 许剑雄. 论加强财政支出绩效评价结果应用[J]. 行政事业资产与财务, 2011 (21).

27. 隋平, 赵方方. 私募股权投资基金业务操作指引[M]. 北京: 法律出版社, 2012.

28. 中华股权投资协会. 2013—2014 中国 VC/PE 行业发展与趋势调研报告[EB/OL]. http://www.cvca.org.cn/mail2014/publications/VCPE2014_cn_n.htm.

29. 普华永道. 中国私募股权/风险投资基金 2016 年回顾与 2017 年展望[EB/OL]. https://www.pwccn.com/zh/private-equity/pe-china-review-feb2017.pdf.

30. 胡芳日, 曹毅. 经济科学出版社[M]. 北京: 经济科学出版社, 2010.

31. Preqin. The Q1 2016 Preqin Quarterly Update[EB/OL]. http://docs.preqin.com/quarterly/pe/Preqin-Quarterly-Private-Equity-Update-Q1-2016.pdf.

32. Preqin. The Q2 2015 Preqin Quarterly Update-Private Equity[EB/OL]. http://docs.preqin.com/quarterly/pe/Preqin-Quarterly-Private-Equity-Update-Q2-2015.pdf.

33. Alpinvest. . AlpInvest Annual Review 2015[EB/OL]. http://alpinvest.com/news-and-publications.

34. Pantheon. Pantheon: A leading investor in privatemarkets[EB/OL]. http://pantheon-dc.com/wp-content/uploads/2016/12/Q3-2016-Pantheon-Profile.pdf.

35. Preqin. Preqin Special Report: Private Capital Service Providers [EB/OL]. http://docs.preqin.com/reports/Preqin-Special-Report-Private-Capital-Service-Providers-July-2017.pdf.

36. Preqin. The 2015 Preqin Alternative Assets Performance Monitor [EB/OL]. http://docs.preqin.com/reports/2015-Preqin-Alternative-Assets-Performance-Monitor-Sample-P.

后 记

《私募股权 FOF》由唐劲草先生组织编写。此书邀请了中国 3 家领先的母基金参与了此书的编写工作。其中，第一章由歌斐资产编写、第二章由广州基金编写、第三章由宜信财富编写，中国母基金联盟部分成员单位对此书也提出了宝贵意见。

在《私募股权 FOF》编辑出版的过程中，中信出版社做了大量的工作，在此一并表示感谢。

唐劲草

2019 年 3 月